JN069425

90年代アニメ&声優ソングガイド

監修　あらにゃん
編集　はるのおと

DU BOOKS

まえがき

音楽史に残したい
エバーグリーンなアニソンを探して

現在もヒットチャートを賑わせているアニメソングや声優ソング。それらが90年代にどういった進化を遂げてきたか、また後世にどのような影響を与えたのか。そのヒントとなるような、今も色褪せず心に残る曲や埋もれてしまっている名曲を、90年代を中心に約600曲レヴューした。レビュアーは全国で活躍するアニソンDJやコレクター、ライターなど。当時を過ごした世代による生々しい視点から新しい世代による再評価まで、それぞれの評価を綴ってもらっている。

本書は、メインである90年代のパートを前後半に分け、さらにその礎となった80年代後半と新たな潮流に至る2000年代を加えた4つの章で構成している。またレヴューは音楽的な特徴がひと目でわかるように音楽ジャンルごとに掲載。アニメファンはもちろん、普段アニソンに触れていない層も楽曲の音楽性がわかりやすいものを目指した。ポップスにとどまらずロックやクラブ/ダンスミュージック、民族音楽に至るまで、90年代の特徴である自由度の高いアニメ/声優ソングの世界を感じられるはずだ。

インタビューでは、当時ビクターで数々のアニメ音楽制作に携わった音楽プロデューサー/ディレクターの佐々木史朗氏、80年代末から現在も活躍されている声優の山口勝平氏、90年代に巻き起こったアニラジ（アニメラジオ）ブームの立役者であるおたっきぃ佐々木氏（レヴューも執筆）の3名に、作り手視点でのアニソン制作や声優ムーブメントにおける音楽の役割など貴重なお話を数多く収録することができた。また現在に通じる萌えソングの始祖でもある声優/シンガーソングライターの桃井はるこ氏を始め、声優の榎本温子氏、Hip-Hopグループ・ZINGIのMCやアニパンクのボーカルなどで知られるGERU-C閣下氏といった著名人に、おすすめの3曲と共に特別な寄稿を頂いている。

ほかにも先述した桃井氏やレヴュー執筆者を中心としたDJたちが90年代にまつわるコラムを執筆した。レヴューはもちろん、そういったコラム類からも、当時の空気感やさまざまな音楽ジャンルを含んだアニソンや声優ソングが生まれた背景を知ることができるだろう。

音楽鑑賞のスタイルがサブスク中心に移りゆく今だからこそ、筆者はサブスクにはないものを含む90年代の名曲たちが風化しないよう記録し、併せてCDに媒体としての価値を取り戻したいと強く感じている。本書に掲載するレヴューによって、我々が未来まで残したい曲の素晴らしさが、90年代を生きたアニメファンや声優好きにはもちろん、現代の同好の士や普段アニソンに触れない音楽好きにまで届くことを切に願っている。インタビューやコラムに関しても同様で、本書に記した当時のシーンの傾向やその背景にあった出来事を知ることで、のちの世代がアニソンに歴史を感じ、より深く楽しむ一助となれば幸いだ。

なお、レヴューではテレビやラジオなどで今も流れている有名な曲も紹介しているが、それらよりも音楽的な特徴のあるものを優先して選曲を行った。そのため知名度のバラつきを感じたり、無名な楽曲に偏っていると思われたりするかもしれない。しかしいずれも、今のアニソンのルーツとなった曲や現在も楽しめるような素晴らしい曲ばかり。本書をきっかけに皆さんの音楽ライフが充実することを心より願っている。

あらにゃん

目次

レヴューの見方

②

MOBILE SUIT GUNDAM 0080
ポケットの中の戦争

スターチャイルド　K30X-7158 ⑦

③ 遠い記憶　④ バラード

⑤ 椎名恵　OVA『機動戦士ガンダム0080
ポケットの中の戦争』ED

⑥ 1989　機動戦士ガンダム0080「ポケットの中の戦争」Sound Sketch I

OP曲の明るく爽やかな歌とはガラリと変わり、このED曲では温かい声はそのままに、センチメンタルなバラードになっている。「どんなにつらい出来事も、大人になれば思い出に変わるだろう」。そんなメッセージが込められたノスタルジックな歌詞が素晴らしい。しかしファンなら知っている本作のストーリー。ただでさえ心に染みる歌なのに、実際視聴してしまうと感情が爆発するほど泣けてしまう。今でも愛され続けるのが理解できるだろう。　(T)

第1章　プレ90s ①

① 年代　② ジャンル（大分類）　③ 曲タイトル　④ 小ジャンル（小分類）　⑤ アーティスト／タイアップ情報
⑥ 収録作とその発売年（初出が違うものは初出も記載）　⑦ 収録作のレーベルと規格番号

ジャンル一覧

本作でレヴューする楽曲には、5つの大ジャンルと、
それらに属する小ジャンルを設定している。内訳は以下の通り。

アニソン
昭和王道アニソン
90s アニソン
00s アニソン
00s ゲーソン
電波ソング
ゲームBGMボーカル
アレンジ
バラード
アカペラ
特撮ヒーローソング

J-POP
J-POP
ポップス / 声優
演歌
歌謡曲
80s アイドル歌謡
シティポップ
AOR
ナイアガラ
90s アイドル

ロック
ロック
ハードロック
メタル
ブルース
フォーク
フォークロック歌謡
カントリー
ロックンロール
歌謡R&R
ネオロカビリー
ニューウェーヴ
パワーポップ
ギターポップ
ネオアコ
パンクロック
ビートパンク
80s ビートロック
ガールズロック
ビジュアル系ロック
オルタナティブロック
プログレ
ジャズ・ロック
サーフロック
インダストリアル・ロック

クラブ/ダンス
クラブミュージック
ダンスミュージック
ソウル / ファンク
フリーソウル
ディスコ
R&B
ヒップホップ
ラップ
アシッド・ジャズ
ハウス
テクノ
ジュリアナ・テクノ
テクノポップ
テクノ歌謡
トランス
スローテクノ
アンビエント
ユーロビート
ドラムンベース
ジャングル
モータウン

その他
ジャズ
スウィング・ジャズ
フュージョン
ラテン
レゲエ
メカ
オーケストラ
クラシック
シンフォニック
民族音楽
ニューエイジ
エキゾチカ
日本民謡
カンタータ
ケルト・フォーク

タイアップ情報の表記

本書ではタイアップ情報について以下のように表記している。

OP　オープニングテーマ　ED　エンディングテーマ　IN　挿入歌　TM　主題歌・テーマソング
IM　イメージソング　CS　キャラクターソング

ライター一覧

レヴューの最後にはライター名の頭文字を記載している。
レヴューの執筆陣は以下の通り。

(あ) あらにゃん
(い) いっちょ
(犬) 犬重
(お) おたっきぃ佐々木
(カ) カルト
(河) 河瀬タツヤ
(き) きもと
(キ) キュアにゃんにゃんパラダイス
(ぐ) ぐり
(け) けいにょー a.k.a KTMB
(坂) 坂本技師長
(せ) せら・とうえつ
(出) 出口博之
(ナ) ナーディウス
(ヒ) ヒロキチ
(山) 山口
(リ) リズマニ
(ろ) ろーるすこー
(D) DJ声優パラダイス
(H) HANAI
(I) ISHII
(s) spacetime
(S) SO-1殿下
(T) TK-UC
(u) una
(W) Wolfsschanze@K.P.D.

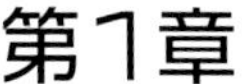

第1章

プレ90s

～アニソン界に訪れた新たな潮流～

アニソン
J-POP

プレ90年代 イントロダクション ～アニソン界に訪れた新たな潮流～

TEXT BY あらにゃん

60年代、70年代と続いた、子ども向けテレビまんがの主題歌を手がけた日本コロムビアほぼ一強の時代は、70年代後半のキングレコード、ビクター、ポニーキャニオンといった大手レーベルの参入により徐々に変化していく。それは音楽性や、主題歌における歌手起用についても同様だ。それまで歌謡曲一辺倒だったアニソンのイメージを覆したのは、当時ニューミュージックを象徴するシンガー・杏里が担当した、83年のTVアニメ『キャッツ・アイ』の主題歌だった。これが大ヒットし、作品共々広く認知される。その流れは87年に『キャッツ・アイ』と同じ北条司のマンガが原作であるTVアニメ『シティーハンター』のED主題歌におけるTM NETWORKのタイアップでさらに強化。この結果、アニメとのタイアップによる認知拡大を狙い、後続レーベルが参入していく。

また82年より放送された『超時空要塞マクロス』では、当時ビクターよりデビューした新人歌手・飯島真理がヒロイン役に抜擢され、彼女が歌唱した劇場版主題歌『愛・おぼえていますか』が大ヒット。さらにビデオデッキの普及に伴って83年ごろから起こったOVAブームのなかで、同じくビクターが携わった85年の『メガゾーン23』ではホリプロ出身の宮里久美がデビュー。いずれも歌謡曲テイストこそ強いが、大胆な新人アイドル／シンガーの起用という新しい流れとして見逃すことができない。

そして、キャラクターを演じる声優によるレコードのリリースも見られ、70年代後半に結成されたスラップスティックを筆頭に、キングレコードからは水島裕、三ツ矢雄二のソロ作品が続いた。そのムーブメントは88年にTVアニメ『鎧伝サムライトルーパー』から派生した男性声優ユニット・N.G.FIVEのアイドル性に結実する。彼らは圧倒的な女性人気を博し、90年代初頭にかけてソロデビューしていく。この流れはN.G.FIVE以外の男性声優のデビューにも波及した。

OVAブームも80年代末には衰退。アニソン界においては歌謡曲的な王道スタイルから脱却して、デジタルサウンドを取り込んだ新しい音楽への転換期となった。こうした動きのあった80年代のなかでも、特に末期の楽曲から、多様化していくアニソンの礎となったようなものを何曲か紹介する。

スターチャイルド　K30X-7158

遠い記憶

バラード

椎名恵　OVA『機動戦士ガンダム0080 ポケットの中の戦争』ED

1989　機動戦士ガンダム0080「ポケットの中の戦争」Sound Sketch I

OP曲の明るく爽やかな歌とはガラリと変わり、このED曲では温かい声はそのままに、センチメンタルなバラードになっている。「どんなにつらい出来事も、大人になれば思い出に変わるだろう」。そんなメッセージが込められたノスタルジックな歌詞が素晴らしい。しかしファンなら知っている本作のストーリー。ただでさえ心に染みる歌なのに、実際視聴してしまうと感情が爆発するほど泣けてしまう。今でも愛され続けるのが理解できるだろう。　(T)

ビクターエンタテインメント　VDR-1601

アクティブ・ハート

J-POP

酒井法子　OVA『トップをねらえ！』OP

1989（初出：1988）　トップをねらえ！音楽大図鑑

80年代のガイナックスを代表する作品として、いまだに幅広い年齢層から支持される『トップをねらえ！』の主題歌は、アイドルバラエティ『モモコクラブ』の牽引役でもあった酒井法子が、87年の『アニメ三銃士』に続き担当した。多彩な音色、軽快なテンポ、はつらつとした歌声は、彼女のアイドルとしての魅力を最大限に発揮している。物語後半のシリアスな空気を絶妙に緩衝するポップさは、後年の『トップをねらえ2！』にも継承されている。　(S)

ビクターエンタテインメント　VDRS-1033

Step

J-POP

a・chi-a・chi　TVA『魔神英雄伝ワタル』OP

1988　Step

90年代を生きた少年少女の心に残る作品の1つが『魔神英雄伝ワタル』ではないだろうか。爽やかな作風に合ったメロディと、そこに融合するa・chi-a・chiの歌声は子供心にも強烈なインパクトがあった。『ワタル』は全編にわたってa・chi-a・chiによる楽曲を採用しており、アーティストが作品と共に歩んでいることが感じられてとても温かい気持ちになれたこともよく覚えている。ぜひ現代の技術でリマスターしてほしい楽曲。(s)

スターチャイルド　091X-10003

砂塵の迷図

J-POP

清水咲斗子　TVA『天空戦記シュラト』ED

1990（初出：1989）　天空戦記シュラト

アジアが舞台の『聖闘士星矢』こと『天空戦記シュラト』は、いくつかの名曲を生み出したバトルアニメの名作だ。OP主題歌の『SHINING SOUL』も勇ましさ溢れる名曲だが、ED主題歌の本楽曲はオリエンタルな旋律を纏った良質な楽曲である。シンガー・清水咲斗子が前述した『SHINING SOUL』と同じ歌い手とは思えないほど淑やかに歌い上げる。本編に寄り添った歌詞は、宿命に翻弄される主人公達の行く末を暗示している。(け)

ソニー・ミュージックダイレクト　ESCB-1019

RUNNING TO HORIZON

J-POP

小室哲哉　TVA『シティーハンター3』OP

1989　CITY HUNTER 3 オリジナル・アニメーション・サウンドトラック

『シティーハンター』と言えばTM NETWORKとイメージされるほど毎回大ヒットを飛ばしていたが,3作目にしてメンバー・小室哲哉氏のソロデビュー曲が主題歌として採用された。当時最新鋭の電子音楽機材であるシンクラヴィアをフル活用した音作りは、今でも耳にするデジタル感溢れる小室サウンドそのもの。独特の粘りのある特徴的な高音ボイスと、疾走感あるイントロからのA～Bメロの緩急が心地良い。(T)

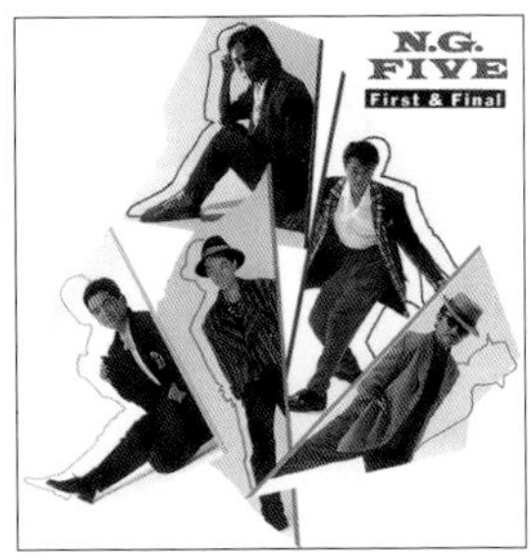

キングレコード　292A-91

JUMP WITH ME-N.G.だらけでIt's all right!-

N.G.FIVE

ポップス／声優

1989　First&Final

女性ファンから絶大な支持を受けたアニメ『鎧伝サムライトルーパー』の主演声優5人組によるアイドルユニット・N.G.FIVE。ライブ会場で失神者が出た光景はTVでも報道され話題になった。表題曲はシンセサウンドが軽快に響く、80年代後半テイスト溢れるポップロック。キャラクターのイメージを残しつつ、爽やかで明るいリズムによって各人の個性が陽射しのように輝いている。作曲はメンバーの西村智博（現：西村朋紘）氏が行っている。(T)

日本コロムビア　COCC-6835

シンデレラなんかになりたくない

ポップス／声優

林原めぐみ　TVA『チンプイ』ED

1990（初出：1989）　藤子・F・不二雄TVアニメ作品集

数ある藤子・F・不二雄氏の作品のうち、ルルロフ殿下の正体という物語の根幹でもある謎を残したまま未完となった『チンプイ』。『エスパー魔美』とも一味違う、気丈な女の子主人公という設定が林原めぐみ氏とマッチ。ED曲はソフトかつ明るいトーンで、小学生女子の思春期を少し甘酸っぱく歌い上げており、“裸足で歩いていたいから”というメッセージが心に響く。作曲は池毅氏によるもので、モータウンを感じさせるキーボードの旋律も心地良い。（S）

キングレコード　292A-7005

BEST FRIENDS

ポップス／声優

SAMURAI BOYS&GIRLS　TVA『鎧伝サムライトルーパー』IN

1989　BEST FRIENDS

『サムライトルーパー』主要キャラクターが勢揃いしたコーラスソング。穏やかで透明感あるイントロは少年たちの若やかさを感じさせてくれる。聴く者に寄り添う優しい歌詞と、それに沿って変化するメロディ展開は80年代後半の少年アイドルグループのテイスト。歌唱力の巧拙はあれど、若手実力派声優陣の軽やかで活き活きとした歌声が、アニメのキャラクターイメージをより強く思い起こさせ、当時のファンの心を強く掴んだのは言うまでもない。（T）

ポニーキャニオン　D28G-0087

吸血姫 美夕

歌謡曲

渡辺菜生子　OVA『吸血姫美夕』IM

1989　吸血姫 美夕 音楽編

和テイストと吸血姫（ヴァンパイア）のコンビネーションが美しいOVAのEDに、主役・渡辺菜生子の歌唱が加えられたイメージソング。京都と鎌倉、2ヵ所の古都を舞台にした本作は、川井憲次による幻想的な劇伴が特徴的。本楽曲も川井による作編曲がなされており、アップテンポなシンセ歌謡ながら、和の要素を感じることができる。透き通るようなボーカルも相まって古都の情景を垣間見ることができる、作品志向な傑作だ。（せ）

ビクター　SV-7466

背中ごしにセンチメンタル

80s アイドル歌謡

宮里久美　OVA『メガゾーン23』OP

1985　背中ごしにセンチメンタル／風のララバイ

初代『マクロス』のスタッフが再結集したOVA『メガゾーン23』のOP曲。当時流行していた、アニメと新人アイドルのタイアップだが、ロック調の演奏が特徴的。従来の感性に縛られない鮮烈さは、のちの90年代アニソンの自由度を広げることに大きく貢献した。ちなみに劇中で宮里久美が演じる時祭イヴは、コンピュータ仕掛けのバーチャルアイドルという設定。現在隆盛を極めるVtuberの祖先（？）に思いを馳せるのも楽しいかもしれない。（せ）

ビクター音楽産業　JBX-25068

ムーンライト・セレナーデ

80s アイドル歌謡

冨永みーな

1985　Mマーブル

元祖アイドル声優の1人として80年代から活躍している冨永みーなの1stアルバムA面の1曲目。アルバムは萩田光雄が全曲アレンジを手がけており、正統派の80年代アイドル歌謡、シティポップと言える盤。なかでも本曲はいわゆるサバンナ・バンド歌謡（DR.BUZZARD'S ORIGINAL SAVANNAH BANDを下敷きにしたもの）と言えるアレンジで、近年の声優ポップスにも通じるテイストを感じる。（I）

ポニーキャニオン　D30G-0072

たそがれロンリー

80s アイドル歌謡

桜井智　TVA『くりぃむレモン レモンエンジェル』IN

1987　レモンエンジェルファースト

現在の深夜アニメの走りと言っていいだろう。深夜5分枠で放送されていたミッドナイトアニメ『くりいむレモン レモンエンジェル』で流れていた1曲だ。『くりいむレモン』の功績はここでは割愛するが、『レモンエンジェル』の功績も大きい。リアルにライブのある形のアイドル作品の原型はきっとここにある。楽曲もキャッチーな80年代アイドル楽曲を踏襲。PPPHがしやすい当時のライブ対応もばっちり。90年代へとつながるキーストーン。（お）

ポニーキャニオン　PCCG-192

ハートないしょ /2

80s アイドル歌謡

天童あかね（日高のりこ）TVA『らんま1/2』IN

1989　らんま1/2 音楽道場

数え切れないほどのアニメに携わってきた劇伴界の重鎮である川井憲次が作詞・作曲を手がけ、80年代アイドル歌謡曲を思わせる内容に仕上がった本作品は、日高のり子ファンならずとも心を動かされるエモーショナルな1曲だろう。関連アルバム『格闘歌かるた』に替え歌バージョンである『√よいしょ /2』が収録されているが、こちらはかすみ、なびき、あかねの天道三姉妹が茶番劇を繰り広げるコミックソングになっている。（ヒ）

東芝EMI　TOCT-5639

真剣

80s アイドル歌謡

田村英里子　TVA『アイドル伝説えり子』IN

1990（初出：1989）　Myself

テレビせとうち初の自社制作アニメ『アイドル伝説えり子』は田村英理子自身とのタイアップも相まって爆発的な人気を博した。本曲は松本隆と筒美京平が手がけた挿入歌シリーズの1曲で、編曲にシティポップの申し子である新川博を迎えた盤石な布陣で89年度の新人賞を総なめにし、田村英理子を最後の正統派アイドルに仕立て上げた。楽曲は『アイドル伝説えり子』関連CDには未収録で、田村英理子のアルバム『Myself』に収録されている。（ヒ）

フューチャーランド　TYCY-5125

ロコモーション・ドリーム

80s アイドル歌謡

田村英里子　TVA『アイドル伝説 えり子』IN

1990（初出：1989）　アイドル伝説えり子★ベスト・ヒット・ボーカル

実在のアイドル・田村英里子とタイアップして作られた一風変わったアニメの挿入歌は、筒美京平が作曲、小林武史がアレンジを手がけたアイドルシティポップの名曲だ。挿入歌にはほかにも松本隆、都志見隆、松本一起と錚々たる面々が参加している。役と歌で別々の人物を起用、アニメと現実の境界を曖昧にさせる作りなど、現在の音楽アニメのフォーマットを先取りしていた作品でもある。（河）

バップ　VPCG-80401

Dang Dang 気になる

シティポップ

中村由真　TVA『美味しんぼ』OP

1990（初出：1989）　アニメホットウェーブ

小気味良いビートを刻むイントロからのオケヒが印象的な『美味しんぼ』の代表曲。切なく淡い恋心を歌う甘い声が何ともエモい。本作ヒロイン・栗田ゆう子のイメージと重なり合って、グルメ作品のなかにある人間ドラマの魅力をグッと高めている。実に素晴らしいシティポップとして仕上がっており、アニメタイアップ用に書き下ろされた曲ながら、アニソンの枠を超えてバブル時代のトレンディドラマ感を濃密に堪能できる名曲。（T）

ビクター　VDR-1617

?（なぞ）のパレード

シティポップ

村田有美　TVA『GO! レスラー軍団』OP

1989　GO! レスラー軍団（音楽篇）

『ビックリマン』と並び空前のおまけシールブームを築いたカネボウ食品の『ガムラツイスト』を題材にしたTVアニメの主題歌。ボーカル・村田有美氏は本来はソウル系のシンガーだけあって、力強い歌声を持ち味にしているようだが、本作では優しくハイトーンな歌声を披露。ミドルテンポのシンセグルーヴは、本作の脚本を浦沢義雄氏が担当していることもあって、どことなく東映不思議議コメディーシリーズの香りがしてくる。（S）

ビクター　VDR-28072

水のなかの小さな太陽

AOR

LZA　ドラマCD『聖エルザクルセイダーズ』IM

1989　聖エルザクルセイダーズ番外編 LZA デビュー!?

角川スニーカー文庫の小説『聖エルザクルセイダーズ』のドラマCD挿入歌。女子高生4人組がひょんなことからアイドルデビューするという設定だが、意外にも曲が洗練されている。それもそのはずで作編曲は伊豆一彦。再評価が進むアニメサントラのなかでも彼は『童夢』など重要作を手がけており、歌モノも巧みだ。フルートのイントロから気持ちが良い、夏の風が吹くスローテンポなAORで、歌唱力に定評がある山本百合子と鶴ひろみの掛け合いも見事。（カ）

キャニオン　C25A-0051

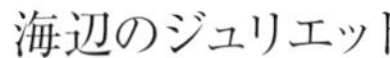

海辺のジュリエット

ナイアガラ

スラップスティック

1979　スラップスティックに気をつけろ！

声優バンドの元祖・スラップスティックの1stアルバムに収録。古川登志夫、曽我部和行が歌唱する本曲は、一聴して大瀧詠一のものだとわかる特徴的なオールディーズ基調のメロディラインが耳に残る。曲間に入るコント風の芝居がいかにも声優モノらしく楽しい。のちに松本隆が歌詞をつけ直してリメイクされた『恋するカレン』が大瀧本人のアルバム『A LONG VACATION』に収録された。（I）

ポニーキャニオン　S7A-11039

EQUALロマンス

90s アイドル

CoCo TVA『らんま1/2』ED

1989　EQUALロマンス

『夕焼けニャンニャン』の後継番組から生まれたアイドル・CoCoのデビュー曲で、アニメ『らんま1/2』ED。同作のメインキャラを務める声優らによるカバーのほか、『デ・ジ・キャラットにょ』EDとなったPrièreによるカバーも存在し、アニソン界隈に与えたインパクトは大きい。モーニング娘。の登場まで冬の時代を迎える90年代アイドル史において、黄金期最後の残り香を感じさせる王道なアイドルソングに仕上がっている。（ろ）

キングレコード　KICS-113

Midnight Shout

ロック

辛島美登里 OVA『魔境外伝レ・ディウス』TM

1991（初出：1987）　MEMORIES

『サイレント・イヴ』で有名な辛島美登里のアニソンデビュー曲。80年代の特徴であるシンセサイザーとドラムをメインとしたサウンドに、彼女の持ち味である陰を落とすようなコード進行と洗練された歌詞がシリアスなロボットアニメにマッチする。彼女はほかにもいくつかOVAの楽曲を手がけており、いずれもCoolで完成度が高い。90年代には林原めぐみへ『虹色のスニーカー』を提供するなど、アニソン界へも足跡を残している。（き）

ワーナー・パイオニア　32L2-41

灼熱のサーキット

ロック

山根えい子 劇場版『ヴイナス戦記』IN

1988　ヴイナス戦記 イメージアルバム

安彦良和監督作品なので『アリオン』と同じく劇伴は久石譲。時期的に『魔女の宅急便』直前の作品なのだが、この挿入歌は久石譲には珍しい8ビートのロックチューン。歌い上げている山根えい子は、渡辺美里のバックを務める佐橋佳幸率いるロックバンド・UGUISUの元ボーカルであった。ちなみに姉は『カウボーイビバップ』EDの山根麻衣。先行イメージアルバムにフルサイズを収録。サントラ盤では前半分がインストになっている。（坂）

キングレコード　KICA-2142

オン・シュラ・ソワカ

ロック

石原慎一　TVA『天空戦記シュラト』IN

1989　天空戦記シュラト・天山瞑楽

ヒーローソングの雄・石原慎一氏が熱唱する『天空戦記シュラト』の挿入歌。その歌詞に込められた戦いへの覚悟や友情への熱き思いとロックテイストが合致し、堂々たる正統派なヒーローアニメソングになっている。タイトルの『オン・シュラ・ソワカ』は密教の言葉であり、作中にて主人公が神甲冑（シャクティ）をまとう際の掛け声である。どちらの知識がなくとも、この歌を聴けばかっこいいヒーローを想像できることは間違いない！（T）

日本コロムビア　COCX-33637～8

BE TOP

ロック

北原拓　TVA『ダッシュ！四駆郎』OP

2006（初出：1989）　続々々々々・テレビまんが主題歌のあゆみ

スタートシグナルとエンジン音のSEから始まるイントロと、T-SQUAREの『TRUTH』をオマージュしたウインドシンセサイザーを全面に押し出したサウンドで子供たちの心を一気にミニ四駆の世界に引き込む。作品タイトルの一部でもある“ダッシュ！”を歌詞に織り込むといった古き良きアニソンのお約束を踏襲しつつ、フュージョンやロックをベースとした大人の視聴にも耐えうるかっこいい楽曲に仕上がっている。（き）

ウォーカーズカンパニー　WAC-10201

WHAT IS LOVE

ハードロック

GO!　OVA『紅い牙 ブルーソネット』OP

1989　WHAT IS LOVE

ハードロックバンド・GO!のデビュー曲。しかしビデオの特典としてCDシングルが梱包されていたため、3rdシングルまでは非売品扱い。さらにメンバーが劇伴を担当するもシリーズ途中に制作会社が倒産したため、サントラも未発売という憂き目にあう。ボーカル・井上喜美子は一聴すると男性ボーカルを思わせるほどのハスキーボイスを持っていた。音源の再発もなくLD化の際に特典として収録されただけなので、歴史から埋もれた曲である。（坂）

ワーナー・ブラザーズ　WPCL-145

アッセンブル・インサート（LIVE ver.）

ロックンロール

笠原弘子　OVA『アッセンブル・インサート』OP

1990（初出：1989）　アッセンブル・コンサート

笠原弘子楽曲には欠かせない松宮恭子が作詞作曲を務める本作品は、『エルフ・17』主題歌『DoDoドピンクパワー』で見せたキャッチーでお茶目なノリを彷彿させる楽曲となっており、『アッセンブル・インサート』の作風とも絶妙に合致する名曲だ。今回紹介するのは『アッセンブル・インサート』で笠原弘子が声優を務めた、南風まろんとして行った架空のライブアルバム『アッセンブル・コンサート』収録のライブバージョン。（ヒ）

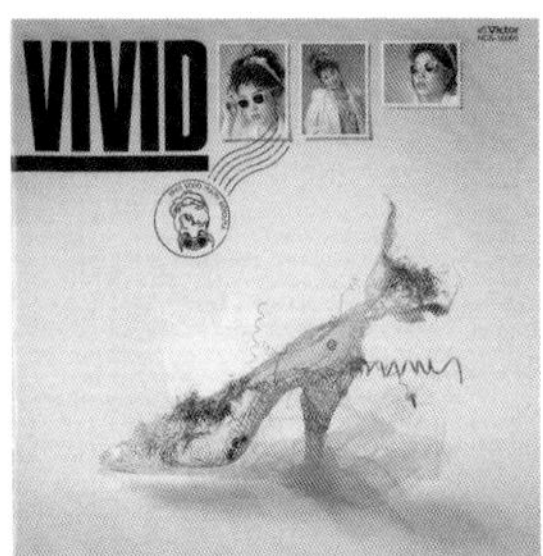

ラグジュアリー歌謡 X Tower to the People
NCS-10060

Be with me

ニューウェーブ

小山茉美

2013（初出：1985） VIVID

山川恵津子全面プロデュース&アレンジによる4thアルバムに収録。シンセプログラミングはムーンライダーズの作品にも多数参加している森達彦。本曲は笹路正徳が作曲している。オリジナル盤のリリースは85年だが近年の和モノ・ブギー再評価の文脈から見ても先鋭的な内容で、2013年にラグジュアリー歌謡レーベルからCDで再発された。現在のトレンドであるテクノ以降のダンスミュージック×声優歌唱の源流と言っていい内容。（I）

CBS・ソニー　32DH-5201

誓書～バイブル～

80s ビートロック

PEARL　TVA『名門！第三野球部』OP

1989（初出：1988）　名門！第三野球部～音楽編～

『ゆずれない願い』などで広くアニメファンにも知られる田村直美がボーカルを務め、80年代後期～90年代中頃まで活動したバンドの1stシングル表題曲。こちらはユニコーンの『デイゲーム』と競合した結果、アニメのOPとして採用された。田村直美ソロの礎となったようなハスキーでパンキッシュなボーカルスタイルで、レベッカやプリンセス・プリンセス的なハードロック要素もあるが、わりと硬派で力強さが全面に出ていてかっこいい。（あ）

バップ　VPCG-84218

MIDNIGHT BLUE

80s ビートロック

KISSME QUICK　TVA『機動警察パトレイバー』ED

1993（初出：1989）　機動警察パトレイバー COMPLETE VOCAL COLLECTION

OVAや劇場版に続き、89年に始まったTVアニメ版の初代EDテーマ。Elvis PresleyやSHEENA & THE ROCKETSを想起させるバンド名、そしてタイトルのインパクトが強烈。タイアップ感は否めないが、当時絶頂期であったバンドブームを象徴したストレートなビートロック／ビートパンクサウンドの美味しい所がすべて詰まったような名曲。SALLYも手がけた元かぐや姫の山田パンダがプロデュース。（あ）

NECアベニュー　N32C-2003

痛み

プログレ

クレヨン社　OVA『エンゼルコップ』TM

1988　オレンジの地球儀

「世に出るのが早過ぎた」と称される作品のなかでも1、2を争うほど知名度の低いOVA『エンゼルコップ』。この主題歌は89年～94年全6作品にわたって使用されたクレヨン社のデビュー曲である。軽快でありながらも技巧的で複雑に構成された楽曲、独特な歌唱表現からはプログレやニューウェーブの雰囲気も漂う名曲。この辺りのサウンドから「ロックぽくない変な雰囲気の曲はプログレ」的な風潮が始まったような気がしてならない。（ヒ）

フューチャーランド　LD32-5090

真夜中の主役

クラブミュージック

富沢美智恵　OVA『バブルガムクライシス』IM

1988　バブルガムクライシス5 MOONLIGHT RAMBLER

ユーメックス制作によるOVA『バブルガムクライシス』のイメージソング。作品全体の音楽プロデュースを『機動戦士ガンダム』の音楽ディレクター・藤田純二が手がけ、劇中音楽の多くを作った馬飼野康二と共にハードな近未来的世界観を見事に演出してみせた。富沢の歌う本曲はFuture Funkを通過した今の耳で改めて聴いてほしい。同作のサウンドトラック群は2022年にリマスターLPがリリースされている。（I）

日本コロムビア　CC-3766

12FRIENDS

ヒップホップ

Y.F ZOMBIE COMPANY　TVA『悪魔くん』ED

1989　悪魔くん ヒット曲集

サンプリング大ネタとしてTRUBLE FUNK『PUMP ME UP』のシャウト部分を使用したミディアムテンポのHIPHOPトラックは、GO GO FUNK好きも納得の展開でマニア心をくすぐる。作曲の古田喜昭がラップグループのRUSHをプロデュースしていた時期と重なることを考えると由緒正しきJ-HIPHOPであり、90年代のHIPHOPアニソンへの橋渡しとなった歴史的にも重要な1曲である。（ヒ）

キティ　KTCR-1111

光の橋を越えて

オーケストラ

小椋佳　OVA『銀河英雄伝説』ED

1991（初出：1988）　銀河英雄伝説 主題歌集

小椋佳氏の深みのある歌声で物語の余韻を噛みしめることができる第1期のEDテーマ。オーケストラ伴奏の壮大さは曲が進むごとに増し、さながら宇宙のように広がってゆく。自由と平和を胸に描き、夢に向かって道を行く2人の主人公やその仲間たちが、戦火のなかでどうなっていくのかを知っているだけに、切なさを抱かざるを得ない。かの第3期84話のEDにも使用されるあたり、この歌の重要さがわかるだろう。（T）

GERU-C閣下's レコメンド

時には昔の話を
加藤登紀子
（映画『紅の豚』ED）

1992年リリース
『紅の豚 サウンドトラック
飛ばねぇ豚は、
ただのブタだ！』
（徳間ジャパン
TKCA-30596）収録

Trust You Forever
鵜島仁文
（TVアニメ
『機動武闘伝Gガンダム』
OP）

1995年リリース
『機動武闘伝Gガンダム
GUNDAM FIGHT-
ROUND 4』
（スターチャイルド
KICA-228）収録録

Fly Me To The Moon
CLAIRE
（TVアニメ
『新世紀エヴァンゲリオン』
ED）

1995年リリース
『NEON GENESIS
EVANGELION』
（キングレコード KICA-286）
収録

90年代のHip-Hopシーンは、JBやファンカデリックなんかをサンプリングしてた時代。僕も子供の頃に観ていたアニメや特撮をサンプリングしたもんだね。なかでも『デビルマン』の三沢郷さんのBGMは僕のルーツで、『デーモンの進行』をループして『平和の住人』をリリース。テレビで毎日流れる湾岸戦争の映像に僕らは怒りを覚え、「オレたちは悪魔人間だっ！」ってライブでよく叫んでた（笑）

僕はアニメから遠ざかっていた時期だったけど、時折"男の浪漫"をくすぐられたもんで、92年『紅の豚』、93年『アイアンリーガー』、94年『Gガン』、そして95年『エヴァ』放映で、僕のアニメ熱は静かに再燃。その頃、身近な音楽シーンにもある変化が。周りから否応にも耳に入る「ヤバくないすか？」の連呼と、答えの出ない『エヴァ』談義。いつしかパンクの先輩や強面のラッパー、ギャングの後輩たちもが声を揃えていた。すっかり硬派なラッパーで売っていた僕は、隠れアニオタであることを打ち明けられず、耳をふさいでいた。だがその抵抗も虚しく、テキーラと『エヴァ』への思いで僕は暴走し（笑）ありったけの知識と、演出への考察を喋り続けた結果、クラブのVIPルームはSFアニメの講義にまで発展（熱い思いは、その後にキングレコードとdj honda RECORDINGSと僕とで、世界各国のDJと『エヴァ』のコラボREMIX＆映像DVDをプロデュースするに至った）。

そして僕はアニソンDJとして暗黒時代へ突入していくのだが、そのお話はまた次回の講釈。

GERU-C閣下
Hip-Hopグループ・ZINGIのMC仁義を経て、アニパンクボーカル担当、アニソンDJ。LIVEアイドルグループ・HUMAN螺旋プロデューサーとして活躍中。

90年代アニメ&声優ソングに関わったレーベルとその特色

TEXT BY あらにゃん
原案、執筆協力　おたっきぃ佐々木
引用元　日本コロムビア、キングレコード、ポニーキャニオン、ビクターエンタテインメント、ソニーミュージック、VAP各オフィシャルサイト

90年代のアニメ&声優ソングを語るうえで避けて通ることができない、その時代を彩っていたCDレーベル。それぞれの特色や傾向を交えつつ、そのいくつかをご紹介する。

日本コロムビア

沿革

07年より音盤から蓄音機の開発を始める。以降、日本初のLPレコード、CDといったソフトや再生・録音機器なども開発。日本の音楽業界を牽引し続ける老舗レーベル。

特色

65年『ジャングル大帝』より、テレビマンガや東映動画作品を中心に80年代前半までのアニメ主題歌のほぼすべてを手がける。子供向けの歌謡曲をベースとした王道アニソンサウンドは90年代以降も脈々と受け継がれた。

主要作品

宇宙戦艦ヤマト、美少女戦士セーラームーン、水色時代、Bビーダマン爆外伝、おじゃる丸

所属アーティスト、声優

大杉久美子、影山ヒロノブ、ささきいさお、堀江美都子、水木一郎、山野さと子、豊嶋真千子

キングレコード

沿革

31年、講談社にレコード部が設置される。これが母体となり51年にキングレコードを設立。81年にアニメ専門レーベル・スターチャイルドを音楽プロデューサーの藤田純二がスタートさせる。

特色

77年、当時駆け出しのアニメスタジオだったサンライズの『無敵超人ザンボット3』を皮切りに、『機動戦士ガンダム』の音楽を手がけるようになり、以降も『ガンダム』シリーズを中心にアニソンの制作へ参入。90年代に入り、音楽プロデューサーの大月俊倫を中心にアニメ主題歌や劇伴、マンガのイメージアルバムで数々のヒット作を生み出す。派手な音使いと、『スレイヤーズ』シリーズの主題歌などに見られる当時のJ-POP／小室サウンドのダンサブルな打ち込みトラックにロックテイストを掛け合わせたかのような曲調が特徴で、90年代以降の王道に。J-POPをアニソンに馴染ませたという意味でも功績があり、このスタイルが後続のアニソンに与えた影響は計り知れない。

主要作品

ガンダムシリーズ、3x3 EYES、万能文化猫娘、スレイヤーズ、新世紀エヴァンゲリオン、機動戦艦ナデシコ、VS騎士ラムネ&40、少女革命ウテナ

所属アーティスト、声優

岡崎律子、奥井雅美、椎名恵、TAKADA BAND、TWO-MIX、松澤由美、米倉千尋、N.G.FIVE、林原めぐみ

ポニーキャニオン

沿革

55年、ニッポン放送事業部として創立し、66年にミュージックテープ事業を開始。ビデオソフトやレコードの発売などを経て、87年にポニーキャニオンと改称された。

特色
80年代におニャン子クラブを始めアイドル部門が躍進した流れもあり、アニソンにおいても同年代のアイドル色が強いサウンドが特徴。『らんま1/2』や『ああっ女神さま』などを手がけた音楽ディレクター／プロデューサー・須賀正人による、アニメタイアップやアニメ作品から派生した女性声優ユニットの楽曲にもその傾向は垣間見える。また声優にキャラクターを意識して歌唱させる、いわゆるキャラクターソングへのアプローチや、パッケージへのこだわり、疑似ライブバージョン、スタッフの歌唱など遊び心や付加価値のある戦略的なアイデアも見られた。

主要作品
プロジェクトA子、らんま1/2、ああっ女神さま、モンタナ・ジョーンズ、NINKU -忍空-、KEY THE METAL IDOL、鋼鉄天使くるみ

所属アーティスト、声優
CoCo、ribbon、速水けんたろう、井上喜久子、GODDESS FAMILY CLUB、スラップスティック、レモンエンジェル

ビクター

沿革
27年、日本ビクター蓄音機株式会社が創立。72年に音楽部門のうち、製造部門を除く制作、営業、宣伝などの全部門を同社全額出資により分離独立させ、ビクター音楽産業株式会社となる。07年にはビクターから移管したアニメ部門・Flying DOGを設立した。

特色
『超時空要塞マクロス』や『メガゾーン23』など、80年代前半のアニソン制作でヒットを連発し頭角を現す。『AKIRA』の音楽制作にも関わった音楽ディレクター／プロデューサー・佐々木史郎を中心に、特に90年代はアニメに合った良い音楽を付けるという哲学のもと、菅野よう子を筆頭とするハイクラスの音楽作家を起用し、音楽性を追求した。タイアップビジネスに頼らない本物志向のアーティスト抜擢も行っており、そのこだわり抜いた音楽のクオリティの高さは現在もほかの追随を許していない。

主要作品
マクロスシリーズ、メガゾーン23、勇者シリーズ、逮捕しちゃうぞ、天空のエスカフローネ、カウボーイビバップ、カードキャプターさくら

所属アーティスト、声優
a・chi-a・chi、飯島真理、芸能山城組、三重野瞳、宮里久美、坂本真綾、中村大樹、宮村優子

東芝EMI

沿革
60年、当時音楽事業に参入していた東芝とイギリスのEMIの合弁会社として誕生。キングレコードでスターチャイルドを立ち上げた藤田純二が同社の出資を受け、85年にアニメ部門としてYOUMEXを設立するが、同レーベルは98年に解散した。

特色
藤田純二を中心としたキングレコード／スターチャイルドのスタッフが流れてきたのもあり、キングレコード色を引き継ぐようなストレートでJ-POP的な王道サウンドが特徴。アニメ作品のみならず、ラジオや声優作品も意欲的に手がけた。

主要作品
きまぐれオレンジロード、アイドル伝説えり子、ふしぎの海のナディア、エルドランシリーズ、あしたへフリーキック、クラブ・アニミラージュ、YOUMEX YOUMIX

所属アーティスト、声優
井上和彦、草尾毅、山口勝平

ソニー・ミュージックエンタテイメント

沿革
86年にソニー株式会社と米Columbia Broadcast System Inc.によりCBS・ソニーレコードとして設立され、アナログレコードやカセットテープ、ビデオソフト、レーザーディスクなどを生産する。78年に新レーベルEPIC・ソニーを設立し、91年にソニー・ミュージックエンタテインメントと改称される。

特色
CBS・ソニーに対してEPIC・ソニーには歌謡曲ではない新しい音楽（ニューミュージック）や賞レースから程遠いロックアーティストの楽曲をリリースするというコンセプトがあった。しかしどちらもメインで抱えていたのは80～90年代の音楽業界を代表するような人気の高いアーティストやバンド。80年代からアーティスト・育成部門も強化する。アニソンに関してはJ-POPアーティストの起用が主体であった。

所属アーティスト、声優
種ともこ、椎名へきる、宍戸留美

パイオニアLDC

沿革
81年にパイオニア出資によるLDソフトを製作するレーザーディスク株式会社としてスタート。89年にパイオニアLDCへと改称し、92年リリースのOVA『天地無用！魎皇鬼』からアニメ事業を開始。

特色
特に『天地無用』シリーズ、『エルハザード』シリーズ関連楽曲の多くを手がけた作詞家の枯堂夏子、作編曲の藤原いくろう、長岡成貢による、劇伴や主題歌、イメージソングには、作品のイメージを支える安定感と世界観に合致した音楽性があった。また、女性声優のソロアルバムも数作品リリースしていた。

主要作品
サイレントメビウス2、天地無用！シリーズ、魔法少女プリティーサミー、神秘の世界エルハザード、バトルアスリーテス大運動会、serial experiments lain

所属アーティスト、声優
米倉利紀、飯塚雅弓、折笠愛、水野愛日、横山智佐

VAP

沿革
81年に日本テレビ放送網などの出資により設立される。音楽ソフトだけでなく、映像ソフトやゲームソフトもリリースしていた。

特色
日本テレビ放送網のアニメ制作会社・マッドハウスの作品など、日本テレビ系列で放送されたアニメを中心に、一癖ある作品やアーティスト起用にちなんだ突飛な音楽性が見られる。また90年代には声優もののアルバムを多く出しているのも特徴である。

主要作品
美味しんぼ、魔神英雄伝ワタルシリーズ、ミラクルジャイアンツ童夢くん、MASTERキートン、NANA

所属アーティスト、声優
天野由梨、白鳥由里、檜山修之、森川智之、久川綾

アポロン／バンダイ・ミュージックエンタテイメント

沿革
67年に渡辺プロダクションや文化放送などが出資したアポロン音楽工業として設立。おもに渡辺音楽出版が原盤権を持つアーティストやワーナー関連のミュージックテープをリリースする。87年より業務提携を結んでいたバンダイが96年に資本比率を50%から65%に引き上げたことでバンダイ・ミュージックエンタテイメントに改称する。

特色
86年にゲームミュージックに進出。『ドラゴンクエスト』のサウンドトラックを発売し話題となる。90年代は徳永英明やKIX-S、CLASSを擁し、アニメやゲーム

作品、CDドラマの主題歌やサウンドトラックをリリースした。

主要作品
ママレード・ボーイ、センチメンタルジャーニー、天使になるもんっ！

所属アーティスト、声優
徳永英明、MAHO堂、篠原恵美、横山智佐

また90年代中盤からは青二プロダクションとのコラボミニアルバムシリーズ、青山二丁目物語をリリースしている。

主要作品
銀河英雄伝説シリーズ

所属アーティスト、声優
ALI PROJECT、永島由子

エアーズ

沿革
95年、芸能プロダクションのアミューズとバンダイにより設立されたアニメ・ゲーム関連専門レーベル。同社出身の井上俊二らによるランティスが発足した00年頃まで活動。

特色
おもにバンダイやバンプレスト、バンダイビジュアルが関与していたロボットアニメ、特撮作品の楽曲を制作していた。

主要作品
超者ライディーン、思春期美少女合体ロボ ジーマイン、魔装機神サイバスター、宇宙海賊ミトの大冒険

所属アーティスト、声優
石原慎一、岩永雅子、遠藤正明、影山ヒロノブ

KONAMI

沿革
89年にKONAMIとキングレコードにより設立される。販売はキングレコードに委託している。

特色
ゲームのサウンドトラックを始め、それに関連したCDドラマやキャラクターソング、声優ソロ作品もリリース。『ときめきメモリアル』シリーズで聴かせる前時代的なアイドル性の高いサウンドとそのクオリティの高さも特徴的。

主要作品
ツインビーPARADISE、ときめきメモリアルシリーズ

所属アーティスト、声優
金月真美、國府田マリ子、菅原祥子、丹下桜、長沢ゆりか、野田順子

徳間ジャパン

沿革
65年、太平住宅株式会社の出資により太平音響株式会社として創立。ミノルフォンを経て、72年徳間書店に買収され徳間音楽工業に社名を変更。83年にジャパンレコードを吸収合併して徳間ジャパンとなる。

特色
自社レーベルのアニメージュレコードからは『風の谷のナウシカ』『となりのトトロ』を含むスタジオジブリ作品のサウンドトラック、イメージアルバムを制作、発売した。

ファーストスマイル

沿革
スタジオジブリなどの作品も手がけたミキサー・大川正義が起業した、アニメ／ゲームに特化したレコード会社。販売はポニーキャニオンに委託。

特色
1作目は飯野賢治の『エネミーゼロ』。ゲーム『スーパーロボット大戦』関連の楽曲を中心にリリースしていた。

主要作品
スーパーロボット大戦シリーズ

佐々木史朗

INTERVIEW BY あらにゃん　　TEXT BY 一野大悟

80年代から90年代にかけてアニメ音楽のプロデューサーとして活躍し、現在は株式会社フライングドッグ代表取締役を務める佐々木史朗。彼には90年代アニメ音楽がどう映っていたか、そしてそこで培われた仕事哲学を聞いた。

仕事のスタンスを学べた『AKIRA』

——まず、佐々木さんがビクター音楽産業（現:ビクターエンタテインメント）に入社された経緯からお伺いしたいです。

僕は高校時代からバンドを組んでいて、当時はプログレッシブ・ロックっぽいことをやっていたんですよ。そこから大学に進学して、今度はAORのバンドを組んで活動していた。そんな感じで音楽はずっと好きで就職活動時に音楽制作に関わる仕事がしたいと考えて、レコード会社で受かったのがビクター音楽産業だった。ただ、入社当初は音楽制作ではなく、大阪での営業に配属されてしまって。僕は東京出身だったから、当時はとにかく東京に帰りたくて仕方がなかったのを覚えています。

——大阪での営業から、アニメ音楽のプロデューサーに転身したのはどういった経緯だったのでしょうか？

偶然、会社のアニメ音楽プロデュース職に空きがあると聞いたんですよ。そこに希望を出して異動させてもらいました。僕自身、その頃はアニメに詳しいわけではなかったのですが、あの時はとにかく東京に帰りたい一心でした。東京に帰れるならどんな仕事でもしようと思って飛び込んだ感じです。

——異動後、初期に関わった作品で印象に残っているものを教えてください。

一番は『AKIRA』です。あの作品に、仕事をするうえでの姿勢を教えてもらったように思います。携わっていた時、僕は入社3年目でアシスタントディレクターという立場でした。そこで目の当たりにした、クリエイターの人たちの情熱がとにかく忘れられません。監督である大友克洋さんを始め、作画スタッフはひたすらに絵を描いていたし、音楽を担当している芸能山城組もひたすら曲を作ってはレコーディングをしていた。アニメ制作ってこれだけの情熱を持って行われるものなんだと感銘を受けましたね。そのうえ、完成した作品が本当に素晴らしいものだったわけですよ。あんなものを見せられたら、僕らプロデューサーはクリエイターの作るものにできる限り寄り添わないといけないと考えさせさせられました。

——クリエイターに寄り添う、ですか。

そう、できるだけクリエイターが作りたいものを実現できるよう、僕らは全力を尽くさなければいけない。僕らが1日徹夜したり、頭を下げたりすればなんとかなるなら、迷わずクリエイターの作りたいものを優先する。そうしないと良い作品は完成しないとわかったんです。実は僕、『AKIRA』の制作中に芸能山城組の山城祥二先生と揉めたことがあって。劇伴を収めたCDが映画公開中に発売できなくなるので、制作スピードを上げてもらえるようにお願いしたんです。すると山城先生に怒られてしまって……結果的に山城先生が満足いくまで制作に専念してもらうことになったんですが、そうしてできあがったものが本当に素晴らしかった。あれを聴いたら、無理して納期に間に合わせてもらわなくて良かったと素直に思いました。それ以降、クリエイターには制作に没頭してもらう、そこから先をどうするかを考えるのが僕の仕事だという信念が生まれたんです。その信念は、その後、庵野秀明監督や菅野よう子さんなどこだわりの強いクリエーターの方々と仕事をする際にとても役に立ちました。

アニメの雰囲気に
寄り添い過ぎない音作り

——庵野監督と佐々木さんがタッグを組んだ作品と言えば『トップをねらえ！』が思い出されます。

あの作品と関わったのは、『AKIRA』とほぼ同時期です。庵野さんは当時から自分が作るものに明確なイメージを持たれていたので、監督の欲しい音楽をどう作ればいいかという非常にシンプルなアプローチでした。初監督作品だったこともあり、最初のダビングは色々と試行錯誤しながらやっていきましたが、回を追うごとにコミュニケーションが密に取れるようになりましたね。最終巻あたりは、もう田中公平さんの音楽と演出が見事にマッチしていて、ダビング時に鳥肌が立ちました。完成直前は徹夜が続いていましたけど、初号を観た瞬間に疲れなんて

吹っ飛んで、ただただ達成感に包まれたんですよ。それからというもの、いいものが完成するならば徹夜上等みたいになってきてしまうんですが(苦笑)

──『トップをねらえ！』の制作現場はどのような雰囲気だったのでしょうか？

庵野監督が面白いものを作ることがすべてに優先されるという考えをお持ちだった印象ですので、現場は「これまでの常識をぶち壊そう」という空気に包まれていたと思います。おかげで音楽制作チームの僕らも本当にいろんな実験をすることができました。その時に作った音楽をまとめた『トップをねらえ！音楽集』でも、アニメに負けじとたくさんの実験をしたんですよね。あれはただのBGM集ではなく、作品内で使われていない歌が収録されていたり、音声ドラマが収録されたりしているんです。あの企画を中心になってやってくれたのは、設定や絵コンテを担当していた樋口真嗣さんとゲームブック『トップをねらえ！燃えろ！国際マシーン兵器大会!!』の著者である山口宏さんでした。

──『トップをねらえ！音楽集』を企画するにあたって、影響を受けた作品やクリエイターはいますか？

まず影響を受けたのは『超時空要塞マクロス』の企画アルバム『MISS D.J』です。あのアルバムはリン・ミンメイというキャラクターが実在したらこんなラジオ番組をやっているだろうという設定で構成されたアルバムなんですね。アニメのアルバムってこんなに自由でいいんだということに気付かせてくれたんです。それで、当時流行していたスネークマンショーのバンドネタのドラマみたいなものもやりたい、なんて話を山口宏さんとしていました。

──お話に出ていた『超時空要塞マクロス』は、佐々木さんものちにシリーズ作品に関わることになりますね。

僕が最初にシリーズで担当させていただいたのは『マクロスII -LOVERS AGAIN-』です。だから、口の悪い人からは「裏口入学だ」なんていわれるんですけどね(笑)。その後に94年の作品となる『マクロス7』と『マクロスプラス』に参加させてもらいました。それらと同時進行で『逮捕しちゃうぞ』などにも関わっていたのですごく大変だったのを覚えています。『マクロスプラス』は元々河森正治さんが「テストパイロットを題材にした作品をやりたい」というところからスタートして、亡くなってしまった当時バンダイビジュアルの高梨実プロデューサーが企画を進めるなかでそれを『マクロス』シリーズの一作とすることになったようです。そちらは洋画っぽい、重厚感のある作品を目指すことになりました。一方で『マクロス7』は同じシリーズながら真逆のコンセプトで、ケレン味たっぷりに描くTVアニメという企画。だからファイアーバルキリーはロボットなのに口があったりするんです(笑)。そんな正反対の2つの作品があったから、シリーズ全体のバランスが取れて良かったのかなと思っています。

──その後、90年代後半には『ロードス島戦記 -英雄騎士伝-』を始め、民族音楽のエッセンスが入った作品も多く手がけられています。

アニメに民族音楽を使うという発想はもっと前、87年から88年にかけてリリースされた『妖刀伝』の音楽制作で思いついたものです。あれは初めて僕が1人で音楽プロデュースを担当した作品で、物語としては忍者ものでした。そこに和楽器ではなくあえて民族楽器……シタールやタブラといったアジアの楽器を中心に使った音楽制作をしたんですよね。上司には反対されたんですが、同作の音響監督でのちに『マクロス7』でもご一緒することになる本田保則さんが後押しをしてくださって、ゴーサインが出たんです。それが結果的に満足いくものに仕上がった。その時の経験が巡り巡って、『AKIRA』それから90年代後半に菅野さんの作品などで活きてきた感じです。

──『妖刀伝』ではあえて、アニメの主題から

外した音楽プロデュースをされたと。

『妖刀伝』に限らずですが、あまりにアニメにぴったり合った音楽を作ってしまうと作品全体が面白くなくなってしまうんです。だから、あえてちょこっと外すという作業が必要な時がある。ときには監督からのオーダーにあえて従わないという選択もしなくてはいけない。監督から来た音楽のリクエストにそのまま応えるのって、僕らにとってそれほど難しくないんです。ただ、それをやっても作品が音楽的に面白いものになる保証はない。監督の要望を聞きつつも、作品をより良くするための音楽を用意しないとプロデューサーとして仕事をしたとは言えないんです。

──監督からの要望をあえて外した例としては、どういった作品があるのでしょうか？

たとえば昭和の日本が舞台の映画『人狼 JIN-ROH』なんかがそうですね。あの作品から考えると、武満徹作品のような乾いたアバンギャルドな音楽はぴったり合うと思ったんですね。ただ、それをやってしまうと乾いたアート映画のようになってしまう。そこであえて多少ウェットだったりロマンティックな音楽を作る溝口肇さんにお願いするのはどうかと一緒に仕事している音楽プロデューサーの方と相談して、沖浦啓之監督に提案したと思います。

──佐々木さんがクリエイターに作曲をお願いする時、どういったお話をするのでしょうか？

大まかなイメージだけを伝えて、あとは任せるようにしています。たとえば「死を意識するぐらい暗い曲」や「アフリカのお祭りで使われる曲」みたいなニュアンスというかお題だけを伝えるんです。そこから先はもうクリエイターにお任せ。音楽制作に関して相手はプロなわけですから、あまり口出ししても良くないでしょう。僕らはあくまでできあがったものを受け取る素人代表だから、素人っぽいお願いをするんですよね。その一方で誰に楽曲制作を依頼するかに関してはプロでいなくてはいけない。その審美眼はこれからも磨き続けていきたいと思います。

──その審美眼はどのようにして磨くのでしょう？

とにかく新しい情報をインプットし続けることです。昔だったらCDショップには頻繁に足を運んで、今だったらネットを探しまくってジャンルレスにいろんな音楽を聴く。そこから心に残るものを覚えておいて、必要な時にパッと思い出せるようにすることが大切だと思います。

斬新な作品を生むためには通訳が必要

──監督が出した楽曲メニュー（制作してほしい楽曲のリスト）に手を入れることはあるのでしょうか？

通常、監督と音響監督が相談されて音楽メニューは作られます。で、そのメニューに従ってBGMを作っていくという流れです。ただ、来たメニューのオーダー通り作曲者に伝えるかはまた別の話です。もらった内容を僕なりに読み替えて、作曲者が音楽的にイメージしやすいように別の言葉で伝えるということはよくあります。

──別の言葉で伝える、ですか。

アニメ監督と作曲者の間で音楽に対する言葉の捉え方が違う場合もあるんですよ。その場合、僕らが通訳として間に立たないといけない。たとえば監督からハードロックというオーダーが出てきても、その監督が指す「ハードロック」という言葉が、いわゆる洋楽のバンドがやっているハードロックではなくてハードなアニメ特撮の戦闘ソング的なものだったりすることがあるんですね。

──それは音楽畑の人には察しかねますね。

音楽を言葉で伝えるっていうことはとっても難しいので、監督たちも一度上手くコミュニケーションが取れる作曲家が見つかるとその人ばっかりになる。また、作曲家さんが劇伴を多数経験すると演出サイドの意図が汲めるようになり、アニメサイドは説明が楽なのでそういった作家さんばっかり起用されるようになるんです。ただ、逆に考えると僕らが間に立てばアニメ音楽初挑戦という作曲家さんにも劇伴を依頼できるんですよ。そうやってほかのレーベルとは違う人に作曲をお願いして、差別化を積み重ねてきたのがビクターエンタテインメント、そしてそこから派生して生まれたフライングドッグの歴史だと言っても過言ではないと思っています。
——それがフライングドッグらしい、斬新な音楽の作品を生み出してきたと。
そう思います。視聴者はつねにこれまで見たことがない作品に出会うことを望むじゃないですか。それに音楽プロデュースの面から応えるには、新しい人の力を借りるのがベスト。作曲家さんのなかには、僕らが間に立たなくてもアニメ監督のオーダーを自分で理解して、楽曲制作ができる方もいるんですよ。そういう方に頼むのは僕らとしても楽。ただ、そればっかりでは新しいものは生まれないし、それを繰り返しているとどのアニメも似たような音楽が使われる状況に陥る。これは避けないといけません。
——これまでにない作品という話がありましたが、98年に放送された『カウボーイビバップ』の音楽はまさに前例のないもので、とても印象的でした。
あの作品は、監督の渡辺信一郎さんが音楽に造詣が深いからできたものですね。元々はジャズというよりジャズ的なフレーバーのあるUnited Future Organizationというクラブ系のアーティストの音楽とかをイメージしていたようです。で、菅野よう子さんが「ジャズをやるならニューヨークだ！」と言い出して、ジャズの聖地であるブルーノートの巨匠エンジニア・Rudy Van Gelderさんをコーディネーター経由で紹介してもらい、彼にエンジニアとして参加してもらって音楽制作をしたんです。Rudy Van Gelderさんがアニメの音楽に参加しているなんて、ジャズが好きな人が聞いたらひっくり返りそうな話ですよね。
——そんな経緯があったとは……ただ、結構勢いで決まっているという印象を受けました。
お察しの通り、そうなんですよ（笑）。あれは菅野よう子さんと渡辺信一郎さんが色々と遊んで作っていった結果できた作品だと思っています。菅野さんが「こんなのできちゃった」って言ったら渡辺さんが「できちゃったなら使うしかねえな」と言って使う、みたいな。脚本の打ち合わせとかも仕事というより、何かダラーっとした雰囲気で作ってましたから（笑）。その緩くて遊びだらけの雰囲気が、結果的に作品の独特な空気感になり、作品自体を魅力的にしていったんだと思います。だからこそ、多くの人の記憶に残る作品になったのではないでしょうか。
——『カウボーイビバップ』では、英詞の曲も多くありました。ああいった曲はどういった経緯で制作されたのでしょうか？
BGMとして歌モノを使おうとすると日本語の曲って使いづらいんですよ。セリフと被るとそちらを食ってしまうので。その点、日本語じゃ

ない楽曲はセリフの邪魔をしにくいし、それだけで作品にファンタジックな印象も与える。だから日本語以外の英語やフランス語、場合によっては『マクロスプラス』のように存在しない言語で歌を作ることも必要になってくるんですよ。で、日本のアニメは海外に輸出されることもあるので、外国語の曲はネイティブが歌うほうが良い。そして『カウボーイビバップ』でも英詞の楽曲を制作する必要が出てきた。そこでニューヨークのコーディネーターにお願いして出会ったのがSteve Conteたちでした。すごく良い歌が何曲もできたんですが、のちに『カウボーイビバップ』のライブをやることになって、ニューヨークから彼らを呼ばなくてはいけないのでライブ制作費が予算オーバーになるというオマケまで付いてきちゃいました（笑）

アニメへの参加が活躍の礎になるといい

——確かに、移動だけでも大変なのが想像できます。ライブの話も出ましたが、御社はその分野にもかなり力を入れてきましたよね？
はい。一連のライブは「獣戦機隊ライブ」という85年のTVアニメ『超獣機神ダンクーガ』から生まれたライブの影響があります。当時、僕は矢尾一樹さんのアルバムを担当していて、ビデオで観たんですね。あのライブはアニメのメインキャラクターを演じた声優さんが、バックバンドの前で歌を披露するものでした。それを見ていたら、やっぱりアニメ関連のライブであっても生バンドを入れないと駄目だと思わされた

んです。自分が学生時代にバンドをやっていたことも影響していますが、それが時を経て、初めて現実のものとなったのが『マクロス7』関連のライブでした。

——元々『マクロス7』はライブを意識した音楽制作をしていたのでしょうか？

いえ、そんなことはないです。ただ、劇中に登場するバンド・Fire Bomberは4ピースバンドだから、その楽器構成で演奏できる楽曲を作るようにはしていたんですね。その結果、『マクロス7』の楽曲はそのままライブで披露できるものになっていたんです。

——主人公の熱気バサラは声を神奈延年さん、歌を福山芳樹さんと別の方が担当していました。こういったキャスティングはいつから行っていたのでしょうか？

最初に声と歌を別の方に担当してもらったのは『勇者特急マイトガイン』のパープルという悪役だと思います。EDの『Black Diamond』の歌唱をPURPLE名義で担当してもらったのは、鈴木勝美さんとは別の歌い手さんでした。それが上手くいったので、今度は同じことを主人公でやろうと思って生まれたのが熱気バサラです。

——キャラクターの声と歌を分けるにあたって、キャスティングで意識したことはありますか？

歌い手さんにあまり知名度のある人を持ってこないということは考えていました。知名度が高い人にお願いすると、聴いた人がキャラクターよりも歌い手さんの顔を先に思い浮かべてしまう。それでは視聴者がキャラクターが歌っていると思ってくれなくなりますから。できる限り実力がある新人を引っ張ってくるようにしていました。

——御社はキャラクターの歌唱担当以外にも、主題歌の歌唱にあまり聞き慣れない人を抜擢するということもありました。五木花実さん（『人形草紙あやつり左近』）、斎藤美和子さん（『シャーマニックプリンセス』）、真行寺恵理さんや勝沼恭子さん（『ブレンパワード』）などですが、ああいった方々はどのように探してくるのでしょうか？

人によって色々なので一概には答えられないんですが……たとえば『マクロスF』だと中島愛さんはオーディション、May'nさんは音楽業界を探って知り合いに紹介してもらいました。そのほかだと僕が見つけて連れてくることもあれば、同じ会社の別レーベルから引っ張ってくることもある。とにかくいろんなパターンがあります。ただ、アニメで歌唱を担当するということは、多くのアニメファンが歌声を耳にするわけなのでアーティストにとってはすごく大きなチャンスになる。そう考えると、1人でも多くの、埋もれている才能を発掘して起用していきたいと考えています。

——音楽プロデュースという仕事全般についてはどうでしょう？　何かこだわりはありますか？

すべての人に愛されなくても、一部の人が熱狂的に好きになってもらえる曲を作ることはつねに意識してきました。これは、僕自身がメジャーなアニメのプロデュースに携われなかったというコンプレックスの裏返しでもあるんですけど（笑）。あとは古臭くならないものを作ることも考えていました。爆発的に流行った曲なんかはその時代の空気を纏い過ぎていて、時間が経つと古臭いと感じられやすい。そういうものには手を出さず、時を経ても価値を保ち続けられる曲を作ろうと思っていました。

若手プロデューサーたちが起こした90年代の変革

——90年代にはJ-POPアーティストのアニメタイアップも増えてきましたが、どう感じていましたか？

「血が通っていないタイアップが多いな」と思いながら見ていました。作品のことをあまりわかっていないアーティストが、ただ新曲のPRのためにアニメとタイアップをしている感じがした。そこにはアニメに対するリスペクトがあまりなかったように思います。ただ、そういったタイアップのバックには大量のお金や人が動いているんですよね。だから僕らが同じことをやったら確実に負けるということを実感していたし、そのうえでどう戦うべきかをすごく考えさせられました。僕らみたいな小さなところはクリエイターの信頼を勝ち取って、J-POPアーティストがしないことをやらないといけない。そうやって積み重ねてきたものが今のフライングドッグのブランドイメージを作ったと思います。

――同時期には、J-POP以外にも新しい音楽ジャンルがアニメの世界に流れ込んだように感じます。

新しい世代のプロデューサーが僕以外にも何人か業界に入ってきた影響だと思います。僕がプロデューサーになりたての頃は、一番歳が近い先輩でも10歳以上年上でした。当然ですが、そういった先輩たちが作る音楽って僕ら若い世代にとってはちょっと物足りない感じがしたんですね。そこに僕たちのような若いプロデューサーが参加するようになって、結果的に僕らが聴いてきた音楽がアニメ音楽の世界にも流れ込むようになってきたんだと思います。

――佐々木さん世代が聴いていたのは、具体的にはどういった音楽だったのでしょうか？

基本的に僕らの世代はThe Beatles以降のロックだったり、ソウルやジャズ、そして邦楽のほうではシンガーソングライターやバンド、アイドルソングなんかも聴いて育ちました。僕なんかは洋楽のロックを好んで聴いてきたから、そういった音楽の要素はどんどんアニメの世界に取り入れました。

――新しい世代のプロデューサーの流入が、結果的に新しい音楽の流入につながったと。

そう考えると、僕らの少し前の世代のアニメソングって、当時の流行りと比較しても少し昔の空気を纏っているんですよ。『超時空要塞マクロス』のリン・ミンメイが歌う楽曲なんてまさにその代表ですよね。楽曲自体はもちろん素晴らしいけど、当時流行していた松田聖子さんたちの曲より、どちらかと言うとハリウッドの映画音楽的な作り方なんです。これに関してはプロデューサーや作曲家の世代を考えると当然なんでしょうけど……僕らの世代が業界に入った結果、新しい音楽が流入したというより、その時の流行りの音楽とアニメの音楽に乖離がなくなってきたというほうが近いかもしれません。

――同世代のプロデューサーの仕事を参考にしたことはありますか？

亡くなられたポニーキャニオンの須賀正人さんが仕掛けたキャラクターソングは素晴らしかったですね。キャラクターと作品への愛情が詰まっていると思いました。キングレコードの大月俊倫さんもヒット連発でしたし、すごく刺激を受けました。ただ他人の真似をしても上手くいかないし、自分ができることを精一杯やるしかないと思いましたね。そう思わせてもらえたのは『マクロスプラス』で菅野さんと出会ったことも大きいです。

若い人が失敗を恐れない環境づくりを

――90年代のアニメ音楽シーンについてお聞きしてきましたが、現在のシーンとの違いは感じますか？

一番の変化はアニメ音楽の地位です。90年代のアニメ音楽はとにかく地位が低かった。アーティストも、世の中も、「アニメってかっこ悪いもの」みたいな感じだったんですよ。ただ少しずつアニメ音楽を作ることに面白さを見出すクリエイターが増えて、アニメの音楽だからと低く見る人も減った。同時にアーティストのなかにもアニメを好きな人が増えてきて、きちんと血の通ったアニメソングを歌ってくれるようになっているのは感じています。そこは90年とは全然違いますよね。

――それに伴って、制作予算なども変わってきたのではないでしょうか？

いや、地位が上がったからといって予算が上がるということはなかったです。そもそも僕は予算内で制作をしようという考えかたをしてないんですよ。制作していくなかで必要になった予算は、何かしらの手段を駆使してどこかから奪い取ってくればいい、その分はあとからどう回収するかを考えればいいという発想をしていたので（笑）。だからフライングドッグはかなり制作費を使って制作してきたほうだと思います。逆に今はパッケージで回収するのが難しくなってきて、使っている予算は減ってきているんじゃないでしょうか。

――地位が上がってもお金がたくさん使えるようになるわけでもないんですね。ただビクターエンタテインメント内でアニメソングが重要ジャンルとして扱われるようになった、くらいはあるのではないでしょうか？

最近になって多少は、というくらいですね。アニメが流行っていることにビクターエンタテインメントが気付いたのって、僕の肌感覚的にはわりと最近で、『マクロスF』が当たったあとの2010年くらいなんです。それまでは僕らも正直あまりあてにしていませんでした。

――そんなものですか。では近年の作品で佐々木さんが衝撃を受けた作品を教えてください。

個人的な趣味で言うと『犬王』は面白かったです。あとは少し前ですが『海獣の子供』もすごかった。ただ、ここのところのヒット作に関して思うのは、すごいと感じる反面、「最近の作品は真面目だな」「面白くなるようにきちんと計算されて作られているな」とも感じるんですよ。それはそれでもちろん素晴らしいことなんだけど、観ているとちょっと息苦しさも覚える。自分はもっと遊びのある、一歩間違えたら大失敗みたいな弱点とか隙のある作品があってもいいのにとは思います。今の若い人たちの間に失敗しづらい空気があるのは理解しているんですけどね。

――失敗しづらい空気が蔓延している原因は何なのでしょうか？

そうした空気を僕ら大人が出しているからじゃないですか。そういう大人からのプレッシャーのなかで仕事をして、失敗が怖いものだと刷り込まれている。何かかわいそうだと思います。僕らが若い頃なんて失敗しても余裕で、ヘラヘラしていられた。だから『カウボーイビバップ』とか『マクロス』みたいな挑戦的な作品も作れたんだと思います。そんな風に若い人たちには自由に作品作りをしてほしいんですよね。

――そうした失敗を恐れずに制作ができる環境が戻ってきてほしいと。

はい。その結果、最近守りに入っているかもしれないフライングドッグの音楽性をぶち壊してほしいと思っています。もう「お前らがやっている音楽は古臭いんだよ！」ぐらいの勢いで今のフライングドッグを全否定しても構わない。僕らも、上の先輩たちが作ってきたアニメ音楽を古いと思い、そこに新しい音楽を持ち込もうとしたわけです。同じことを若い子たちにされても、それは喜ぶべきことでしょう。それで僕らが築いたものが跡形もなく消えたら、因果応報と言っていいんじゃないかと（笑）

佐々木史朗

ささきしろう／株式会社フライングドッグ代表取締役。音楽ディレクター／プロデューサーとして『AKIRA』や『マクロス7』『マクロスプラス』『カウボーイビバップ』『トップをねらえ！』などに関わる。

第2章

90s前半

～アニソンの多様化と深化～

90年代前半 イントロダクション ～アニソンの多様化と深化～

TEXT BY あらにゃん

90年代に入ると音楽記録媒体の主流はCDとなり、92年辺りからシングルCDでミリオンセラーが続発。さらに洋楽ヒットソングと比肩するような、洗練されたサウンドの「J-POP」が生まれる。このころにはTVドラマやCMなどと同様に、人気のJ-POPアーティストを起用するアニメ作品も増加し、アニソンでも流行のJ-POP性が高いものが徐々に増えていく。その特徴であるデジタル要素が強いダンスミュージックへの傾倒の背景には、『ストリートファイターII MOVIE』の主題歌『愛しさと 切なさと 心強さと』(94年)に象徴されるTKサウンドの発現はもちろんだが、90年代初頭からのクラブカルチャーに見られたテクノやハウスミュージックなどの台頭も見逃すことはできない。

それと並行して、アニソンにおいて多様化が進行し斬新で自由度の高い表現も見られるように。その要因の1つとして、アニメの音楽制作に大手レーベルが複数参入し、その潤沢な資金力によって新しいものへ意欲的に挑戦できる土壌があったという要素も大きかったと推測される。一方で、ロックバンドによる印象的なタイアップも数多く存在した。歌謡曲の影響下にある王道アニソン的なアプローチとハードロックのハイブリッドのようなサウンドもこの時代特有のものと言えよう。

そういったなかで、TVアニメ『セーラームーン』(92年)に端を発し、OVA『アイドル防衛隊ハミングバード』(93年)、OVA『ああっ女神さま』(93年)などでは、人気と実力を兼ね備えた女性声優を起用し、作品から派生した声優ユニットが誕生した。当時の一般アイドル冬の時代という様相に呼応するかのように、女性声優へ求められるアイドル性は次第に大きくなり、一大声優ブームとして発展していく。その重要なファクターとして、声優がパーソナリティを務めるラジオ、アニラジの存在も見逃せない。これは声優の素顔に迫ることができ、またリスナーサイドからもコミュニケーションが取れる貴重なメディアであった。その盛り上がりは94年に声優グランプリやボイスアニメージュといった声優専門誌が創刊されるほど。なかでも林原めぐみ、椎名へきる、國府田マリ子を始めとする人気声優はアーティスト活動も行い、それぞれの個性を活かした音楽スタイルが楽しめた。

ハミングバード　HBCL-7042

ムサシ！BUGEI伝!!

昭和王道アニソン

子門真人　TVA『からくり剣豪伝ムサシロード』OP

1990　からくり剣豪伝ムサシロード音楽篇

山本正之氏の物語性と語呂の良さが溢れる歌詞、作曲は数多のビーイング系楽曲を手がけた多々納好夫氏、そして伝説のアニソンシンガー・子門真人氏の粘りつくような力強く熱いシャウトが加わり、超痛快なロック演歌テイストの王道アニメソングに仕上がっている。勇ましく豪快な主人公・ムサシの活躍と生き様が、この歌を聴いているだけで鮮やかに眼前に広がってくる。まさに本作『ムサシロード』の世界観に合致した最強の主題歌と言える。(T)

日本コロムビア　COCX-41982

ズダダン！キン肉マン

昭和王道アニソン

鈴木けんじ　TVA『キン肉マン キン肉星王位争奪戦』OP

2023(初出：1991)　キン肉マンアニメ40周年記念「超キン肉マン主題歌集」

今なお新シリーズが盛り上がりを見せるマンガ『キン肉マン』のアニメ第2期『キン肉王位争奪編』OPテーマ。ズダダンというよりはズンタンというゆったりとしたビートの隙間に細かく入り込んでいくようなダンピングされたシンセベースのコンビネーションによる軽快なリズム隊を軸に、劇中のキン肉マンに熱いエールを送るかのような鈴木けんじ氏の熱の篭った燃え上がるボーカルがテレビの前のちびっ子たちの心に火をつけた王道ヒーローソングだ。(山)

フューチャーランド　TYCY-5180

戦え！おたキング

昭和王道アニソン

辻谷耕史　OVA『おたくのビデオ』OP

1991　1982おたくのビデオ オリジナル・サウンドトラック

80年代末、東京・埼玉連続幼女誘拐殺人事件の影響によるおたくバッシングが起こった。そんななか、かのガイナックスが本当のおたくの実像を描こうと作られたのが『おたくのビデオ』だ。ツッコミどころ満載の楽しい作品ではあるが、とにかくその主題歌が最高。イントロのナレーションから畳み掛けるような熱い田中公平節に乗せた、おたくの本質を突く歌詞は本作プロデューサーである神田善美によるもの。永遠のおたくアンセムである。（お）

ユニバーサル ミュージック　TYCY-5625

ドリーム・シフト

昭和王道アニソン

SILK　TVA『絶対無敵ライジンオー』OP

1998（初出：1991）　SILK THE BEST

サンライズのロボットアニメ『エルドラン』シリーズの記念すべき第1作目『絶対無敵ライジンオー』のOPテーマ。中森明菜の『LIAR』でお馴染みの作曲家・和泉一弥が手がけた、この時代でもすでに少数派となっていた“アニメタイトルを叫ぶ王道アニソン”の1つだが、躍動感のあるギターや軽快に走るドラム、要所で煌めくシンセ、サビ前の転調、どこまでも伸びやかで力強いボーカルなど、今聴いてもまったく古さを感じさせない。（河）

日本コロムビア　CODC-8919

勇者よいそげ!!

昭和王道アニソン

団時朗　TVA『ドラゴンクエスト ダイの大冒険』OP

1991　勇者よいそげ!!

2020年代にリメイクもされた『ドラゴンクエスト ダイの大冒険』OP。作曲は『ドラクエ』と言えばお馴染みのすぎやまこういち。すぎやまこういちと言えば『帰ってきたウルトラマン』。そんなつながりがあるのか、この歌を歌うのは『帰ってきたウルトラマン』で郷秀樹役の団時朗。力強い歌声と壮大なシンフォニー、そしてめまぐるしい展開は聴いた者を作品世界に一気にルーラしてくれる。さあ、アバンストラッシュの練習だ。（お）

日本コロムビア　COCC-10188

スーパーフェニックス〜光の世界へ〜

昭和王道アニソン

草尾毅　TVA『スーパービックリマン』OP

1992　スーパービックリマン ヒット曲集

主人公・フェニックスを演じた草尾毅氏が熱唱する超王道なヒーローソング。今では数少なくなった、キャラクター名や劇中の決めセリフが入ったアニメソングの定番とも言える作りは、やはり聴いている者の心を熱く震わせてくれる。OPだけでなく、物語の後半では挿入歌としても使われ、クライマックスを大いに盛り上げた。今もなお人気のある、90年代のアニソンを代表する名曲と言っても過言ではないだろう。（T）

フューチャーランド　TYDY-5236

熱血！熱血！男は熱血！

昭和王道アニソン

松本梨香　TVA『絶対無敵ライジンオー』CS

1992　絶対無敵ライジンオーIV 地球防衛組全員出動！1

人気の高いメインキャラクター・日向仁の明るく元気でかっこいい少年というイメージが全面に出ている、彼を演じる松本梨香氏にピッタリな1曲。タイトルに「熱血！」と銘打つにふさわしく、とにかく血が沸騰するほど歌詞が熱い。そこに田中公平節という燃料が「もっと燃えろ」とばかりに投入される。声と歌詞と曲とが合体し、どこまでも真っ直ぐに全力で放つ必殺技のような、絶対無敵の大応援歌となったのである。（T）

日本コロムビア　CODC-8984

モロダシ・ヒロインけっこう仮面

昭和王道アニソン

篠原恵美　OVA『アニメ版けっこう仮面』ED

1992　モロダシ・ヒロインけっこう仮面

永井豪とダイナミックプロによる『けっこう仮面』のアニメ版主題歌である。原作のタイトルからして『月光仮面』のパロディであるが、ほかにもさまざまな作品のパロディが盛り込まれコンプライアンスにうるさい現代では実現不可能な作品であろう。そんなところを踏まえてか、この曲の歌詞も『デビルマンのうた』のパロディとなっている。そんなかなり際どい歌詞を篠原恵美さんの歌声が浄化してさらっと聞かせてくれるから不思議だ。（お）

アポロン　APDM-5002

アイアンリーガー〜限りなき使命〜

昭和王道アニソン

谷本憲彦　TVA『疾風！アイアンリーガー』OP

1993　アイアンリーガー〜限りなき使命〜

『疾風！アイアンリーガー』OP。歌唱の谷本憲彦は速水けんたろうの名で知る人も多いだろう。90年代半ばには「熱血」というキーワードが似合う作品がいくつかあるが、この作品もその1つ。週刊少年ジャンプが掲げる「努力、友情、勝利」を煮詰めたような作品にふさわしい名曲。イントロの冒頭のドラムロール、泣くギター、スラップ・ベースと盛り上がる要素のてんこ盛りに安心のボーカルが乗った王道ロボットアニメソング。（お）

スターチャイルド　KICA-37

三日月コネクション

90s アニソン

MIPPLE　TVA『キャッ党忍伝てやんでえ』IN

1990　「キャッ党忍伝てやんでえ」猫座千秋楽公演

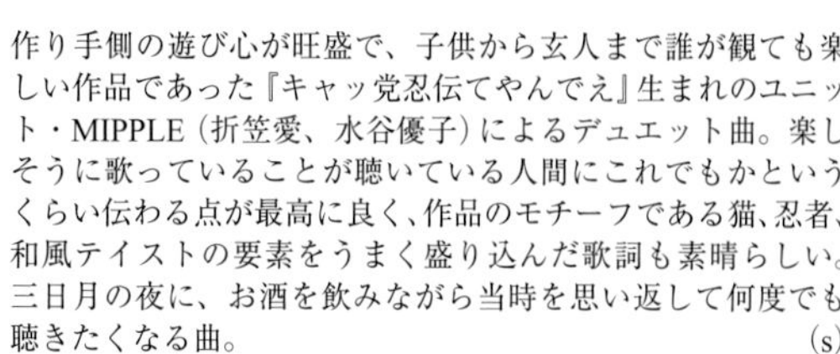

作り手側の遊び心が旺盛で、子供から玄人まで誰が観ても楽しい作品であった『キャッ党忍伝てやんでえ』生まれのユニット・MIPPLE（折笠愛、水谷優子）によるデュエット曲。楽しそうに歌っていることが聴いている人間にこれでもかというくらい伝わる点が最高に良く、作品のモチーフである猫、忍者、和風テイストの要素をうまく盛り込んだ歌詞も素晴らしい。三日月の夜に、お酒を飲みながら当時を思い返して何度でも聴きたくなる曲。（s）

日本コロムビア　COCC-7095

？（はてな）のブーメラン

90s アニソン

徳垣とも子　TVA『三つ目がとおる』OP

1990　三つ目がとおる 音楽集

『DANZEN! ふたりはプリキュア』にも流用されたエネルギッシュなサビと、軽快なAメロBメロに、写楽くんの二面性を感じるアップテンポな曲。『魔動王グランゾート』EDなども歌った徳垣とも子のボーイッシュな歌声が脳に刺さる。キャラクターチックな声のアニソン歌手が多かったのはこのころまでで、子供向けアニメとアニソンも子供だけのものではなくなっていく。ビッグタイトルを除く子供向け手塚アニメでは地上波最後の作品の主題歌。（u）

スターチャイルド　KIDA-10

めざせ！1番!!

90s アニソン

草尾毅　TVA『NG騎士ラムネ&40』OP

1990　めざせ！1番!!

90年代アニメの始まりを告げたのはこの作品だと言っても過言ではないだろう。『NG騎士ラムネ&40』後期OPである。視聴率こそ良かったものの、玩具の売れ行き不振により3クールで打ち切りとなったため29話～38話の間だけと短命ではあったが、当時のアニメファンであれば誰もがカラオケで歌っていたであろう名曲である。70年代アニソンの熱さと80年代アニソンの派手さを併せ持つこの曲は、90年代という時代を切り開いた1曲だ。（お）

ポニーキャニオン　PCCG-191

乱馬ダ☆RANMA

90s アニソン

乱馬的歌劇団御一行様　TVA『らんま1/2 熱闘編』ED

1992（初出：1990）　らんま1/2 閉幕的主題歌集

BPM120台のダンサブルなビートに乗せ、『らんま1/2』の出演キャストが次々に名セリフを言っていく、アニメソングでなければ成立しないような本楽曲。タイトルの読みは“ランバダランマ”で、当時流行っていたKaomaの『Lambada』をもじったものとなっている。92年には本楽曲の新バージョン『乱馬ダ☆RANMA '92』も発表、こちらは『らんま1/2 格闘歌かるた』に収録されている。（い）

フォルテ　FMCC-5060

コスモスアドベンチャー

90s アニソン

山野さと子　TVA『ウルトラマンキッズ～母をたずねて3000万光年』OP

1995（初出：1991）　「ウルトラマンキッズ～母をたずねて3000万光年」ソング・コレクション

NHKアニメ『ウルトマンキッズ』2作目のOP。「アニメは覚えていないが歌は知っている」という人も多いのでは。子供が口ずさみやすい歌詞や弾むようなメロディを、多くの子供向けアニメソングに携わる山野さと子氏が優しく歌い上げている。明るい夢と希望に満ちた、永く歌い継ぎたい名曲である。余談だが、OP映像とセットで聴いていただくとリズムと動きのマッチングの高さに驚くだろう。（T）

ポニーキャニオン　PCDG-00026

夢のballoon

90s アニソン

らんま（林原めぐみ）TVA『らんま1/2』CS

1991　November Rain

多数ある『らんま1/2』のキャラソンの1曲。跳ねるビートの明るい曲を、ほほやけくそ気味に歌い上げるこの曲はインパクトが強い。林原はラジオの公開録音で1番をCDと同様に下手に、2番はちゃんと音程を合わせて歌い、最後はふたたび下手に歌うという神業を披露し、会場をどよめかせたことがある。8cmCDでは『November Rain』がA面曲。こちらはしっとり歌い上げる楽曲で、林原のすごさを再認識させられる。（リ）

スターチャイルド　KICS-215

私にハッピーバースデイ

90s アニソン

林原めぐみ　OVA『万能文化猫娘』OP

1992　Perfume

90年代を象徴する声優・林原めぐみのすべてが詰まった1曲。アンドロイドをテーマとした来るべき明るい未来を描く『万能文化猫娘』のOPとして、"新品の私が手を振る"という歌詞があまりにも完璧過ぎる。印象的なイントロから、これでもかというくらいアップテンポでキラキラとした展開。キャラの元気さとかわいさ、そして物語に対するワクワク感。すべてが『万能文化猫娘』という作品を完璧に描き切った、究極のアニソンであると私は思う。（s）

日本コロムビア　CODC-160

乙女のポリシー

90s アニソン

石田よう子　TVA『美少女戦士セーラームーンR』ED

1993　乙女のポリシー

現代に至るまで活躍する石田よう子（現：石田燿子）のデビュー曲。それまでのED曲とは方向性が変わり、セーラームーンという「強いけど恋に憧れる普通の女の子」の存在を強く打ち出した疾走感溢れるポップスとなっており、楽曲と併せて主人公のうさぎが走り出すED映像が印象に残った人も多いのではないだろうか。"どんなピンチのときも 絶対あきらめない"というフレーズに元気をもらった人は数多くいると確信している。（s）

気分はパプワ晴れ

つのごうじ＆ピタゴラス　TVA『南国少年パプワくん』ED

1993　気分はパプワ晴れ

日本コロムビア　CODC-112

『悪魔くん』のOP曲など、80年代から多くのアニメ楽曲を手がけるつのごうじ氏の作曲。パーカッシブで底抜けに明るいラテン調の楽曲、作中によく登場する"んばば んばんば"のフレーズも取り入れた遊び心など、アニメの舞台となる南の島・パプワ島と、その島に住む個性的なキャラ達のドタバタな世界観を見事に表しているED曲である。この曲の『常夏パプワニアンver』もぜひ聴いてみてください。（リ）

KEEP ON DREAMING

90s アニソン

Seraphim TVA『熱血最強ゴウザウラー』OP

1993 KEEP ON DREAMING

スターチャイルド KIDA-51

サンライズが製作したロボットアニメ『エルドラン』シリーズの3作目にして最後の作品となった『熱血最強ゴウザウラー』のOP曲。このシリーズは小学校を舞台に展開していくため、自分を重ねて想像が膨らんだ人も多いと思う。ビッグバンド風アレンジされた曲をキャストが歌う『SAURERS VERSION』、林原めぐみが歌う『MEGUMI VERSION』もぜひ聞いてほしい。（リ）

とっておきのキモチ

90s アニソン

KUKO TVA『ムカムカパラダイス』OP

1993 ムカムカパラダイス サウンド アラカルト 1

アポロン APCM-5023

元Waffleのメンバーとして『コンポラキッド』のOPを歌うなどの活躍を見せたKUKOが担当した本楽曲。タイアップ作品である『ムカムカパラダイス』が子供向けアニメということもあり、明るく心弾むサウンドに仕上がっている。作詞を手がけるのは『魔訶不思議アドベンチャー！』を始め、多くのアニメソング作詞を担当している森由里子。ワクワク感溢れる歌詞は氏の得意とするところだ。（い）

飛び出せ！セーシュン

90s アニソン

草尾毅、矢尾一樹 OVA『NG騎士ラムネ&40 DX ワクワク時空 炎の大捜査線』OP

1993 NG騎士ラムネ&40 DX 炎の海賊盤大増刊号

スターチャイルド KICA-160

TVアニメ版OPの2曲から続くメインキャスト総出演系楽曲の集大成と言える曲。以前までの作風を活かしつつ作品の楽しさ、勢い、スピード感をすべて出し切り、さらに主演2人のカッコよさまでが際立つ元気いっぱいの1曲。『ラムネ&40DX』は林原めぐみと三石琴乃という当時のトップを走る2人をゲストとして招きながらもシングルCDを含めてやりたい放題で、当時の痛快な空気感を存分に体感できる作品であった。（s）

LOVE WING（5人バージョン）

90s アニソン

アイドル防衛隊ハミングバード
OVA『アイドル防衛隊ハミングバード』IN

1994（初出：1993） 94夏 トラ・トラ・トラ！

東芝EMI TYCY-5391

若手人気声優やシンガーを擁し、若干19歳の椎名へきるのヒロインデビュー作となった、自衛隊×アイドルがコンセプトのOVAシリーズ主題歌。こちらは物語のクライマックスで挿入歌として使用される全員歌唱バージョンである。空へ飛び立つワクワク感を体現した冒頭から、マイクリレーを経てのサビの大合唱はまさにシンガロング。昨今の合唱とは異なる力強さが高揚感にさらなる拍車をかける。現在の男性向け2.5次元アイドルの先駆的存在。（あ）

Wea　WPC6-8132

Wind Climbing ～風にあそばれて～

90s アニソン

奥井亜紀　TVA『魔法陣グルグル』ED

1995（初出：1994）　魔法陣グルグル オリジナル・サウンドトラック

奥井亜紀が歌うアニソンと言えば『魔法陣グルグル』OP曲『晴れてハレルヤ』が代表的ではあるが、このED曲にも触れずにはいられない。面白おかしく過ごしている日々に躓きそうになった時、ミディアムテンポながらも高揚感のあるサウンドと、微笑みながらも必死に歌う彼女から紡がれる強烈な勇気を示す歌詞に何度助けられただろうか。アニメ本編のニケとククリの旅とも絶妙にマッチした心揺さぶられる1曲である。（ヒ）

スターチャイルド　KICS-91156

Touch and Go!!

林原めぐみ　TVA『BLUE SEED』ED

1995（初出：1994）　Enfleurage

素直に思いを伝えられない少女のもどかしい感情を描いた1曲。ローテンポのビートにジャジーな演奏が合わさり、そこに林原めぐみによる優しくもあどけない歌声が乗る。タイアップ作品の『BLUE SEED』には林原めぐみ自身もヒロイン・藤宮紅葉として出演しており、歌詞は紅葉から主人公・草薙護への想いのようにも読み取れる。アニメソングがアニメをさらに味わい深いものにしている好例だ。（い）

スターチャイルド　KICA-216

チャチャにおまかせ

90s アニソン

鈴木真仁、桜井智、赤土眞弓　TVA『赤ずきんチャチャ』ED

1994　チャチャにおまかせ

原作は魔女っ子ギャグマンガなのに、なぜか変身魔法バトルアニメになった伝説的作品。ED曲はおもちゃ箱をひっくり返したようなコミカルでノリの良いサウンドと、アニメのドタバタ感をそのまま詰め込んだ合いの手満載のアレンジが印象的な楽曲で、パーカッションの小気味良いリズムは何度聴いても飽きが来ない。編曲は奥井雅美や水樹奈々のプロデュースを手がけた矢吹俊郎が担当。ラスサビ前のギターソロのガチ感はおそらく彼によるものか。（河）

日本コロムビア　COCC-11986

ぶーりん・あ・ら・もーど

90s アニソン

パーキッツ　TVA『とんでぶーりん』ED

1994　とんでぶーりん 音楽集

のちにゲーム『pop'n music』に数々の楽曲を提供した音楽ユニット・パーキッツが手がけた本楽曲は、ポップでキュートなクラブミュージックサウンドに仕上がっている。"ぶーりん・ぶぶ・ぶーりん"から始まるその歌詞は耳を奪い、その後登場する"本日のケーキはモンブラン"といった独特なワードセンスは夢中にならずにいられない。ボーカルであるふじのマナミのささやくような歌声も本楽曲の魅力をさらに際立たせる。（い）

スターチャイルド　KICA-55

ETERNAL WIND～ほほえみは光る風の中～

バラード

森口博子　劇場版『機動戦士ガンダムF91』ED

1991　機動戦士ガンダムF91 オリジナル・サウンドトラック

『機動戦士Zガンダム』のOP『水の星へ愛をこめて』でデビューした森口博子が、91年に2度目の『ガンダム』シリーズの主題歌としてリリースしたのが本楽曲。優しいサウンドのバラードとして始まりながらも、途中からドラムが合流してR&B調に移行していくその展開も味わい深い。シングル版のカップリングに収録されている『君を見つめて -The time I'm seeing you-』は同作のPVなどで使用されている。（い）

ビクターエンタテインメント　VICL-271

Evergreen

バラード

MIO　OVA『機動戦士ガンダム0083 STARDUST MEMORY』ED

1992　機動戦士ガンダム0083 STARDUST MEMORY オリジナル・サウンドトラック vol.II

『機動戦士ガンダム0083』第2期ED。OPの激しいロックサウンドから一転、温もりと安らぎを感じるメロウな曲調になっている。揺れ動く人の心の葛藤や、重い過去を乗り越えた先にある未来を指し示すような歌詞が、MIO（現：MIQ）氏のハスキーボイスによって広がりを持ち、リスナーの心を柔らかく包み込んでくれる。いつまでも心の輝きは取り戻せると語りかけてくれる、Evergreen（＝時を経ても色褪せない名曲）である。（T）

徳間ジャパンコミュニケーションズ　TKCA-30596

時には昔の話を

バラード

加藤登紀子　劇場版『紅の豚』ED

1992　紅の豚 サウンドトラック 飛ばねぇ豚は、ただのブタだ！

加藤登紀子が87年にリリースした同楽曲で、『紅の豚』のEDテーマとして使用されたのは92年3月28日に収録されたライブバージョンだ。編曲を務めたのは菅野よう子で、ピアノアレンジを行ったのは大口純一郎。加藤自身は同作品に歌姫のマダム・ジーナとして出演しており、そのキャラクターの延長線上で披露する歌声は涙を誘う。タイトル通り昔を振り返るような歌詞内容も本作の世界観とマッチし、まるで書き下ろし楽曲のようだ。（い）

東芝EMI　TOCT-6489

夢の扉

バラード

日高のり子　OVA『The Spirit of Wonder チャイナさんの憂鬱』ED

1992　The Spirit of Wonder チャイナさんの憂鬱

ヒロインが魅力的な、鶴田謙二原作の郷愁幻想SFアニメの主題歌。田中公平×日高のり子の鉄板コンビな楽曲だが、本編と共に知名度は低め。一見バラード調の歌謡曲に聴こえるが、さりげない音の上品さに近年中国で流行している国風音楽を感じる。東洋と西洋のミクスチャーを感じさせながら、キャラクターの包容力や望郷の念を音楽として引き出した田中・日高コンビ、そして作詞の前田耕一郎に天晴。月夜に聴きたいヒーリング・ソングだ。（せ）

ビクターエンタテインメント　VTCL-60003

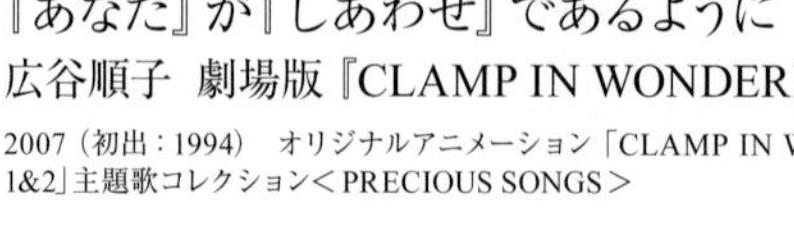

『あなた』が『しあわせ』であるように

バラード

広谷順子　劇場版『CLAMP IN WONDERLAND』ED

2007（初出：1994）　オリジナルアニメーション「CLAMP IN WONDERLAND 1&2」主題歌コレクション＜PRECIOUS SONGS＞

CLAMPが企画・製作したOVAクリップのED楽曲。本曲の歌詞もCLAMPメンバーである大川七瀬が担当し、もこな王女が傘を差して雨の中を歩いていくシーンにシンクロする内容だ。広谷順子はスタジオミュージシャンとしても多くの楽曲に参加しており、生前の優しい人柄を述懐する音楽関係者は多かったが、本曲のボーカルからもそれを覗い知ることができる。長岡成貢による包容力のある楽曲が優しさのなかに逆説的な切なさを醸し出す。　（き）

日本コロムビア　CODC-395

タキシード・ミラージュ

バラード

三石琴乃、富沢美智恵、久川綾、篠原恵美、深見梨加
TVA『美少女戦士セーラームーンS』ED

1994　タキシード・ミラージュ

いくらEDとはいえ、子供向けとは思えないほどにしっとりとした大人のバラード。曲調もさることながら“おねがいよキスをやめないで”のように原作者の武内直子によるドキッとする歌詞がいくつも散りばめられている。子供にはまだ早過ぎるようなラブロマンスもあるのがセーラームーンの魅力でもあるし、人気が出た理由でもある。裏腹な気持ちを抑えきれない『ムーンライト伝説』と対にある、ストレートなラブソングだと個人的には捉えている。　（ろ）

ビクターエンタテインメント　VICL-519

遙かなロンド

バラード

新居昭乃　OVA『僕の地球を守って』IM

1994　ぼくの地球を守って イメージ・サウンドトラック Vol.2

サウンドプロデューサーに菅野よう子を迎えたOVA『ぼくの地球を守って』のイメージソングである本曲は、『マクロスプラス』挿入歌『Voices』での共作で新居・菅野両氏が魅せた幻想的で壮大なイメージを引き継ぐ名曲となっている。日渡早紀の脳内を音楽にしたような楽曲は「さすが」としか言いようがなく、ピアノソロの多幸感溢れるメロディと、シロフォンにどこかダビーな雰囲気が絡む展開に改めて音楽家としてのすごみを感じる。　（ヒ）

コナミ　KICA-7626

Twin Memories

ゲームBGMボーカルアレンジ

國府田マリ子　ラジオ『ツインビーパラダイス』TM

1994（初出：1993）　ツインビー PARADISE Vol.1

90年代のシーンを語るうえでアニラジの存在は欠かせない。アニラジグランプリという専門誌が発売されるほど人気が高く、数多くの番組が放送されていた時代であった。そんなアニラジ時代を切り開いた番組の1つが『ツインビー PARADISE』である。ゲーム『Pop'nツインビー』1面BGMをアレンジし、國府田マリ子が歌ったこのラジオドラマ主題歌はアニラジ世代のアンセム、青春そのものだ。名曲は時代を超える。「合言葉はBee!」　（お）

ポニーキャニオン　PCXP-50215-2

炎の転校生（主題歌打ち合わせ後に自宅で収録された島本和彦吹き込みカセット音源）

アカペラ

島本和彦 OLA『炎の転校生』OP

2014（初出：1991）　炎の転校生 BLU-RAY SPECIAL 特典 CD

原作者の島本和彦が作詞作曲した『炎の転校生』OP。本編では主人公・滝沢昇役の関俊彦が歌っているが、当時発売されたサントラには島本和彦自ら歌うバージョンも収録されていた。原作者が作詞と作曲まで担当することになった経緯はマンガ『燃えよペン』で描かれている。その作中に登場する自宅録音カセット音源がBlu-rayの特典CDボーナストラックとして収録。さらに2023年には島本和彦のラジオでセリフ違いバージョンが披露された。（坂）

リゾーム　BVCR-2301

おどるポンポコリン

J-POP

B.B.クィーンズ TVA『ちびまる子ちゃん』ED

1990　WE ARE B.B.クィーンズ

『ちびまる子ちゃん』の初代EDであり、現在に至るまで数々のアーティストによってカバーされた本楽曲。そのカバー版は現在でも同作のOP曲として使用されている。作詞を担当したのは『ちびまる子ちゃん』の原作者であるさくらももこ。その楽しげでぶっ飛んだ歌詞はいかにもアニメソングといった空気感だ。B.B.クィーンズのデビュー曲でもあり、当時覆面をして活動していた彼らのアーティスト性にもマッチしていた。（い）

ビクターエンタテインメント　VICL-51

風のファンタジア

J-POP

Sherry OVA『ロードス島戦記』ED

1990　ロードス島戦記（OVA）オリジナルサウンドトラック

クラシカルな空気を感じさせるサウンドが、ダンスミュージック的なビートと融合する本楽曲。中世風の雰囲気とボードゲーム世界が融合した『ロードス島戦記』の世界観を音楽で表現しているように感じられる。歌詞に“風の妖精”といったファンタジックなワードも登場し、さらにタイアップ曲らしさを加える。そこにささやくように歌声を乗せたSherryは、のちに加藤いずみと名を変えて数々のヒットソングを生み出すこととなる。（い）

イーストワールド　TOCT-5669

ブルーウォーター

J-POP

森川美穂 TVA『ふしぎの海のナディア』OP

1990　Vocalization

森川美穂の東芝EMI移籍後、最初にリリースした本楽曲は庵野秀明監督作『ふしぎの海のナディア』のOP。CD収録版はイントロ始まりであるが、アニメOP版ではサビのフレーズ“今君の手に”のアカペラからスタートし、楽曲の展開に合わせて鳥が飛び立つ映像が非常に印象的。この映像と楽曲の完璧なタイミングでのマッチングはアニメだからなしえたものであり、アニメ監督・新海誠も大きな影響を受けたと語っている。（い）

日本コロムビア　COCC-7094

まるごと

J-POP

影山ヒロノブ、Ammy
劇場版『ドラゴンボールZ 地球まるごと超決戦』ED

1990　ドラゴンボールZ ヒット曲集V 光の旅

アニソンシンガーの第一人者であり、随一の知名度を誇る影山ヒロノブ。氏の代表的な曲と言えば『ドラゴンボールZ』シリーズの主題歌を置いてほかにはない。劇場版も含めほぼすべて担当しているので、世代なら各々のお気に入りがあるだろう。小生は90年公開の劇場版『地球まるごと超決戦』より本楽曲を挙げたい。ブラス隊を率いたファンキーな1曲で歌の譜割りも小気味良い。女性ボーカル・Ammyとのソウルフルな掛け合いが胸を熱くさせる。（け）

BMGビクター　BVDR-5

ゆめいっぱい

J-POP

関ゆみ子　TVA『ちびまる子ちゃん』OP

1990　ゆめいっぱい

『ちびまる子ちゃん』初代OP。作曲の織田哲郎と、この曲を歌っている関ゆみ子は実は従兄妹の関係なのだが、織田本人もそのことは露知らず、彼女のデモテープが奇跡的に選ばれたのだとか。歌詞、メロディ共に誰しもが過ごした少年・少女時代を想起させ、あのころに感じていた夢や憧れなど自分にとっての原点を思い出させてくれる。織田哲郎が作り上げた90s J-POPにおける方程式が詰め込まれた日本語ポップスの完成形の1つだ。（ろ）

ROH　APDA-15

夢を信じて

J-POP

徳永英明
TVA『ドラゴンクエスト《勇者アベル伝説》』ED

1990　夢を信じて

徳永英明氏の9thシングルの表題曲。同氏最大のヒットとなった、誰もが知っているであろう超人気曲である。カノン進行の疾走感あるメロディと、クリアでハスキーなウィスパーボイスが見事なハーモニーを奏でている。そっと優しく寄り添ってくれるような、柔らかな希望の光を感じる歌詞が胸に染み渡る。EDアニメと共に視聴するとこれがまた味わい深く、物語の余韻にどっぷりと浸れるのだ。（T）

ビクターエンタテインメント　VICL-85

ROCK MY LOVE

J-POP

荻野目洋子
劇場版『シティーハンター ベイシティウォーズ』ED

1990　91' OGINOME COLLECTION

90年に公開された『シティーハンター』シリーズの劇場作品『ベイシティウォーズ』のEDを飾ったのが本楽曲だ。荻野目洋子によって歌われたスローテンポのダンスナンバーは非常に心地良いビートを奏でている。同時公開となった『百万ドルの陰謀』のED曲も同じく荻野目洋子が担当。『MORE MORE しあわせ』と題されたそちらの曲はミドルテンポのダンスナンバーとなっており、必聴だ。（い）

キングレコード　KICS-639

4月の雪

J-POP

岡崎律子
ドラマCD『魔法のプリンセス ミンキーモモ』IM

1997（初出：1991）　Ritzberry Fields

2004年に夭逝した岡崎律子が歌う、ドラマCD『ミンキーモモ』の挿入歌である。モモ役の林原めぐみが歌ったバージョンも存在するが、ここでは岡崎律子のバージョンを紹介したい。優しいシティポップ調サウンドに乗せた繊細な歌声は聴いた者の心に優しく沁み入る。『Forフルーツバスケット』やメロキュアでその歌声に心を動かされたのであれば必聴の1曲である。春に季節外れの雪が降るとこの曲が思い起こされる。（お）

フォーライフ　FLCF-30114

冬のないカレンダー

J-POP

岡崎律子　OVA『1月にはChristmas』ED

1991　1月にはChristmas Original Sound Track

岡崎律子歌唱によるアニメタイアップ曲は本作が初。自身による作詞と作曲ではないが、マイナーコードを主体とした切ないメロディとボーカルに繊細な表現が要求され、彼女の作品に通じるものがある。自身のアルバム『Ritzberry Fields』には伴奏の音を抑えて彼女のコーラスワークを引き立たせたアレンジ版が収録されており、原曲よりも研ぎ澄まされた印象を受ける。原曲は音数が多く、ややポップなアレンジとなっている。（き）

イーストワールド　TOCT-6876

POSITIVE

J-POP

森川美穂　TVA『らんま1/2 熱闘編』ED

1992（初出：1991）　VOICES

『ブルーウォーター』の翌年に森川美穂が発表した本楽曲は、管楽器をふんだんに使用した明るいサウンドで構成され、UKファンクの息吹も感じることができる。アニメ映像はデッサン絵とセル画を組み合わせたコマ撮りで制作されており、視覚的な気持ち良さもある。一見失恋歌のように始まるものの、読み込むと失恋ではないという歌詞世界にはどことなくタイアップした『らんま1/2』の世界も感じ取れる。（い）

キティ　KTCR-1192

いつもそこに君がいた

J-POP

LAZY LOU's BOOGIE　TVA『YAWARA!』ED

1992　いつもそこに君がいた

91年のデビューから本作品がリリースされた92年の解散まで、バンドとしては短命であったLAZY LOU's BOOGIEだが、この1曲でアニソン界へは強烈なインパクトを与えた。解散後、ボーカルのLOUはソロ活動をしながら、笠原弘子を始め茶山莉子などの声優にも楽曲提供をしていることはあまり知られていない。楽曲自体はニューミュージックの雰囲気を醸す、どこか懐かしさを感じさせる名曲である。（ヒ）

ビクターエンタテインメント　VICL-281

うれし涙

J-POP

酒井法子　OVA『電影少女 VIDEO GIRL AI』OP

1992　電影少女 — オリジナル・サウンドトラック

週刊少年ジャンプで89年に連載スタートし、当時の男子がメロメロになった？マンガが92年に待望のOVA化。ヒロイン・天野あいを演じる林原めぐみさんのキュートでお転婆な声もありかわいさ爆発。アニメのイメージ通りの透明感や少し切ない雰囲気もあり、昭和アイドルの匂いも残しつつ平成初期にレトロフィットした印象。CDの歌詞カード内の絵が最高で、ピーチパイが食べたくなります。食べたことないですが……（笑）

（H）

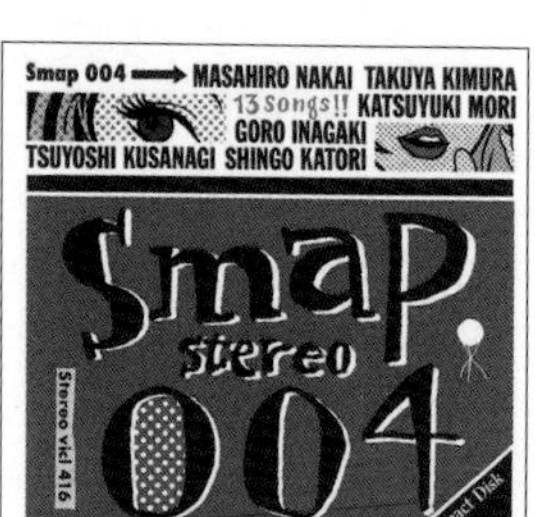

ビクターエンタテインメント　VICL-416

笑顔のゲンキ

J-POP

SMAP　TVA『姫ちゃんのリボン』OP

1993（初出：1992）　SMAP 004

SMAP5枚目のシングルの表題曲は、初のアニメタイアップ楽曲。"元気な君が好き"で始まり、ストレートな恋心を描く歌詞世界はアイドルソングど真ん中といった内容。曲も、歌って踊るジャニーズアイドルらしいポップなダンスナンバーとなっている。タイアップ先の『姫ちゃんのリボン』では、ED曲としてSMAPが歌う『ブラブラさせて』『はじめての夏』『君は君だよ』の3曲が使用されている。

（い）

ポリドール　POCH-1139

くそったれの涙

J-POP

武田鉄矢　TVA『お〜い！竜馬』OP

1992　「おーい！竜馬」少年期編 オリジナルサウンドトラック

武田鉄矢が原作・原案を担当した、坂本龍馬の生涯を描くアニメ『お〜い！竜馬』。同作の主題歌を担当したのも武田鉄矢だった。鈴木キサブローが作曲を務めた本楽曲はバンドサウンドで奏でられる1曲。歌詞からは流れ者である坂本龍馬の生き様が感じられる。ED曲も武田鉄矢歌唱、鈴木キサブローが作曲と同様の布陣。タイトルは『風の一歩』となっており、こちらはウクレレのサウンドが気持ち良い、南国感溢れる楽曲に仕上がっている。

（い）

キティ　KTCR-1132

少女時代

J-POP

原由子　TVA『YAWARA!』ED

1992　YAWARA! SONGS!!

サザンオールスターズのメンバーとして知られる原由子が作詞と作曲、歌唱を担当した本楽曲は、元々は斉藤由貴に提供した楽曲のセルフカバー。過去の恋を振り返るように綴られた歌詞を優しい声で歌い、今まさに"少女時代"を謳歌する『YAWARA!』の主人公・猪熊柔へ、優しい目線を送っているかのように感じさせられる。この曲が収録されたシングルのA面『負けるな女の子！』は同作の同時期のOP曲として使用された。

（い）

日本コロムビア　CODC-8995

HEART MOVING

J-POP

高松美砂絵 TVA『美少女戦士セーラームーン』ED

1992　ムーンライト伝説

『美少女戦士セーラームーン』は悪との闘いのなかに恋と友情を描いた、少女マンガとして稀有な作品だったと思う。主人公たちが生きるのは現実性と幻想性が入り混じる世界であるが、その舞台を彩る楽曲たちは我々視聴者を現実から幻想に引き込む見事な橋渡しとして機能していた。本楽曲は初期のED主題歌。まだ歌謡曲の輝きを纏う平成初期らしく、華々しい音像で一編の歌劇を観ているかのような錯覚を覚える。乙女心を学べる佳曲である。　(け)

メディアレモラス　MRCA-20011

微笑みの爆弾

J-POP

馬渡松子 TVA『幽☆遊☆白書』OP

1993（初出：1992）　幽☆遊☆白書 オリジナル・サウンドトラック

自身で作曲も担当した『幽☆遊☆白書』初代OP主題歌。作詞のリーシャウロン氏とは同作品の主題歌をいくつも手がけているが、なかでもこの曲はボーイッシュでパワフルな歌声が存分に発揮されているのも魅力。シティポップがベースになったダンサブルな曲調は、馬渡氏がDREAMS COME TRUEのサポートを経て得た経験に基づくところも大きい。サビの"ア・リ・ガ・ト・ウ・ゴ・ザ・イ・ます！"後のSEは、実際の爆発音を使用。　(S)

メディアレモラス　MRCA-10020

アンバランスなKissをして

J-POP

高橋ひろ TVA『幽☆遊☆白書』ED

1993　WELCOME TO POPSICLE CHANNEL

『幽☆遊☆白書』の第3期EDテーマである本作。イントロはThe Animalsの『Don't Let Me Be Misunderstood』を引用し、70年代の歌謡曲を90年代風にアレンジしたとのこと。ワウを使ったギターやブギーなベースやピアノにお洒落なフェロモンを漂わせた高橋ひろのボーカルが哀愁深く広がる、酸いも甘いも噛み分けた大人の和モノニューウェイヴ。なお主人公・浦飯幽助の中の人である佐々木望もカバーしている。　(山)

ビクターエンタテインメント　VIDL-10312

危険なゴールド

J-POP

Marie Cochrane TVA『勇者特急マイトガイン』ED

1993　勇者特急マイトガイン オリジナル・サウンドトラック

名古屋テレビとサンライズが生み出した『勇者』シリーズは全8作制作され、各作品の主題歌は熱量の高い名曲が多い。『勇者特急マイトガイン』のED主題歌は前期、後期共にどこか愛嬌のある敵側キャラをフォーカスしたものになっており本楽曲は前期ED。軽やかなオルガンの旋律と迫力あるブラス隊が囁くような魅惑のセクシーボイスを引き立てている。思わず体もスウィングしてしまう、キッズに向けられた魅力溢れる大人の楽曲だ。　(け)

ソニー　SRCL-2662

GOOD DAY I・N・G

J-POP

神崎まき　TVA『ツヨシしっかりしなさい』ED

1993　joy

明るくハートフルな歌声が魅力的な神崎まきの2ndアルバムに収録されている本楽曲は、ダンサブルなポップソングに仕上がっている。歌詞で描かれる、失恋から立ち直る少女の姿に元気をもらえること間違いなし。作曲を担当したのはSMAP『SHAKE』などで知られる小森田実だ。3rdアルバム『一緒にいたい！』には同タイアップである『その気にさせないで』も収録。そちらの、跳ねるような音で構成されたディスコサウンドも必聴。（い）

日本コロムビア　COCA-10901

賽は投げられた

J-POP

大事MANブラザーズバンド　TVA『ぽこにゃん』OP

1993　FOR THE KIDS

『それが大事』でスマッシュヒットを記録した大事MANブラザーズバンドが歌う本楽曲は『ポコニャン』のOP曲。言葉の疎密を使い分けて次々に展開していくサウンドと、その展開に合わせてシームレスに場面転換していくOP映像は今鑑賞しても非常に気持ちが良い。収録アルバムには同アニメのED曲『おやじと話す』と『南国少年パプワくん』ED曲『もしかすっとナンセンス』も収録。（い）

スターチャイルド　KIDA-52

ダウンタウンダンス

J-POP

佐々木真里　TVA『無責任艦長タイラー』ED

1993　just think of tomorrow

“気取った素振りで不思議なサイン 何でも気をひくお茶目なやつさ”と『無責任艦長タイラー』の主人公であるジャスティ・ウエキ・タイラーを描写したかのような歌い出しから始まる本楽曲は、佐々木真里のハイトーンボイスがゆったりとしたサウンドに乗る心地良いナンバーだ。アニメ映像は2パターン存在し、どちらも主人公の人間性が垣間見れるものとなっている。OPテーマも同じく佐々木真里が担当しているので要チェック。（い）

イーストワールド　TOCT-9100

ダンシング・ジャンク

J-POP

SUPER MONKEY'S4　TVA『忍たま乱太郎』ED

1995（初出：1993）　DANCE TRACKS VOL.1

『忍たま乱太郎』の初代EDテーマとして、安室奈美恵も在籍していたSUPER MONKEY'S 4が歌ったのが本楽曲。忍者を題材にしたアニメにダンスナンバーを使うという意外な組み合わせであったが、歌詞に“Do Ron Pa!”といったワードを使用するなどの細やかな工夫によってアニメと主題歌の絶妙な親和性を保っている。作詞を担当したのは売野雅勇で、そのバランス感は流石の一言。（い）

アポロン　APCM-5025

HEARTの形状

J-POP

B∀G TVA『ジャングルの王者ターちゃん』OP

1993　ジャングルの王者ターちゃん オリジナル・サウンドトラック

AIRMAIL from NAGASAKIと並ぶアニソン界のよくわからないアーティスト名でお馴染みのB∀G。楽曲も本作品を含む『ジャングルの王者ターちゃん』関連の2曲が際だって有名であるほかはほぼ露出がなく、バンドなのか個人なのかもよくわからない謎の存在である。とは言え楽曲はピンクサファイヤや少年ナイフのような女性ロックバンド調の名曲に仕上がっており、なおさら活動時期やメンバー詳細が気になる。（ヒ）

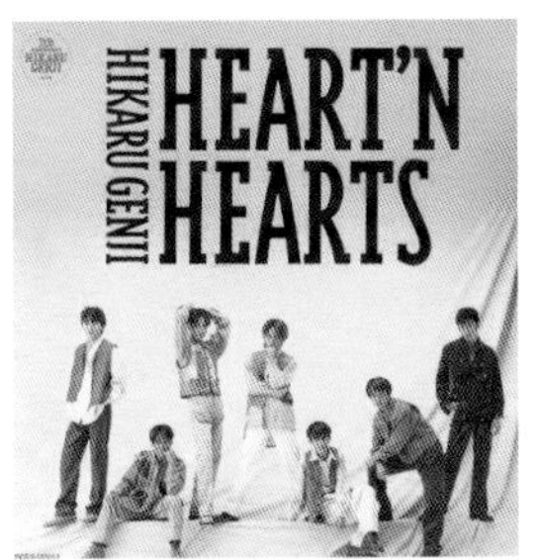

ポニーキャニオン　PCCA-00551

勇気100%

J-POP

光GENJI TVA『忍たま乱太郎』OP

1994（初出：1993）　HEART'N HEARTS

光GENJIの21枚目のシングルである本楽曲は、現在に至るまで数々のアーティストに歌い継がれて『忍たま乱太郎』のOP曲として使用され続けている。作曲を担当したのはこれまで多くのアニメソングやJ-POPを手がけてきた馬飼野康二。アイドルソングど真ん中なサウンドは聴く者を元気付ける力がある。"がっかりして めそめそして どうしたんだい"から始まる歌詞もいかにもアイドルソングと言えるだろう。（い）

スターチャイルド　KIDA-71

I WAS BORN TO FALL IN LOVE

J-POP

奥井雅美 OVA『COMPILER』OP

1995（初出：1994）　Gyuu

麻宮騎亜が遊び要素たっぷりでアフタヌーンに送り込んだマンガ『コンパイラ』のOVA版にてOPとして採用された楽曲。裏打ちに乗る力強いボーカルからは夜の闇に映えるスポットライトの光と影が感じられ、詞は「強くていい女が抱く乙女心」といった作風で当時のトレンディな空気をふんだんに含んでいる。時代背景と作品が絶妙にマッチしており、夜のドライブで聴きたい曲の1つ。（s）

ソニー　SRCL-3118

明日の君を守りたい〜YAMATO2520〜

J-POP

TOKIO OVA『YAMATO 2520』IM

1995（初出：1994）　YAMATO 2520 オリジナル・テーマ曲集 I

『宇宙戦艦ヤマト』新シリーズのイメージソング。主人公の声が少年隊の錦織一清だったのでバーター的にTOKIOが起用されるも、当初のオファーはSMAPであった。1stアルバムからのシングルカット扱いであるが別バージョン。本編未使用だがドキュメンタリー映像にコメントを寄せたり、アニメ映像をバックにTOKIOメンバーが浮かぶ謎PVなども作られていた。曲としてはただのアイドルソングで『宙船』のほうがよっぽどヤマトっぽい。（坂）

バップ　VPCG-84953/8

明日への勇気

J-POP

吉成圭子　TVA『魔法騎士レイアース』ED

2013（初出：1994）　日テレ60 & YTV55 アニメソング アルティメットBOXII -平成篇-

『レイアース』と言えばOPの『ゆずれない願い』が有名だが、EDである本曲も楽曲の良さで引けを取らない。爽快感溢れるイントロから始まり、力強く前向きなフレーズと明るいコード進行で背中を押し続けてくれる応援歌である。制服向上委員会の初代リーダー・吉成圭子による素朴で素直なボーカルも楽曲にマッチし、オクターブ上のハーモニーやスキャット混じりのコーラスワークも心地良く感じられ、聴く者のテンションを上げてくれる。（き）

ソニー・ミュージックレコーズ　SRCL-2937

恋しさと せつなさと 心強さと

J-POP

篠原涼子 with 小室哲哉
劇場版『STREET FIGHTER II the movie』IN

1994　ストリートファイターII オリジナル サウンドトラック

篠原涼子氏がソロ名義で一躍世間の注目を集めるターニングポイントとなった、小室哲哉氏プロデュースによる大ヒット曲。マイナーコードを多用した文字通り「せつない」メロディ、細いボーカルながら、アガるグルーヴに昇華させた小室氏の才が光る一曲。劇中クライマックスバトルはこの曲によって一気にテンションを盛り上げてくれるが、女性視点ラブソング歌詞のため、世間的にはあまりタイアップ曲として認識されていないかもしれない。（S）

スターチャイルド　KICA-2054

海よりも深く

J-POP

彩恵津子　TVA『機動武闘伝Gガンダム』ED

1999（初出：1994）　機動武闘伝Gガンダム GUNDAM FIGHT-ROUND 1&2

彩恵津子は歌謡曲全盛期の84年にデビューした本格派歌手であり、聴き心地の良い透き通った歌声が特徴だ。そのため当初はプロレスをモチーフにした『機動武闘伝Gガンダム』のコンセプトに沿っているのか子供ながらに疑問だったが。いやはや、大人になって『ガンダム』史上屈指の主題歌の1つであると思い知らされた。闘いに明け暮れる男たちを優しく包み込む女性の優しさを表している。サックスの音色も柔らかく響き、神秘的なムードが広がる。（け）

スターチャイルド　KICA-192

笑顔が好きだから

J-POP

沢田聖子　TVA『赤ずきんチャチャ』ED

1994　赤ずきんチャチャ 聖・まじかるレビュー VOL.1

さまざまな音楽レーベルで活動した沢田聖子が、キングレコード傘下のクリスタルバード所属時にリリースした1曲。アニメ関連作品だったこともありスターチャイルドから発売されたシングルCDには、キングレコード、クリスタルバード、スターチャイルド3つのプライマリーマークが入った珍しい盤となっている。フォークソングをベースとした軽快で心地良いリズムは、数々のアニメソングで手腕を振るった戸塚修が編曲を務めており、心躍る名曲だ。（ヒ）

ポニーキャニオン　PCCA-00899

On Your Mark

J-POP

CHAGE and ASKA　劇場版『On Your Mark』TM

1996（初出：1994）　CODE NAME.2 SISTER MOON

94年にリリースされ、その翌年には本曲に合わせたスタジオジブリ制作の短編アニメが制作された。R&Bの空気感を大いに感じさせるサウンドと、2人の色気溢れる歌声を組み合わせた魅力的な1曲となっている。制作された短編アニメと音楽とのマリアージュは実に完成度が高い。映像と共に聴くことで歌詞の解釈にも変化が生じるだろう。あえてここではネタバレはしないので、ぜひとも両方を満喫してほしい。（い）

スターチャイルド　KICA-2057

君の中の永遠

J-POP

井上武英　TVA『機動武闘伝Gガンダム』ED

1996（初出：1994）　機動武闘伝Gガンダム GUNDAM FIGHT-ROUND 4

93年に『君と僕の愛の歌は』でデビューし、「ラブソング界の覇王」とも称された井上武英の唯一のアニメソソング。思わず体を動かしてしまいそうなグルーヴ感たっぷりのピアノソロから始まり、心地良いギターリフが高揚感を誘う。終始ソウルフルなリズムに乗ったストレートど真ん中の歌詞に、懐古的な甘酸っぱさが甦る王道ラブソングである。この曲を聴いてあなたも愛する人と「石破ラブラブ天驚拳」を放ってほしい。（ヒ）

ビクターエンタテインメント　VIZL-69

Good-bye Tears

J-POP

高橋由美子　TVA『覇王大系リューナイト』OP

2002（初出:1994）　EMOTION20周年記念テーマコレクション TV編（初回限定盤）

90年代はアイドル歌謡曲がアニメに起用されることがしばしばあった。歌詞は必ずしも作品の内容に触れたものではないことが多かったが、高橋由美子の伸びやかかつ澄んだ高音を活かした本曲は、冒険活劇を描く本作の雰囲気とマッチしていた。冒険の始まりを予感させるシンセサイザーのイントロから始まり、ちょっぴり切なさを帯びつつもキラキラした雰囲気のメロ、ベースラインを下降させていくサビのコード進行は、少年の心をくすぐった。（き）

RCA　BVDR-291

シングルベッド

J-POP

シャ乱Q
TVA『D・N・A^2 ～何処かで失くしたあいつのアイツ～』ED

1994　シングルベッド

『ズルい女』でブレイクしたシャ乱Qにとって初のミリオンシングル。『D・N・A^2 ～何処かで失くしたあいつのアイツ～』のED曲であり、実は不良役としてキーボードのたいせいもカメオ出演している。90年代と言えばビーイングをキッカケに大衆的なポップスがアニソンにタイアップされ始めた転換期。96年には『るろうに剣心』と『そばかす』のヒットによりソニー系アーティストのブームが訪れるが、本作はその嚆矢と言えるだろう。（ろ）

J-POP

ポニーキャニオン　PCCG-390

太陽がまた輝くとき

J-POP

高橋ヒロ　TVA『幽遊白書』ED

1994　幽☆遊☆白書 ミュージックバトル編2

『幽☆遊☆白書』がアニソン界での代名詞である高橋ヒロだが、財津和夫率いるチューリップに在籍していたことはあまり知られていない。彼はボーカルのみならずキーボードや管楽器などで手腕を発揮する、財津和夫も一目を置く存在であった。その才能は作詞作曲を手がけた本曲でも存分に発揮されており、情緒的で美しい歌詞とサウンドは、歌謡曲、J-POP、シティポップなどどこにも分類されない、唯一無二のジャンル"高橋ヒロ"の1曲である。（ヒ）

スターチャイルド　KICA-228

Trust You Forever

J-POP

鵜島仁文　TVA『機動武闘伝Gガンダム』OP

1995（初出：1994）　機動武闘伝Gガンダム GUNDAM FIGHT-ROUND 4

バトルをテーマにした前期OPとは一転、仲間との絆を描いた後期OP。ミドルテンポながら少しづつ駆け出していき、力強く歌われるサビの歌唱は胸を熱くさせる。ただ爽やかなポップスではなく、武道を感じさせるイントロでの銅鑼の響きといったアニソンらしいエッセンスも。暑苦しい今川泰宏氏作品を彩る優しい男性ボーカル曲は『ミスター味っ子』を彷彿とさせる。タイアップと張り切ったため、かなりキーの高い曲にしてしまった、と生前の鵜島氏談。(S)

ファンハウス　FXD-5107

Mr.B・Bee

J-POP

沢口遙　ゲーム『ボンバーマン』IM

1994　Mr.B・Beeボンバーマン

94年のゲーム大会「ハドソン 冬の全国ゲームキャラバン」および「ドンドンツキツキ」キャンペーンで配布されたシングルに収録。初代ハニーちゃんである沢口遙がボーカルを務める、決して上手いとは言い難いがどこか中毒性のある歌声に、当時思わず口ずさんだ子供も少なくないはず。MVも存在するが、沢口遙がサイドステップを踏み時折クルクル回りながら全国津々浦々を巡る内容に、カルト臭を感じてしまうのは私だけだろうか。（ヒ）

日本コロムビア　CODC-426

ラッキーマンの歌

J-POP

八代亜紀　TVA『とっても！ラッキーマン』OP

1994　ラッキーマンの歌

世界一ついてない主人公が変身するとすべてをラッキーで解決するヒーローになるという、週刊少年ジャンプに掲載されたガモウひろし氏のギャグマンガが原作のアニメのOP曲。八代亜紀が主題歌を歌うことになったのは作中のギャグに彼女が登場するからという理由で、作詞は原作者が担当している。『NHK紅白歌合戦』のトリを務めたこともある日本を代表する演歌歌手だけあって、ポップスを歌っても圧倒的に歌は安定している。すごい。（リ）

PANAM　CRDP-2008

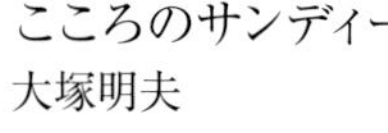

こころのサンディー

ポップス／声優

大塚明夫

1992　こころのサンディー

大塚明夫氏が歌う、グルーヴ感溢れるファンクテイストなノンタイアップのラブソング。同氏の声というと渋みのある低音をイメージされる方も多いだろう、そんな人にこそ聴かせたい！ こちらはちょっぴりハスキーでソウルフルな歌声なのだ。CDジャケットのアメリカンバイクに跨って煙草を燻らす姿も、離れた相手に想いを馳せる歌詞も、すべてがビターでありながら当時30代らしい若さも感じられる。バーボン片手に聴きたい1曲。（T）

クラウン　CRR-10003

つみきのお城

ポップス／声優

かないみか

1992　おもちゃ箱

92年に日本クラウンからリリースされた1stアルバム。かないみかさん特有のハスキーボイスが存分に発揮されており、ボイスエディット処理が施されてる辺りを想像してみると「この声をエフェクトや編集でどう面白くしようか」という当時のエンジニアさんの思考の片鱗を垣間見たような気がした。チャカポコしたトラックに、声優さんの声を乗せるという好奇心に満ちた面白い楽曲。（ぐ）

フューチャーランド　TYCY-5220

振られてNIGHT & DAY

ポップス／声優

井上和彦

1992　Long time no see

井上和彦の2ndアルバムに収録。作曲は馬飼野康二、編曲は宗像仁志で、どちらもジャニーズ作品などで多くの曲を残しているが意外にもこの組み合わせは少ない。もちろん曲もしっかり少年隊や小泉今日子などへの提供曲のような、ダンサブルなアイドルソング風の4つ打ち。井上和彦の極度に優しく甘い歌声と上手くマッチしている。まさにプレイボーイといった歌詞で、アイドル・井上和彦像が浮き上がってくる。（犬）

ビクターエンタテインメント　VICL-365

約束

ポップス／声優

笠原弘子　OVA『マクロスII -LOVERS AGAIN-』ED

1992　超時空要塞マクロスII オリジナルサウンドトラック vol.2

『マクロスII』最終話EDで作編曲は鷺巣詩郎。オーケストラを動員し、壮大なスペースオペラの締めくくりとして採用された。イントロでの金管楽器、木管楽器とストリングスの絶妙な掛け合いによる旋律は非常にリッチな仕上がりで耳に多幸感を与えてくれる。そして優しくも儚いイシュタル（CV：笠原弘子）の歌唱によって楽曲の輝きが一層、二層とブーストしていくのが心地良い。ぜひ大きなスピーカーで適量な音量で楽しみたい。（ぐ）

パイオニア　PICA-1010

おしゃべりGirl frend

ポップス／声優

三石琴乃

1993　MO`Merry

93年、パイオニアLDC時代に発売されたアルバム『MO`Merry』収録曲。声優レアグルーヴというより「その時代独特のノリ、豊かな時代の空気感」を感じられるという意味でレコメンドしたい1曲。この時すでに三石琴乃さんにセーラームーンイメージが張り付いてはいたが、アーティスト活動も欠かさないパワーに感服。この曲の歌詞を読むだけでなんとなくセーターを肩に掛けたくなる。（ぐ）

PANAM　CRCP-15008

SUMMER BREEZE

ポップス／声優

渕崎ゆり子

1993　SUMMER BREEZE

渕崎ゆり子が個人名義で初めてリリースしたシングルの表題曲。シンセとギターの絡み、ビートの刻み、イントロやサビのキメがすべてハマっていて心地良い。タイトル通り、夏の風を全身に感じるように爽やかに歌い上げている。ジャケットで本人が手に持っているカラフルなOA用紙は一体どこで使うのか謎だが、全体の色合いが夏らしさを前面に出していて良い。爽快感を感じたい時に聴きたい。（ナ）

日本クラウン　CRCP-20067

3月17日 ガールフレンド

ポップス／声優

皆口裕子

1993　ポケットにあったあの日

93年に日本クラウンからリリースされたミニアルバムは、皆口裕子さんが全曲作詞にチャレンジした意欲作だった。この曲はスロウなビートで、頑張り過ぎない歌唱が落ち着く仕上がり。楽曲内を構成しているパートが軽めな音像に対して、そこそこ低音が鳴るベースが配置されててR&Bの微かな風味を感じる。歌詞を読んでみると当時の暮らしがなんとなく垣間見えて、現代から眺めて見ると興味深い。（ぐ）

アポロン　APCM-5029

Cafe in 6:00p.m

篠原恵美

1994　WINDOWS

篠原恵美の1stアルバムに収録。編曲はTUBEやWANDSのアレンジやレコーディングにも参加していた大堀薫が担当。曲のアレンジは少し80s感あるミディアムテンポでメロウな仕上がりとなっている。今聴き直すとシティポップとしても十分評価できそうな仕上がり。本曲も前奏から入ってくるホーンが印象的でとてもエモーショナルだ。作曲は清岡千穂で大堀薫共々ビーイング系での作品も多く、そちらからの解釈も面白いかもしれない。（犬）

Wea　WPC6-8039

さよならがくれたのは

ポップス／声優

笠原弘子

1994　さよならがくれたのは

『大切な休日（じかん）』『特別な朝』も収録した94年リリースの大名盤からはタイトル曲を。冒頭や間奏において随所に挿入されるギターソロと多重コーラスが爽快過ぎる、まさにビーイング系ド真ん中のサウンドはM Rie作曲、西脇辰弥編曲による約束された一級品である。DEENやZARDのように、ミリオンセラー級のメロディセンスと笠原弘子の優しくミドルレンジが突き抜けた声が融合した贅沢な1曲。（あ）

NECアベニュー　NACL-1161

春雷

ポップス／声優

皆口裕子　ゲーム『誕生 -DEBUT-』IN

1994　誕生 -DEBUT-

ドン・マッコウこと溝口功が作詞、さらに溝口らと共にツーファイブを設立した大熊謙一が作編曲を担当。ペンタトニックによるチャイナ風の響きを主体としたラバーズロック的なバラードで、二胡のような弦楽器や琴の使用がサウンドに深みを与えており、皆口の儚い歌声も淡い詩の世界とマッチしている。現在より中国が少し遠い国だった当時だからこそ、イメージ上の中国をこうしたポジティブな形で表現できたのかな……というのは考え過ぎだろうか。（キ）

Wea　WPC6-8039

大切な休日

ポップス／声優

笠原弘子

1994　さよならがくれたのは

名盤の1曲目を飾るのは、ライトメロウとして再評価が進む姉妹ユニットMILKの姉・宮島律子が作詞、妹・M.Rieが作曲を担当した上質なポップスだ（曲中のコーラスも姉妹で担当）。宮島のブログによると、姉妹で作詞作曲を手がけて世に出た唯一の楽曲とのこと。OLの慌ただしい日々がキャッチーなメロディを纏い、西脇辰弥のクロスオーヴァーなアレンジによりブラスが鳴りまくるキメキメのサウンドとなっている。（キ）

メディアリング　KICA-7009

月夜の呪文

ポップス／声優

富沢美智恵　ラジオ『宇宙英雄物語』IM

1994　宇宙英雄物語 VOCAL COLLECTION 燃えるマイスタージンガー！

往時のGiRLPOPを意識した軽やかなサウンドながら各楽器のフレーズ構築が計算されており、手数は多いのにうるさくない絶妙なラインを突いている。作編曲は鳴海寛とのライトメロウユニット東北新幹線で著名な山川恵津子。随所に仕掛けられたハーモニーの細かい動きに職業作曲家としての山川らしさが光る。富沢の柔らかな声を活かした質の高い絢爛なアレンジメントにぜひ注目してほしい。同CDには渡辺宙明やすぎやまこういちも作曲で参加。（キ）

セタ　STW-P501

見つめていたいの

ポップス／声優

藤原綾（山崎和佳奈）ゲーム『スーパーリアル麻雀』CS

1994　スーパーリアル麻雀PV すぺしゃる・とらっく

タイアップ先は、80年代後半から90年代に展開され、特に思春期の男子を刺激したアーケードゲームシリーズの第5弾。当時セガサターンなどにも移植されていたが、こちらはWindows95版のゲームディスク内のデータとして収録されていたキャラクターソング。藤原綾演じる山崎和佳奈による当楽曲は、脳が蕩けそうな冒頭のセリフで胸が高鳴るなか、レゲエ調で展開される爽やかでビタースウィートなポップス佳曲である。（あ）

ポリドール　POCH-1489

夢の人

歌謡曲

武田鉄矢一座
劇場版『ドラえもん のび太の夢幻三剣士』IN

1995（初出：1994）　ドラえもん 映画主題歌集

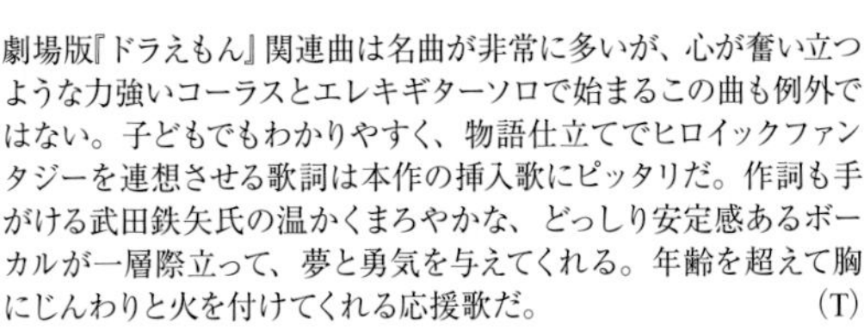

劇場版『ドラえもん』関連曲は名曲が非常に多いが、心が奮い立つような力強いコーラスとエレキギターソロで始まるこの曲も例外ではない。子どもでもわかりやすく、物語仕立てでヒロイックファンタジーを連想させる歌詞は本作の挿入歌にピッタリだ。作詞も手がける武田鉄矢氏の温かくまろやかな、どっしり安定感あるボーカルが一層際立って、夢と勇気を与えてくれる。年齢を超えて胸にじんわりと火を付けてくれる応援歌だ。（T）

日本クラウン　CRCP-20052

君はオリジナル

80s アイドル歌謡

かないみか　TVA『アイドル天使ようこそようこ』IN

1992（初出：1990）　アイドル天使ようこそようこ～ Must Be In Shibuya ～

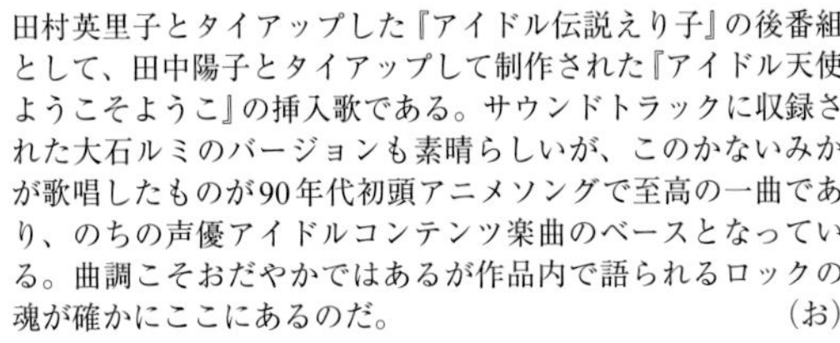

田村英里子とタイアップした『アイドル伝説えり子』の後番組として、田中陽子とタイアップして制作された『アイドル天使ようこそようこ』の挿入歌である。サウンドトラックに収録された大石ルミのバージョンも素晴らしいが、このかないみかが歌唱したものが90年代初頭アニメソングで至高の一曲であり、のちの声優アイドルコンテンツ楽曲のベースとなっている。曲調こそおだやかではあるが作品内で語られるロックの魂が確かにここにあるのだ。（お）

エモーション　BCCM-6

Fairy Land Baloon

80s アイドル歌謡

兵頭まこ
イメージアルバム『コードネームはチャーマー』IM

1991　コードネームはチャーマー

アニメーターとしても名のある垣野内成美原作の少女マンガのドラマ・イメージアルバムより。ドラマパートには出演していないものの、声優活動開始以前の80年には、アイドル歌手としてCBSソニーよりデビュー。当楽曲では、その名残りを感じさせる良質な80sアイドル歌謡テイストの強いサウンドを聴かせる。アイドル時代の曲は『アイドル・ミラクルバイブルシリーズ』で小森まなみらと共に収録されていたがそちらも必聴。（あ）

スターチャイルド　KIDA-42

夢を抱きしめて

80s アイドル歌謡

林原めぐみ TVA『魔法のプリンセス ミンキーモモ 夢を抱きしめて』OP

1992　夢を抱きしめて

91年版『ミンキーモモ』の主題歌。まだまだ90年代に入って間もないために80年代の雰囲気を引きずったキッチュな昭和アイドル風味な楽曲を、ミンキーモモ役の林原めぐみがかわいらしく歌い上げるなかなかの良曲です。しかしながら林原めぐみのセールス上、もっとも売れなかったシングルのようでもあります。セールスだけが音楽の良いところではない、というのを常々思わせてくれる良曲です。　(W)

キティ　KTCR-1297

BEGIN THE 綺麗

90s アイドル

UL-SAYS (from T.P.D) 劇場版『うる星やつら いつだってマイ・ダーリン』ED

1994（初出：1991）　うる星やつら ラムのベストセレクション2

新作アニメも令和に展開する『うる星』の、旧TVアニメ放送10周年記念劇場版の主題歌。アイドルグループ・東京パフォーマンスドールから選ばれた篠原涼子、米光美保、穴井夕子のユニット曲だ。ダンスを主体にしたグループらしさが全面に出たサウンドとなっており、80年代を感じさせるシンセのリフに歴代主題歌との親和性を覚える。ジュリアナ風味な打ち込みビートとシンセのコンビネーションも楽しく、思わず体が動き出しそうな1曲だ。　(せ)

日本コロムビア　COCC-10974

ラ・ソウルジャー

90s アイドル

桜っ子クラブさくら組 ミュージカル『美少女戦士セーラームーン』TM

1993　ミュージカル 美少女戦士セーラームーン メモリアルアルバム

「これこそが『セーラームーン』の曲だ」とシリーズディレクターである幾原邦彦を唸らせた本曲は、桜っ子クラブさくら組の3rdシングルとして冬杜花代子や小坂明子が制作した。劇場版『美少女戦士セーラームーンR』で監督を務めた幾原邦彦が「『ラ・ソウルジャー』のような名曲を」と両氏に依頼した結果、彼女らが同作の主題歌『Moon Revenge』を手がけたというのはあまり知られていない話である。　(ヒ)

ソニー　SRDL-3948

年下の男の子 (Master Gun Re-mix)

90s アイドル

セクシーメイツ TVA『ツヨシしっかりしなさい』ED

1994　年下の男の子 (Master Gun Re-mix)

キャンディーズがリリースした75年の名曲『年下の男の子』を、大胆にユーロビート調のリミックスととして生まれ変わらせたのが本楽曲。歌ったのは深夜番組『ギルガメッシュナイト』の公開オーディションで選ばれたセクシーメイツの面々。元楽曲から大きくかけ離れた激しいビートと、そこに乗るノスタルジックな歌詞世界のマリアージュは、ほかで感じることのできない独特の味わいがある。　(い)

BMGビクター　BVDR-8

I MUST CHANGE MY LIFE & LOVE FOR ME

シティポップ

角松敏生　OVA『NINETEEN 19』OP

1990　I MUST CHANGE MY LIFE & LOVE FOR ME

通算16枚目のシングル曲は、自身も劇中音楽の制作に携わったOVA『NINETEEN 19』のOPテーマとしても知られる。作中の挿入歌ではほかに障子久美、岡沢章、坂本洋らがそれぞれ歌唱するアーバンなナンバーが作品のラブロマンス性と相乗して雰囲気を盛り上げるが、やはり本家によるこの曲が抜群。サウンドプロダクション的にはかなりデジタル寄りではあるが、往年のグルーヴ力とメロウなボーカルはまだまだ健在。（あ）

キャニオン・インターナショナル　PCCY-00287

ウイ・キャン・メイク・イット

シティポップ

マイズーラ　OVA『マッド★ブル34 PART II MANHATTAN CONNECTION』TM

1992（初出：1991）　Be Good To Me

某エステのCMソングでも有名な、シンガポールの歌手であるマイズーラ。その彼女がリリースした国内1stシングルが本曲だ。若干18歳という年齢でありながら、モデル並みのビジュアルと卓越した歌唱力でタイアップ先のアニメが持つセクシーでダンディな大人のムードを全身で表現している。ダンサブルな曲調は「これぞ90年代の流行り！」とも言い切れる。バブリーな時代のシティポップとして非常に聴きごたえがある。（T）

キティ　KTDR-2036

一度だけの魔法

シティポップ

松井菜桜子　OVA『サイレントメビウス』CS

1992　一度だけの魔法

『サイレントメビウス』のキャラクターソングシングルに収録。香津美・リキュールとして松井菜桜子が歌唱。作曲はm.c.A・Tとしての活動も有名な富樫明生。オリジナルアルバム『世界征服』のカラッとした路線もいいが、松井のキャラソンにはこういったメロウチューンの名作が複数あり見逃せない。作品の世界観も上手く取り入れた影のある都会的な音像は、90年代シティポップと言って差し支えないだろう。（I）

キングレコード　KICA-128

Get Your Dream

シティポップ

清水咲斗子　TVA『超電動ロボ 鉄人28号FX』ED

1992　超電動ロボ鉄人28号FX・鉄人戦記

『鉄人28号』シリーズの第3作目『超電動ロボ 鉄人28号FX』後期EDテーマ。シンセメロディのフェードインから清水咲斗子氏の躍動感あるサビのボーカルで始まるイントロで、一気に惹き込まれる名曲。透き通った歌声の響きにより、夜明けのような爽やかさが耳に残る。同作のOPテーマが王道ロボットアニメソングなのに対して、こちらはシティポップ感があり、作品テーマでもある世代交代を感じることができる。（T）

ビクターエンタテインメント　VIDL-10344

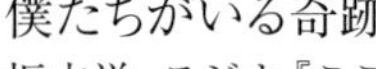

僕たちがいる奇跡

シティポップ

坂本洋　ラジオ『ここはグリーンウッド放送局』OP

1993　ここはグリーン・ウッド放送局

那州雪絵による少女マンガ原作のOVA『ここはグリーン・ウッド』の挿入歌であり、当ラジオ番組のOPテーマ。稲垣潤一ややしきたかじんなどへの楽曲アレンジ、そして歌い手としての活動でも知られるが、特に本人名義での作品では良質なシティポップを聴かせる。本曲もご多分に漏れず、ブラスやカッティングギターでファンクネスが強調された、ゴキゲンでリゾート感満載の絶好シティポップナンバーとなる。　(あ)

アポロン　APDM-5008

笑顔に会いたい

シティポップ

濱田理恵　TVA『ママレード・ボーイ』OP

1994　ママレード・ボーイ

吉住渉による少女マンガ原作のTVアニメ『ママレード・ボーイ』OP。爽やかなサウンドに乗った濱田理恵の声が癖になる。現在のいわゆるニチアサ枠の作品ではあるが、当時流行していたトレンディドラマのような内容もあいまって90年代重要キーワードの1つ「切なさ」が溢れる。本編で挿入歌として効果的に使われていた、國府田マリ子の『MOMENT』を始めとするキャラクターソングも必聴。　(お)

日本コロムビア　COCX-39303～4

サード・ラブ

シティポップ

井上純子　TVA『(超)くせになりそう』OP

2015（初出：1994）　なかよし創刊60周年記念アルバム「Twinkle Songs」

なかよし連載の少女マンガが原作だが、その設定を大胆に改変したアニメの内容とNHK BS2のみで放映されたこともあり、知る人ぞ知るアニメとタイアップ。情熱的な恋を綴った歌詞をミドルテンポなシティポップに乗せて歌う。主人公は中学生の女の子だが、この曲はそんな背伸びをしたいお年頃を表現しているようにも感じられる。時代を先取りしたサビから始まる構成や2番の落ちサビが印象的で、TVサイズでもこの部分を採用している。　(き)

コナミ　KICA-7647

晴れた日にバスに乗って

シティポップ

國府田マリ子

1994　Pure

1枚目のオリジナルアルバム『Pure』に収録。声優のグルーヴィーな曲を90年代から現在まで数多くアレンジしている西脇辰弥による編曲。明るいロックチューンが多い國府田だが、こういったミディアムテンポの恋の歌もよく似合う。イントロから全編にわたって散りばめられた鍵盤のフレーズの印象が強いものの、曲の最後にサビがフェードアウトしていく直前のパワフルなドラムにバンドの矜持を感じる。　(I)

スターチャイルド　KICA-210

夜をぶっとばせ

シティポップ

KASUMI　OVA『BOUNTY DOG 月面のイヴ』OP

1994　BOUNTY DOG Last ACT

『宇宙の騎士テッカマンブレード』主要スタッフによる近未来世界を舞台としたOVAの主題歌。トラックにシンセサウンドをこれでもかと散りばめており、これぞ90年代前半といった趣。バブルの残り香を漂わせる軽めな音色ではあるが、KASUMI（松村香澄）氏の甘いハイトーンが織りなす、実にアダルトでスタイリッシュなグルーヴを醸し出すシティポップとして仕上がっており、令和時代において再評価すべき1曲。(S)

パイオニア　PICA-1035

恋愛の才能

シティポップ

横山智佐　OVA『天地無用！魎皇鬼』ED

1994　恋愛の才能

OVA『天地無用！魎皇鬼』のEDテーマにして、横山智佐の1stアルバムのタイトル・リード曲。ギターに芳野藤丸が参加していることでもわかるように、80年代のアイドル歌謡に見られたシティポップ的なアレンジを正当継承した楽曲。全体のアレンジは藤原いくろうが手がけている。作詞の枯堂夏子曰く、恋とはほんの一握りの粋人にしかできない究極の「遊び」であり、作品内で天地を翻弄する魎呼こそが「恋愛の達人」ということらしい。(I)

ソニー　SRCL-2829

ordinary

AOR

Candee　OVA『七都市物語』ED

1994　七都市物語オリジナル・サウンドトラック

未来都市を舞台に繰り広げられるSF小説を原作としたOVAのED主題歌。本編の劇伴から本曲に至るまですべて佐藤博が担当していることから容易に想像が付くが、作品の舞台となる都市のイメージに限りなくマッチした、港湾を想起させるムーディーな良AORバラードとなっている。シンガーは故高尾のぞみの別名義。Candeeとして山下達郎やSING LIKE TALKINGのバックコーラスも務めるなど、歌唱力の高さは折紙付き。(あ)

キングレコード　KICS-037

Good-Bye Memory

ロック

西村智博

1990　2番目のHonki

声優ユニット・N.G.FIVEのメンバーとしても知られる西村智博の本人名義による2ndアルバムより。元々声優になる前からシンガーソングライターを志していたのもあり、オリジナルアルバムではほぼ作詞作曲を自ら手がけている。とても歌心に溢れ、少年のような青さも感じさせる独特の歌唱と歌声が味わい深く癖になるが、当曲はシンガーソングライターの部分が顕著に出たようなブルース／フォークテイストに満ちた良ロックバラード。(あ)

ビクターエンタテインメント　VICG-2

リアルホンキートンク

ロック

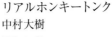

中村大樹

1990　Act#1

中村大樹の1stアルバムに収録。タイトルのホンキートンクはバーとしてか音楽ジャンルとしてか、はたまた「調子はずれた」という意味なのかは不明だが、ニューヨークを題材とした歌詞からは後者であると推測できる。楽曲としては跳ねたリズムとホーン、時折入る女性コーラスが心地良く、ホンキートンク要素は少なくJazzやfunkの系統となっている。ただ中村の歌声は若干ホンキートンクしていて味わい深い。（犬）

スターチャイルド　KICA-60

時速4kmの旅

ロック

グレイトリッチーズ　OVA『魍魎戦記MADARA』TM

1991　魍魎戦記MADARA・音飈風

イカ天ブームのなかメジャーデビューしたグレリチ。コミカルでわかりやすい日本語を使った歌詞とポップなビートで刻まれたロックは、重く複雑な物語の本作と比べてとても単純かつ明朗軽快である。だがしかし、それが主人公たちティーンエイジャーの素顔とマッチし、彼らの等身大の魅力を引き出している。80年代から90年代に流行した、どこかノスタルジックで原色のような鮮やかさをこれでもかと感じることができる。（T）

ポリスター　PSCX-1029

地球オーケストラ

ロック

KUSU KUSU　TVA『らんま1/2熱闘編』OP

1991　cajon

南国のようなトロピカルな空気感満載のポップナンバー。『イカ天』で一世を風靡したKUSU KUSUによる2ndシングル表題曲。『らんま』のOPは採用基準がわからないような、それでいて絶妙なハーモニーを奏でているものが多かったが、この曲もその1つ。楽しげな空気感の『らんま』という作品にこれでもかというくらい合っていたことが印象的。Cメロからの展開が秀逸で、いつまでも続いてほしい輝いた日常を上手く映し出している。（s）

SOHBI　SHCU-1011

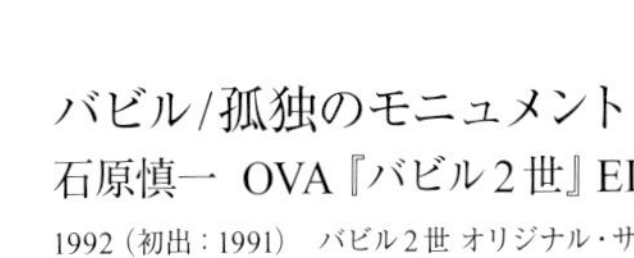

バビル/孤独のモニュメント

ロック

石原慎一　OVA『バビル2世』ED

1992（初出：1991）　バビル2世 オリジナル・サウンド・トラックI

原作から女性人気の高かった横山光輝氏の『バビル2世』をメインキャラクターデザイン・荒木伸吾氏の手によってリメイクし、バイオレンス色が強いダークファンタジー風に仕上げたOVAのため、石原慎一氏のアダルトな歌唱がよく似合う。ヒロイックなシンセブラスなどもさることながら、映像も相まって、車田正美氏作品のつもりで聴いても遜色なし！ 後年のコミカライズ『バビル2世 ザ・リターナー』のハード路線リメイクもぜひチェック。（S）

ソニーレコード　SRCL-4477

さよなら文明

ロック

爆風スランプ　TVA『ツヨシしっかりしなさい』OP

1999（初出：1992）　SINGLES

92年からフジテレビ系で放送された『ツヨシしっかりしなさい』のOPテーマ。"おなら おならさようなら"と連呼するナンセンスなサビや今の時代なら完全アウトなストーカー気質で変態チックな歌詞など、彼らでなければ電波ソングとしてネット上で祭り上げられたに違いない爆風スランプ流のおバカソング。ちなみにほかにはTOKIOやWINK、神咲まきなど豪華なアーティストが楽曲を提供している謎アニメでもある。（山）

トイズファクトリー　TFDC-28011

バトル野郎〜100万人の兄貴〜

ロック

筋肉少女帯　CM『ストリートファイターII』

1992　バトル野郎〜100万人の兄貴〜

一大ブームを巻き起こし、今もなお大人気の『ストリートファイターII』。そのスーパーファミコン版CMソングとしてリリースされた筋肉少女帯6枚目のシングル曲がこちら。一度聴くと忘れられない、まるで先制攻撃のような"極めろ！道悟れよ！我"のフレーズで始まり、キャッチーで独特な言い回しの歌詞でファンたちをノックアウト。ゲーム好きで知られる内田雄一郎氏の骨太でテクニカルなベースにも注目していただきたい。（T）

アニメル　MECH-30031

プラトニックじゃ我慢できない

ロック

バナナフリッターズ

1992　BANANA SENSATION

2017年に復活ライブも果たした、日高のり子、山寺宏一、関俊彦の3人からなるバナナフリッターズが歌う楽曲。大人な雰囲気が漂う歌詞と、ノリの良いスカのリズムの組み合わせが耳に残るキャッチーさが特徴的だ。おニャン子クラブや工藤静香などの有名曲を手がけた秋元康と後藤次利のヒットメーカーコンビが楽曲提供しており、当時の声優ユニットとしてはかなり豪華なメンツを揃えていた。（河）

パイオニア　PICA-1001

モノクロームトラブル

ロック

米倉利紀　OVA『BASTARD!! -暗黒の破壊神-』ED

1992　BASTARD!! -暗黒の破壊神- 音楽篇 VOL.1

『BASTARD!!』は80年代後半から連載開始された萩原一至原作のダークファンタジーコミックであるが、いまだ完結を見ないまま現在に至る。92年にOVA化されたが、その主題歌は物語の世界観を覆すR&B。メタリックなサウンドとシャッフルに跳ねながらも強靭なリズムの融合が斬新。作曲は『機甲界ガリアン』の主題歌を担当したEUROXの関根安里。歌手・米倉利紀が歌っているが、男も惚れる魅惑のボイスがたまらなくかっこいい。（け）

アポロン　APDA-84

Winners forever～勝利者よ～

ロック

INFIX　TVA『機動戦士Vガンダム』ED

1993　INNOCENT AGE

INFIXは90年代のヒーローソングに必要な音楽的要素を兼ね備えた、熱くてクールなロックバンド。長友仍世の憂いを帯びた声質、疾走感あるリズムにマイナー調のギターリフ、ヒロイックなロックナンバーで平成『ガンダム』シリーズの始まりを煽り立てた。実はこの楽曲が当初『仮面ライダーZO』の主題歌用に書き下ろされたのは有名な話で、2巡目の歌詞などにその名残が伺える。『ライダー』に採用された楽曲「愛が止まらない」も秀逸。　（け）

EMIミュージック・ジャパン　TYCY-5328

渇愛

ロック

南條晃司（速水奨）　ドラマCD『絶愛-1989-』IM

1993　BRONZE ENDMAX～南條晃司／渇愛××93

尾崎南のマンガ『絶愛-1989-』のドラマCDシリーズに収録された1曲。本楽曲の速水奨は作品のイメージを体現したダークで破滅的なボーカルを展開しており、国内の同時代的存在としてBUCK-TICKの櫻井敦司への意識はもちろん、過度に官能性を強調した吐息と倍音まみれの歌声はMarvin GayeやCurtis Mayfieldなどのソウルシンガーたちをも彷彿とさせ、彼の声の持つ特異性が露わになっている。　（D）

ロック

トイズファクトリー　TFDC-28021

コボちゃんグルー

おーつきけんじとエマニエル5・コボちゃん（大谷育江）　TVA『コボちゃん』OP

1993　コボちゃんグルー

国民的マンガ『コボちゃん』唯一のアニメ化に際してのOP曲。大槻ケンヂのニューウェーブ～メタル志向と編曲の佐久間正英のプログレッシブロック志向が混ざり合い、反骨精神が込められたハードなサウンドと素っ頓狂なユーモアが同居したカルチャーの香り漂う仕上がり。コボちゃんのどこまでもピュアでイノセントな声がサウンドの攻撃性を反転させていて、ユーモラスなコミックソングとして着地している。　（D）

スターチャイルド　KIDA-52

just think of tomorrow

佐々木真里　TVA『無責任艦長タイラー』OP

1993　just think of tomorrow

原作から大幅に変更されたアニメに賛否両論が巻き起こったこのアニメだが、楽しくかっこいいSFの世界観を近未来的な映像と心躍る楽曲で見事に昇華させたこのOPは真に完成された作品だった。90年代前半らしさをふんだんに含んだイントロに誘われ、飛び込んだ先に待つのは佐々木真理の見事なハイトーンボイス。これから始まる物語を期待させるには十二分な内容で、前向きになりたい時に聞きたい楽曲の1つ。　（s）

キングレコード　KIDS-134

STAND UP TO THE VICTORY

ロック

川添智久　TVA『機動戦士Vガンダム』OP

1993　STAND UP TO THE VICTORY

元LINDBERGのベーシスト・川添智久のソロ作品第2弾。キャッチーでインパクトのあるエレキギターのイントロで先制パンチ、AメロとBメロでしっかり引きを作り、サビで大爆発させるダイナミックでわかりやすいロックな曲展開とテンション高めのボーカルでアニメのOP曲らしくグッと心を震わされる1曲。ポップで明快な曲調と陰鬱で救いのない本作のシナリオとのギャップの激しさをファンからネタにされることもしばしば。　（山）

パブリック・イメージ　TKCP-70190

大キライ

ロック

LINDBERG　TVA『平成イヌ物語バウ』OP

1993　EXTRA FLIGHT II

LINDBERGがOPとEDをどちらも担当。OPである本作は「リベラル」や「コンサバ」「フェミニスト」というワードを挟んだり、ひたすら相手を罵倒するアニメの内容にはまったく関係のない歌詞だったりするものの、LINDBERGらしいアップテンポで明るい一聴して印象に残るポップなものとなっており、さまざまなタイアップを担当してきた手腕が光る1曲だ。シングルバージョンのみ主人公のバウの鳴き声が収録されている。　（山）

スターチャイルド　KICA-147

ロックオペラ ペナルティキックオールディーズ組曲

ロック

折笠愛　劇場版『SDコマンド戦記 ガンダムフォース スーパーGアームズ ファイナルフォーミュラーVSノウムギャザー』IN

1993　機動戦士SDガンダム 音掴大歌合

『ガンダム』シリーズは外伝のSDシリーズも人気が非常に高かった。本楽曲は『SDコマンド戦記ガンダムフォース』で劇中歌として挿入された壮大な組曲だ。声優・折笠愛が演じるトロンちゃん擁するガンダムバンド・ペナルティキックオールディーズ（クラッシャーズ）が劇中の進行と共に演奏する演出で披露された。折笠氏の歌は上手いとは言い難いが、そこはプロフェッショナルの声優。キャラクターの個性を保ちつつ歌い上げる技術には恐れ入る。　（け）

パイオニア　PIDA-1010

ぼくはもっとパイオニア

ロック

横山智佐　OVA『天地無用！魎皇鬼OVA2期』OP

1994　僕はもっとパイオニア

90年代に爆発した『天地無用！』シリーズの最古たるOVAシリーズ2期のOPで、砂沙美役の横山智佐が高らかに歌い上げる。ちょっと当時のビーイングを感じる、爽やかで明るい邦ロックっぽさがあり、横山智佐の歌唱力もあり非常に聴きやすい内容で最高です。さて、どうして“僕はもっとパイオニア”かというと、LDが普及し始めた際に初めてリリースされたのが『天地無用！』だったからとかなんとか。　（W）

ロック

キングレコード　KIDA-7605

もっと！モット！ときめき

ロック

金月真美　ゲーム『ときめきメモリアル』OP

1995（初出：1994）　もっと！モット！ときめき

90年代はギャルゲー文化の盛り上がりもすごかった。ゲーム媒体がROMカセットからCDメディアへ移りゆくなかで、声に大きな容量を割ける恋愛シミュレーションは90年代声優ブームを推し進めた一因だろう。なかでもコナミから発売された『ときめきメモリアル』は大ヒット作品となり、現在もシリーズ作品が継続してリリースされている。キャラクターソングにも名曲の多い同作だが、やはり主題歌のこの曲のキャッチーさは偉大である。（お）

プリミティヴ　POCH-1492

ゆずれない願い

ロック

田村直美　TVA『魔法騎士レイアース』OP

1994　N'

元PEARLのSHO-TAが田村直美名義になっての4thシングルで、『魔法騎士レイアース』OP曲だ。歌詞に作品のヒロインである光、海、風の3人の名前が織り込まれている。切れの良いロックサウンドに田村直美のボーカルとコーラスワークが心地良い。なお、このシングルは120万枚超えの大ヒットを記録し、田村直美は95年の『NHK紅白歌合戦』にこの曲で出場した。アニソンタイアップの強さを業界内に知らしめた1曲でもある。（お）

キングレコード　KICA-1012-3

Endless History

ハードロック

南翔子　OVA『イース』ED

1990　PERFECT COLLECTION Ys

さすがファルコム・サウンド！ ワクワクを煽ってくれるベース音と相変わらずセクシーな南翔子さんの歌声が合わさり、妖艶な雰囲気が冒険ファンタジーゲーム『イース』にピッタリ。アニメはゲーム原作アニメ化が続出した時代の大型タイトルとして89年にOVAシリーズがスタート。続編も含め全11巻の内3巻目からのED曲で、OVA好きのなかではメジャーな楽曲の1つとして数えられる。（H）

スターチャイルド　KICA-14

Gatherway

ハードロック

三浦秀美　TVA『勇者エクスカイザー』OP

1990　ミュージック・フロム・エクスカイザー

90年代を代表する合体・変形ロボットものアニメ『勇者』シリーズの記念すべき第1作。大張正己氏によるダイナミックな構成のOP映像に乗せたロック調の楽曲、80年代大映ドラマを彷彿とさせる三浦秀美氏の力強い歌唱が相まって、当時のTVっ子たちをワクワクさせた。編曲を務める山本健司氏は同年OVA『電脳都市OEDO808』でも三浦氏とタッグを組んでその魅力を発揮。『勇者』シリーズ楽曲では本作のみキングレコードより発売。（S）

スターチャイルド　KIDA-18

JUST DREAM ON

ハードロック

JACK BITES　TVA『機甲警察メタルジャック』OP

1991　機甲警察メタルジャック

86年にマリアンヌでメジャーデビューした諸岡ケンジ氏がJACK BITESとして手がけた本楽曲は、躍動するメタルヒーローの如くHARD ROCKを基調とした疾走するギターと複雑なタイミングで絡むドラムのスネア、そしてジャックナイフのような鋭さを帯びた歌声が特徴的だ。ちょっとした難解さと、ハーフ・テンポに落とすBメロで助走をつけたあとに迎えるサビは爽快感満開。ヒーローアニメ主題歌の歴史に残る名曲である。（け）

キングレコード　KIDA-55

LOOKIN' FOR LOVE

ハードロック

SAYUMI　ラジオ『影技-SHADOW SKILL-』TM

1993　LOOKIN' FOR LOVE

岡田芽武原作『影技-SHADOW SKILL-』のラジオドラマ主題歌。鮮烈なギターの速弾きから始まるこの曲は、ラジオドラマという音のみのメディアで世界観を伝える役割を担っている。原作で描かれる、激しく迫力のあるバトルシーンや逞しくも艶やかなキャラクターたちが、テーマソングに乗ってより鮮やかに躍動し、イメージが広がってゆくのを感じるだろう。同曲は林原めぐみカバー版も存在しており、そちらをご存知の方も多いのでは。（T）

テイチク　TECN-30240

RISING

メタル

AMBIENCE　TVA『X-MEN』OP

1993　AMBIENCE

『X-MEN』は、昨今のマーベルブームに先駆けて日本では94年～95年にテレビ東京系で放映されていた。その主題歌がボーカル・北川浩氏を擁するAMBIENCEの『RISING』だ。シンフォニックな幕開けからディストーションギターで刻むイントロに傾れ込む男臭さムンムンの曲調は筋骨隆々なアメリカのキャラクターにふさわしい。"Cry For the moon"のシャウトは当時の子供たちにハードロックの洗礼を浴びせた。（け）

ワーナーミュージック・ジャパン　WPCL-561

飯田線のバラード

フォーク

山本正之　OVA『究極超人あ～る』IN

1991　究極超人あ～る BOX

アコースティックギターとハーモニカの音色が織りなす優しい伴奏と、山本正之氏の温かい歌声が胸に沁みるフォークソング。プラトニックな恋心と、飯田線の車窓から臨む景色が盛り込まれた、素朴で叙情的な歌詞が素晴らしい。OVA『究極超人あ～る』の挿入歌でありながら、作品ファンのみならず、数多くのアニメファンや鉄道ファンたちをも虜にしたことは言うまでもない。山本氏のライブ定番曲としても有名である。（T）

エキスプレス　TODT-2860

タイムマシンにおねがい

ロックンロール

サディスティック・ミカ・バンド
TVA『まぼろしまぼちゃん』OP

1992（初出：1974）　タイムマシンにおねがい

勝川克志のマンガ『まぼちゃん旅行記』をアニメ化した際にOPとして使用された。元々は加藤和彦、つのだ☆ひろ、高橋幸宏、高中正義、後藤次利といった伝説級のメンバーが在籍したことで知られるサディスティック・ミカ・バンドの74年発売の3rdシングルだが、今聴いても古さを感じない。このアニメでサディスティック・ミカ・バンドを知った人も多いのではないだろうか。なおEDにも同バンドの『サイクリング・ブギ』が使用されている。（お）

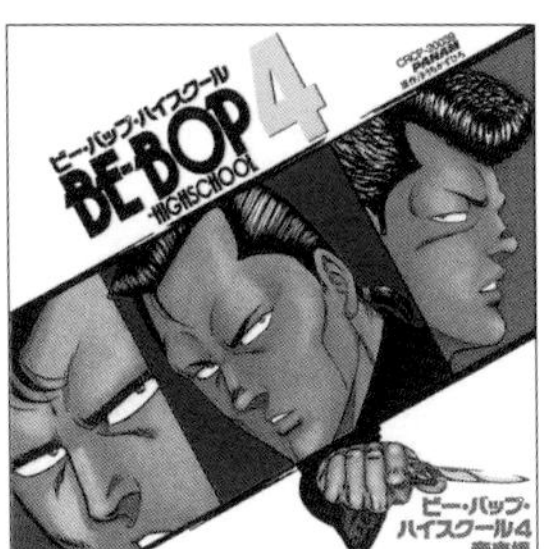

PANAM　CRCP-20039

BE A GOOD BOY（I AIN'T GONNA BE GOOD）

クールス（COOLS ROCKABILLY CLUB）

ロックンロール

OVA『ビー・バップ・ハイスクール』OP

1992（初出：1977）　ビー・バップ・ハイスクール4 音楽編

80年代前半より00年代まで連載が続いた、昭和のヤンキーブームを代表する当マンガは実写映画のみならず、90年代にはOVA化されていた。そのOPに起用されたのが、クールスのCOOLS ROCKABILLY CLUB期を代表するこのナンバー。同バンドのギタリスト・ジェームス藤木はED曲も複数書き下ろしている。ロックと不良、ヤンキーとの親和性の高さを物語る、痛快アメリカンルーツR&R／ロカビリーサウンド。（あ）

ビクターエンタテインメント　VITL-4

タリラリラーン ロックンロール

ロックンロール

嘉門達夫　TVA『平成天才バカボン』OP

1990　平成天才バカボン 平成音楽大全集

80年代、関西では広い層から大人気であった嘉門氏。作曲などでそれ以前からアニソンに関わっていたが、アニソン歌手としてデビューし全国の茶の間に浸透するに至ったのが『平成天才バカボン』である。なお、大ヒットとなった『替え唄メドレー』リリースは翌91年。氏の持ち味である言葉遊びは影を潜めているが、こちらはブラスが軽快でキャッチーなロックンロール。キャラとの掛け合いによって、ぴえろ作品のドタバタ感を彩っている。（S）

東芝EMI　TYCY-5134

アンコールの幕を上げて

歌謡R&R

佐々木望

1991　Heart Scandal

N.G.FIVEのメンバーとしても活躍していた人気声優の1stオリジナルアルバムより。『タッチ』や『涙のリクエスト』など数多のヒットソングを生み出した芹沢廣明作曲による、前述の2曲にも決して引けをとらない超絶キラーな哀愁漂う歌謡ロックンロール。Sallyの『バージンブルー』にも似た、サックスと青臭いイケボの絡み合いに興奮。ジャケットの大橋をバックに"おまえとバージンブルー"な雰囲気の良さも傑出。（あ）

スターチャイルド KICA-115

3×3 EYES

歌謡R&R

TAKADA BAND イメージアルバム『3×3 EYES』IM

1992 3×3 EYES

ドラムとベースのリズムに乗って流れる泣きのギター、立木文彦氏と板橋亜美氏の色気を含んだハーモニー、ハネケンこと羽田健太郎氏の浪漫溢れるメロディが融合した、男女間の空気を垣間見せるイメージソング。呪文を唱えるミステリアスな歌詞は伝奇物語である原作の世界観を無限に広げてくれる。サザンオールスターズをイメージしたという実力派揃いのユニットだけあって、アニソンの枠を超えラテンテイストなロックとしても聴き応えがある。(T)

ビクターエンタテインメント VICL-178

サイレントメビウス～ Sailing

ニューウェーブ

東京少年 劇場版『サイレントメビウス』TM

1991 劇場版サイレントメビウス OST

映画『サイレントメビウス』第1作目の主題歌にして、東京少年のラストシングルの表題曲。たおやかさと、芯のある力強さを持った笹野みちる氏の深みある歌声。それに乗って流れるように韻を踏む歌詞、うねりを持つメロディライン。そこから生み出される多様性を感じさせる空気感が、魔術と科学が融合したサイバーパンクである本作品の世界観と非常にマッチしており、聴く者を作品世界へ没入させてくれる。(T)

フューチャーランド TYCY-5416

明日はグッドラック

パワーポップ

草尾毅 TVA『あしたへフリーキック』ED

1994(初出:1992) 青春の光と影(EARLY TAKESHI KUSAO Vol.2)

声優名義での2ndシングル収録曲で本人も主役を演じたアニメのED。圧倒的な明快さを持つ1stシングル表題曲が、Late 70s USパワーポップで言うところのCheap Trick『California Man』ならば、こちらはPezbandの1stアルバムのように甘過ぎず、優しさに満ちた歌唱と曲調が印象的な爽快ナンバー。作曲の和泉一弥氏はTUBE『SUMMER CITY』でも知られるヒットメーカー。(あ)

バップ VPDG-20369

はちゃめちゃ姫

パンクロック

かまいたち TVA『つる姫じゃ～っ!』OP

1990 はちゃめちゃ姫

京都出身のヴィジュアル系バンド・かまいたちと作品のはちゃめちゃさがリンクした、ミラクルでセンセーショナルなタイアップ。曲は元々89年にCOLORのDYNAMITE TOMMY氏によるFREE WILL RECORDSよりリリースされた、インディーズ盤1stアルバムに収録の『自由の女神』の替え歌。ビートパンクとは異なるスラッシーなハードコアパンクをベースに、ユニークかつ邪悪なボーカルスタイルがいかにも彼らしい。(あ)

Hello! Hello! Hello!

ビートパンク

The Bell's TVA『おぼっちゃまくん』ED

1990 Hello! Hello! Hello!

The Bell'sは80年代後半、バンドブーム全盛期でもそのスケーター／USハードコアスタイルな出で立ちで、一際異彩を放っていたビートパンクバンド。3rdアルバム表題曲が人気アニメ主題歌としてシングルカットされて、彼らを知った方も少なくないはず。『RADIO RADIO RADIO』『RUN RUN RUN』と並ぶ繰り返しシリーズである当楽曲も、Bell's節全開のドライヴィンなビートパンク／R&Rで痛快。（あ）

トイズファクトリー TFCC-88002

ポリスター PSCZ-1006

あたりまえの奇跡

80s ビートロック

G・GRIP TVA『新世紀GPXサイバーフォーミュラ』IN

1990 DREAM HORIZON

現在もグッズやゲームなどの展開が続く『サイバーフォーミュラ』シリーズの1作目にあたるTVシリーズ17話の挿入歌。G・GRIPは『イカ天』に出演したバンドが前身となっている、まさにバンドブーム真っ盛り世代。80年代米英ハードロックを感じさせる演奏にメロディアスなボーカルが絡み、王道ガールズバンドここにありといったアップテンポなナンバーだ。歌詞もストレートな応援で、気持ちを前に向かせてくれる元気な1曲だ。（せ）

スターチャイルド 292A-7019

Tokyo Boogie Night

80s ビートロック

本多知恵子、林原めぐみ

ドラマCD『機動戦士SDガンダム タイホしちゃうわ♡』IN

1990 機動戦士SDガンダム タイホしちゃうわ♡

本多知恵子のあどけなさと林原めぐみの艶のある歌声のコントラストに妙がある曲である。渡辺なつみの歌詞からは夜の喧騒を掛け抜け大人の階段を登って行くような、90年代の危うい煌めきを感じさせる。原一博は数多のアーティストに楽曲を提供する腕利きの作曲家で作風の違いに驚かされる。92年に林原がソロでカバーしたバージョンが同名ラジオ番組のテーマソングとして採用されることとなり、小生にとっては日曜深夜のテーマソングである。（け）

キングレコード KIDA-16

Dancing Beat

80s ビートロック

LOVERS TVA『緊急発進セイバーキッズ』OP

1991 Dancing Beat

モンキー・パンチ原作のSFアニメ主題歌。ギターのリフとハリのあるボーカルが心地良いロックナンバー。楽曲は京都出身のバンド・LOVERSによるもの。歌詞に作品タイトルこそ入っていないものの、バンドサウンドアニソンかくあるべしというお手本のようなナンバー。"教科書の無い世界だぜ 何もかもが自由"という冒頭の歌詞から一気にサビまで畳み掛ける構成は見事。紛うことなき名曲である。（お）

プラチナム　PODH7001

真夏の扉

80s ビートロック

GLAY　TVA『ヤマトタケル』OP

1994　真夏の扉

ブレイク前のGLAYによるロボットアニメ『ヤマトタケル』OP曲。レコード会社の関係などで、のちに発売されたビデオでは濱崎直子が歌う後期OP『Flower of Desert』に差し替えられた。またEDの『RAIN』はX JAPANのYOSHIKIがプロデュースと作詞、作曲の一部を担当。こちらは実写映画版のEDにも使用された。BOØWYから受け継がれるジャパニーズロックの真髄も、実はアニメソング。（お）

フォーライフミュージック　FLDF-10268

エール～あなたの夢が叶うまで～

ガールズロック

WENDY　TVA『蒼き伝説 シュート！』OP

1993　エール～あなたの夢が叶うまで～

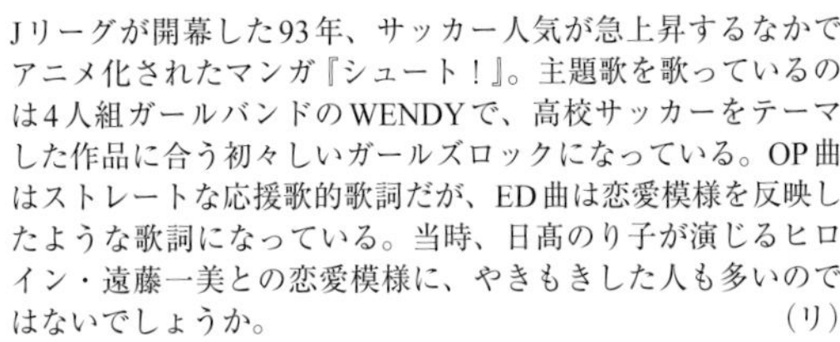

Jリーグが開幕した93年、サッカー人気が急上昇するなかでアニメ化されたマンガ『シュート！』。主題歌を歌っているのは4人組ガールバンドのWENDYで、高校サッカーをテーマした作品に合う初々しいガールズロックになっている。OP曲はストレートな応援歌的歌詞だが、ED曲は恋愛模様を反映したような歌詞になっている。当時、日高のり子が演じるヒロイン・遠藤一美との恋愛模様に、やきもきした人も多いのではないでしょうか。（リ）

エピックレコードジャパン　ESCB-1136

SMILE&SMILE

ビジュアル系ロック

AURA　TVA『シティーハンター '91』ED

1991　BIG WILL

89年にメジャーデビューし、バンドブームの最中にホコ天を中心に活動、音楽雑誌の表紙や誌面をひと際カラフルに彩っていた元祖ビジュアル系ロックバンドの4thシングルは、名だたる『シティーハンター』シリーズのタイアップ曲でも格段に“良い曲”度が高く、輝きを放っていた。やはり当時の音楽的トレンドが意識されてか、EDらしく多幸感に満ち、落ち着いたビート＆曲調がかなりビーイング系サウンドに寄っていて興味深い。（あ）

ビクターエンタテインメント　VICL-438

Black Diamond

ビジュアル系ロック

PURPLE　TVA『勇者特急マイトガイン』ED

1993　勇者特急マイトガイン オリジナル・サウンドトラック Vol.II

声優の鈴木勝美氏が劇中の役名であるPURPLE名義でリリースしたキャラソンでもあり後期ED曲。ピカレスクロマンを感じさせる耽美なビジュアル系ロックを意識した楽曲。高い歌唱力の鈴木氏ではあるが、意外にも音源としてリリースされたものは少ない。『忍空』で演じたペンギン・ヒロユキのキャラソン『デベデベ!!!』は異色のカントリー＋スキャット調のクラブミュージックとなっており、こちらもとても魅力的。（S）

エキスプレス　TOCT-95109

冒険者たち

ジャズ・ロック

THE ALFEE　TVA『モンタナ・ジョーンズ』OP

2004（初出：1994）　THE ALFEE 30th ANNIVERSARY HIT SINGLE COLLECTION 37

THE ALFEE初のアニメ主題歌となった、子供の冒険心をくすぐるアッパーチューン。一筋縄ではいかない大冒険の軌跡を表しているのだろうか、1番はブラスを押し出した爽やかなジャズロックだったのが、一転して2番は重厚なエレキギターが鳴り響くハードロックへと変化。カントリー調から和声メタルまで目まぐるしく変わる間奏も含め、彼らの技術が惜しみなくつぎ込まれている。聴き終えたあとの満足感をぜひとも味わってほしい。（河）

キングレコード　KICS-37

後ろ向きな関係

ダンスミュージック

西村智博

1990　2番目のHonki

シンガーや音響監督としても活躍している西村智博（現：西村朋紘）のアルバム『2番目のHonki』に収録。作詞と作曲は本人が担当。アルバムが90年発売であることを考えると、日本で流行し始めたNJSを取り入れているあたりシンガーとしての嗅覚を感じる。トラックと歌のミスマッチ感は否めないがそこも味。誰しも、男性声優の甘い声で囁かれたら後ろ向きの関係も悪くないと思ってしまう。（犬）

ビクターエンタテインメント　VICL-183

Special Monday

ダンスミュージック

冨永みーな　イメージアルバム『われら混線合唱団』IN

1991　われら混線合唱団

ヒロイン役の冨永みーなが歌うキラキラで軽快なダンスポップ。『イース』シリーズを始め多くのゲーム音楽から荻野目洋子のジャングルダンスまで、尖ったアレンジで名高い米光亮の魅力が凝縮されている。ファンク調のカッティングギターとブリブリベースに清々しいエレクトリックインストゥルメンツ、そしていつものシンセブラスがたまらない。曲調はまったく異なるが『決戦は金曜日』のベースリフと太さを下敷きにしているような雰囲気がある。（u）

アニメル　MECH-30003

ヨッちゃんを探して

松井菜桜子

1991　世界征服

1stアルバム『世界征服』は、いなたさ全開のジャケの通り、本人作詞のブッ飛んだ世界観とグルーヴィーな編曲の組み合わせが楽しめる1枚。本曲の冒頭の電話コール音後に聞こえてくるグラウンド・ビートっぽいドラムパターンやオケヒのシンセの音など、90年代前半のダンスミュージックのトレンドを感じさせるアレンジは長岡成貢による流石の仕事。間奏のコーラスと絡む松井のラップも聴きどころだ。（I）

フューチャーランド　TYCY-5231

恋に気づいて

ダンスミュージック

水谷優子

1992　元気-ドキドキしたい-

92年に東芝EMIから出たアルバム『元気-ドキドキしたい-』収録曲。イントロのホーン使いやナイル・ロジャースを彷彿させる軽快なギターカッティングが気持ち良いダンストラック。当時の景気の良さが伺えるゴージャスな空気感やアッパーな情勢がパッケージングされており、当時を思い起こさせる懐かしさと現在においても新しさを感じられる盤。同盤収録の『神様の生まれたisland』のラテンビートトラックも秀逸。（ぐ）

テイチク　TECD-30219

ゴースト・バスツアーズ

ダンスミュージック

楠桂と仲間達　イメージアルバム『あくまでラブコメ』IM

1992　あくまでラブコメ

タイトルから想像される曲は『ゴーストバスターズ』のテーマソングであるが、何を間違ったのかこちらの曲の参照元はなんとMichael Jacksonの『Billie Jean』。どうしてこうなった系楽曲の1つで味わい深い。マンガ家の楠桂の歌声も決して上手いわけでないが謎の中毒性がある。ちなみに“仲間達”はラジオドラマに出演している本多知恵子、山口勝平、山寺宏一で今考えると豪華。（犬）

ハドソン　HCD-7083

Dream Girl

ダンスミュージック

横山智佐　ゲーム『銀河お嬢様伝説ユナ』OP

1992　銀河お嬢様電波ユナラジオ 神楽坂優奈 Dream Girl

ギャルゲーは移植作品だらけのなか、突如現れた『銀河お嬢様伝説』なんて吹っ飛んだタイトルの主人公が歌う、近年でも通じるくらいデザインが魅力的なキャラたちに負けないかわいらしく爽やかなシティポップ感溢れる、シリーズ中で最もKILLERな1曲。CDはレア盤。実はPINK SAPPHIRE『P.S. I LOVE YOU』のパクリなのですが、元曲自体もOPで流すという緩い時代ならではのおまけも面白いです。（W）

フューチャーランド　TYCY-5183

バックシート・ロマンス

ダンスミュージック

佐々木望

1992　BABYLON

ロック調の楽曲が多い90年代男性声優の音楽活動において、珍しくダンスミュージックが多い佐々木の、いわば“角松敏生期”とも言えるミニアルバム『BABYLON』に収録された1曲。近年再評価著しい80年代後半のシティポップにビーイング系J-POPのテイストを合わせたようなアレンジ。アタックが強く、現代のダンスフロアでも十分機能すると言っても過言ではない。港や都会の雑踏など、記号的な都会らしさが溢れたMVにも注目だ。（I）

キングレコード　KICA-112

夜に目覚めて (Matsui&Asamiya Version)

ダンスミュージック

松井菜桜子、麻宮騎亜　イメージアルバム『コンパイラ』IM

1992　Comics Image「Compiler」・INTERPRETER

最近はまったく見かけないが、マンガのイメージアルバムという文化がある。ブックオフに通う限りの印象では90年代に隆盛を迎え、ときには作者が歌うなどマンガ家側もノリノリで制作に関わっていったようだ。声優とのデュエットもあり、こちらは『Compiler』のコンパイラ役・松井菜桜子と麻宮騎亜先生の歌唱。軽妙なギターカッティングとファンキーな打ち込みが楽しいエレクトロ歌謡で、そこに乗る先生の美声が渋くてたまらない。（カ）

スターチャイルド　KICS-348

We are "The Ripple"

ダンスミュージック

The Ripple

1993　RIPPLE

親友3人寄ればノイズの如し、川村万梨阿、松井菜桜子、本多知恵子による三十路アイドルユニット。アイドル時代遅れの風潮か年齢からか1年前提の活動で唯一のアルバムは、全体の統一感には欠けるがクール、コメディ、POPと3人の個性を反映した内容だ。麻宮騎亜的サイバーパンクな世界観のハウスチックダンスチューン『We are "The Ripple"』と、声優業を俯瞰し演じた役が召喚されるムード歌謡『5番目のマリー』が◎。（u）

ビクターエンタテインメント　VICL-441

永遠の扉

ダンスミュージック

a・chi-a・chi
OVA『魔神英雄伝ワタル 終わりなき時の物語』ED

1993　魔神英雄伝ワタル～終わりなき時の物語～オリジナルサウンドトラック

「扉」と書いて「ドア」と読む。軽快なビートとベースのうねりとa・chi-a・chiのクリアな歌声が心地良く、これまでの『魔神英雄伝ワタル』a・chi-a・chi楽曲とは異なる、哀愁漂う雰囲気とのギャップがたまらない。冒頭のピアノも相まって全体バランスが最高。ED映像の丘の上で空を見つめて佇むだけという引きの画との相性が良過ぎて自分のなかでは『ワタル』ナンバー1ソングです。（H）

アニメージュ　TKCA-70306

飾らない心のまま

ダンスミュージック

緑川光

1994　飾らない心のまま

当時『SLAM DUNK』の流川楓などイケメンを次々にこなし存在感が増していた緑川光の1stアルバムに収録。オルガンの旋律が美しいダンスチューン。リズムはどうにも跳ねておらず落ち着き過ぎて乗り切れない感じもある楽曲と、緑川の繊細な歌声との組み合わせは流麗である。声優やアニメ関連楽曲あるあるではあるが、間奏で突然始まるギターの旋律は泣きに泣いている。男性声優のソロアルバムではロック系統が多いが比較的珍しい1曲。（犬）

メディアレモラス　MRCA-10018

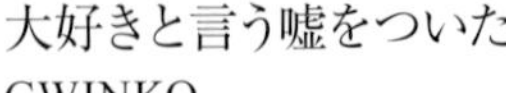

大好きと言う嘘をついた

ダンスミュージック

GWINKO
TVA『サムライスピリッツ 破天降魔の章』ED

1994　Princess Moon

空前の格闘ゲームブームのなかTVスペシャルとして単発アニメ化された作品の1つ『サムライスピリッツ』のED曲。沖縄アクターズ1期生GWINKOさんの楽曲で曲は最高なんですが、一度しか放送されてないため知る人ぞ知る1曲となっている。アニメの内容とはまったくリンクしていないのが残念ではあるが、四つ打ち、シンセ、ギター、歌のメロディ……どれをとっても申し分なしの90年代フレイバーバリバリのダンスチューン。（H）

EMIミュージック・ジャパン　TYCY 5407

八王子決戦！

ダンスミュージック

菊池正美、山寺宏一　ドラマCD『黒いチューリップ』IM

1994　「黒いチューリップ」恋の奴隷試写会！

『黒いチューリップ』、と言っても小説でも映画でもなく東城和実原作のマンガのほう。執拗な八王子ディスが面白いラジオドラマCDに収録。菊池正美と山寺宏一が歌う曲はリズムはニュージャックスウィングだが、メロディや歌唱方法は歌謡曲でコミカルな印象を与える。タイアップ先はBLに分類されるマンガだが、片方は女性が好きなのでおもに一方通行の気持ちが歌われる。作曲はラジオドラマ関連でかなりの作品を残している藤原いくろうによる。（犬）

スターチャイルド　KICA-175

Positiveな明日

ダンスミュージック

大谷育江　ドラマCD『影技-SHADOW SKILL-Ⅲ』IM

1994　影技-SHADOW SKILL-Ⅲ

アニメ化もされたマンガ『影技-SHADOW SKILL』。この曲はラジオ番組『林原めぐみのTokyo Boogie Night』内で繰り広げられたラジオドラマの3枚目に収録された、キュオ・リュー役の大谷育江による1曲。作詞作曲は松浦有希。ギターが心地良いライトなFUNKに仕上がっている。声優の癖のある声とトラックがハマったときの心地良さは声優レアグルーヴの醍醐味の1つ。（I）

EMIミュージック・ジャパン　TOCT-6340

ハリケーンBoy

ソウル／ファンク

吉田古奈美　イメージアルバム『エルデガイン』IM

1991　エルデガイン〔続〕～過去の墓標ベイルガッチェ

角川お家騒動及び春樹社長逮捕により廃刊の憂き目にあった月刊コミックコンプで連載されていたマンガのイメージアルバムに収録。不老不死のヒロイン・リミュール役の吉田古奈美がボーカルを取るエスノで洒脱なファンクで楽しく踊れる。作曲の中村暢之は『ちびまる子ちゃん』などの劇伴でも筆を振るう。『エルデガイン』イメージアルバム1作目に収録の『KAZE』は、エスノ～ニューエイジ文脈の良インストで、DJ筋ではちょっとだけ有名かも。（カ）

aim　ALCA-5003

Soul Seeker

ソウル／ファンク

大塚明夫、坂本千夏

1994　のるかSOULか

古き良き時代のリズム・アンド・ブルースをこよなく愛する大塚明夫と坂本千夏が、酒場の匂いをこれでもかと感じさせる歌唱を披露。アルファミュージックからのリリースにふさわしく、岩井眞一、上綱克彦、中山努、Bobby Watsonなど、渋めの腕利きスタジオミュージシャンを従えた編成は同時代の声優作品と一線を画している。冒頭を飾る本曲は坂本のシャウト、ウィスパーボイスと大塚のブルージーな歌唱にファンキーな演奏が心地良い。(I)

フューチャーランド　TYDY-5123

オーディナリー・バット・ハッピー・デイズ

フリーソウル

草尾毅

1990　もういちどI LOVE YOU ～スパークリング・アーチスト・シリーズ3

NG5での活動後ソロ名義としては初となる、フューチャーランドレーベルからリリースされた8cmCD形式のミニアルバムに収録。タケカワユキヒデと外山和彦による職人的な作編曲のモチーフはフリーソウルの名曲『Jonny Bristol/Hang On In There Baby』だろう。弾きなおしと言っても差し支えないレベルのモロ使いだが、草尾の抑え目な甘い歌唱を引き立てる好アレンジ。(I)

EMIミュージック・ジャパン　TOCT-6474

CO・CO・ROバージン

ディスコ

小山裕香　イメージアルバム『オカルトバージン』IM

1992　オカルトバージン

大橋薫原作のマンガ『オカルトバージン』のイメージCDに収録。軽快な80sジャパニーズディスコの流れを汲む楽曲に小山の歌が爽やか。曲の後半には『ダンス甲子園』のテーマやCMソングとして使用され誰しも一度は耳にしたことのあるであろう「エヴリバディ・ダンス・ナウ!」の有名なフレーズがサンプリングされている。クレジットを確認すると作編曲は長岡成貢で、謎の納得感がある。(犬)

アニメル　MECH-30031

永遠の微笑み

R&B

山寺宏一

1992　BANANA SENSATION

バナナフリッターズのアルバム内に収録されたソロ曲。2017年の活動再開時にリリースしたシングル『あのね』にもQUEENやScritti Polittiといった80年代洋楽風の楽曲が収録されるなど、声優ユニットのなかでもとりわけ洋楽志向の強かったバナフリだが、本曲はGrover Washington Jr.の『Just the Two of Us』に強くインスパイアされた楽曲になっている。(I)

ビクターエンタテインメント　VAD-1022

Say You!! Show Me!

ラップ

山寺宏一

1991　Gap System2

山寺宏一企画のCDブック2作目に収録。コント＋音楽と言えばスネークマンショーだし、声優業界のあるあるをラップに乗せた表現形態は、いとうせいこう『業界くん物語』収録の『業界こんなもんだラップ』を彷彿とさせる。声優の本格的なラップとしては最初期の楽曲なのでは。歌われる声優の待遇やギャラについては隔世の感があるが、演技と共に器用にラップをこなす山寺には流石の一言である。（I）

ビクターエンタテインメント　VIDL-10112

約束するよ

ラップ

相原勇　TVA『おばけのホーリー』OP

1991　約束するよ

リズミカルでかわいいラップパートと、小気味の良いパーカッションのリズムが癖になる1曲。子供のころに感じた「物語が始まるワクワク感」が、楽曲の開始1秒で蘇った人も多いはずだ。数多く存在するラップ入りアニソンでも、この楽曲はそれらの始祖と言っても過言ではない。子供向けアニメの主題歌にラップを取り入れた革新性も、日本語ラップを世に浸透させたスチャダラパーのヒットよりも前であることを加味すれば、もっと讃えられても良いだろう。（河）

ワーナーミュージック・ジャパン　WPCL-783

ママとのお約束条項の歌（ラップ）

ラップ

矢島晶子　TVA『クレヨンしんちゃん』ED

1993　クレヨンしんちゃん

90年代のクラブミュージックのテイストを下敷きに、お約束条項を読み上げるセリフパートとキャッチーでアップテンポな歌パートを繰り返す『クレヨンしんちゃん』の隠れた名曲。ラップと書かれているが、ラップ感が正直薄いのはご愛嬌。のちに新録されたバージョンは母みさえとのデュエットになっていたり、3番の歌詞が大きく異なっていたりする。矢島晶子の声優としての実力をまざまざと見せつけられる後半の早口言葉パートは必聴だ。（河）

キングレコード　KICA-225

Until Strawberry Sherbet

アシッド・ジャズ

林原めぐみ
ラジオ『あかほりさとる劇場『爆れつハンター』』TM

1994　爆れつハンター Whip IV

踊れるアニソンを世に多く送り出してきた大森俊之が手がける本曲は、軽快なブレイクビーツにハモンド調のキーボードが絡むアシッドジャズに仕上がっており、「大森俊之ここにあり」な名曲。後半のエフェクトがかかった林原めぐみの声にシンセ音が乗ってくる部分が、同じく94年にリリースされたJamiroquaiによるアシッドジャズの名盤『スペース・カウボーイ（クラシッククラブリミックス）』の冒頭部分に酷似していると感じるのは私だけか。（ヒ）

ビクター音楽産業　JCCD2606

恋のADV

ハウス

富沢美智恵　ゲーム『フラグの国のアリス』OP

1992　CD-ROMマガジン ウルトラボックス6号

テクノとゲームを電子音で接続したデトロイトテイストのハイクオリティな和製ヒップハウス。色眼鏡抜きで良曲。CD-ROM形式の雑誌に収録された豪華ボイスボケ倒しアドベンチャーゲーム『フラグの国のアリス』のテーマソングで、原作、ゲームデザイン、原画を担当した衛藤ヒロユキが挿入曲まで作っている。タイミング的に、Far East RecordingのDTM感を持った和製ハウスが電子の世界に漂着したように思えてならない。（u）

EMIミュージック・ジャパン　TYCY-5367

二人より一人

ハウス

金丸淳一

1993　Inspired Colors

『ラブストーリーは突然に』の英語カバー『Suddenly』や『Video Killed The Radio Star』のカバーなど聴きどころの多い2ndアルバムに収録。作曲の松井寛によるメロディアスで美しいハウスミュージックとなっている。前述した2曲も松井寛が編曲を行っており流石の一言。入手困難となっていたが2016年にボーナストラックを追加した『Inspired Colors+2』として再発された。（犬）

テイチク　TEDN-10230

ジャン・ナイト・じゃん

ジュリアナ・テクノ

三波春夫　TVA『スーパーヅガン』ED

1992　ジャン・ナイト・じゃん

前年にM.C. Hammer『U Can't Touch This』が大ヒットしたことによりラップが日本でもようやく認知・支持され始めた90年代初頭、アニソン界でこれを取り入れた極めて稀な例。『ルパン音頭』以来14年ぶりのアニソン主題歌となる歌謡浪曲界の大御所・三波春夫氏を起用。当時の流行であった『CAN'T UNDO THIS!!』のようないわゆるジュリアナサウンドを意識したテクノビートで、実にクセになる異端の1曲。（S）

エイベックス・トラックス　AVDD-20077

パリジョナ大作戦

ジュリアナ・テクノ

マロン公しゃく&のはらしんのすけ TVA『クレヨンしんちゃん』ED

1994　パリジョナ大作戦

本作発表の94年にジュリアナ東京が閉店するが、ジュリアナテクノはアニソンシーンに爪痕を残す。作曲はのちにFavorite Blueやm.o.v.e.の活動で名を馳せるt-kimura。ハードコアテクノに乗るマロン公しゃく（矢島晶子）のアッパーなボーカルを楽しんでいたら、突如レゲエになる展開に驚愕する。これが普通にお茶の間で流れていたのか……5歳児の"ヤーマン""ラスタ"が聴けるのはこの曲ぐらいだろう。（カ）

フューチャーランド　TYCY-5332

名もない宿屋の娘

テクノポップ

犬山犬子（犬山イヌコ）一般番組『ダンジョンV』ED

1993　Vジャンプラネット 史上最大の歌合戦

ニャースらしさの欠片もない犬山イヌコが、NPC少女の心情を歌ったぶっちぎりにかわいい90sテクノポップ。当時すでに多くのゲーム音楽などを妻の伊藤真澄と手がけていた伊藤善之による、ロービットゲームサウンドのイメージとキャラクターボイスがマッチした快作。Vジャンプ掲載ゲームの紹介を軸にしたバラエティ番組のEDで、役者だった犬山の起用はVジャンプ関連ラジオのパーソナリティをしていたことから。夕方は子供の時間だった。（u）

ビクターエンタテインメント　VICL-129

恋ほど素敵なミュージカルはない

ジャズ

新居昭乃　イメージアルバム『20面相におねがい!!』IM

1991　20面相におねがい!!～恋ほど素敵なミュージカルはない～

CLAMP作品は90年代に数多くのイメージアルバムを発売しているがその中の1つから。収録アルバムのコンセプトがミュージカルということで、本曲はディズニーアニメの1曲のような煌びやかなジャズチューンとなっている。アニメ声優楽曲で数々の名曲を残す長岡成貢の作編曲でその手腕が光る。また新居昭乃の歌声も最近の自作曲ではあまり見られない明るいトーンで歌っており、煌びやかさに花を添えている。（犬）

PANAM　CRCP15001

Feel Your Love

ジャズ

まるたまり

1993　Tomorrow

オリジナル声優パフォーマンスシリーズとしてリリースされた1stシングルのカップリング曲。まるたまりは声優だけではなくジャズシンガーとしても活躍していて、毎年声優の出演するジャズパーティーを金丸淳一と主催している。そんな彼女の志向と合致したジャズとなっているのが本曲。彼女の圧倒的な歌唱力に加えて細かい歌のニュアンスや自然なスキャット、英語の発音の仕方などまさにジャズシンガーのそれであり、のちの活動の片鱗が窺える。（犬）

スターチャイルド　KICA-211

GHOST SWEEPER

スウィング・ジャズ

原田千栄　TVA『GS美神 極楽大作戦!!』OP

1993　GS美神 極楽大作戦!!

原田千栄のデビューソングであり唯一のアニメソング。打ち込みのサウンドであることが若干惜しまれるが、心地良くスウィングするジャズテイストの展開が白眉の、思わず踊り出したくなるGROOVE感溢れる1曲。『心よ原始に戻れ』を筆頭に数々の踊れるアニソンを手がけてきた、大森俊之が作曲を務めていることも納得ができる。叶うことならばぜひとも生音で聴いてみたい、90年代を代表する名曲だ。（ヒ）

バップ　VPCG-84217

Taboo～異国のはざまで～

フュージョン

天野由梨

1994　フェアリー

自演のハープやロカビリーロックなどが収録されている不思議なアルバムの1曲。アルバムのほとんどの楽曲で本人が作詞しており、この曲についても同様。トラックはもの悲しげなピアノのイントロから刑事ドラマのOP風の躍動感たっぷりなメロディに変わる。時折入るスパニッシュ・ギターも美しいフュージョンは天野の歌詞と歌声ともよくマッチしている。アルバムを通して一貫した流れがないが、そこも声優アルバムの醍醐味。（犬）

スターチャイルド　KICS-176

EL WAKT

ラテン

林原めぐみ

1991　Half and, Half

おそらく、声優を目指して声優になった声優がレコード会社と専属契約を交わしてリリースした最初のアルバム。制作陣のクレジットを見るにCD時代の次世代コンテンツとして力を入れていたであろうことが窺える。POPなtr2、ややアンニュイなtr5、アダルトなtr10など曲のイメージに自身を寄せる歌へのスタンスがすでに確立している。白眉はtr11のこの楽曲。シンセブラスが映えるアップテンポなフュージョンラテンナンバー。（u）

スターチャイルド　KIDA-41

ハッピー²・ダンス

ラテン

YASU　TVA『クッキングパパ』OP

1992　ハッピー²・ダンス

北海道を拠点に活動するシンガーソングライターのYASUによるTVアニメ『クッキングパパ』OP曲。サビの歌詞が食材でしりとりになっていたり、トロピカル感溢れるスティールドラムの音色など、とにかくキャッチーで一度聴いたらすぐに口ずさめること間違いなし。惜しむらくは音源が入手困難であることだけだが、原盤が厳しくても当時モノのアニソンコンピレーションアルバムなどに収録されていることもあるので、根気よく探してみてほしい。（ろ）

フューチャーランド　TYCY-5258

Loving You

ラテン

子安武人

1992　Water

90年代の子安の音楽活動と言えばWeiß kreuzが代表的だが、ソロ1作目はバンドサウンドではなく打ち込みのダンスミュージックが中心の盤であった。松井寛の手によるアレンジがなされた本曲はラテン・フリースタイルの名曲『Nocera/Summertime, Summertime』の日本語カバーとも言える内容。サックスの音色と歌声の絡みが、熱帯夜をイメージさせる不思議な色気を放っている。（I）

エモーション　APCA-77

惑わせないで……

ラテン

横山智佐

1993　7つの恋の物語

7つの恋物語を歌った1stミニアルバムに収録。本楽曲は「不信感・懐疑心」がテーマで（ブックレットより）、どことなく妖しさが漂うラテン・ロックとなっている。横山智佐にしては珍しい湿度のある歌声と、天野正道が駆るベースラインが心地良い。ソロパートは曲のほぼ半分を占めており、サンタナ風味の暴れ唸るギターと歌唱パートに自然に接続するピアノソロがポイント。揺れ動くジェラシーを演奏と歌唱で表現した声優ラテンの傑作だ。（せ）

スターチャイルド　KICA-216

チャチャにおまかせ

ラテン

鈴木真仁、桜井智、赤土眞弓
TVA『赤ずきんチャチャ』ED

1994　赤ずきんチャチャ 聖まじかるレビュー Vol.2

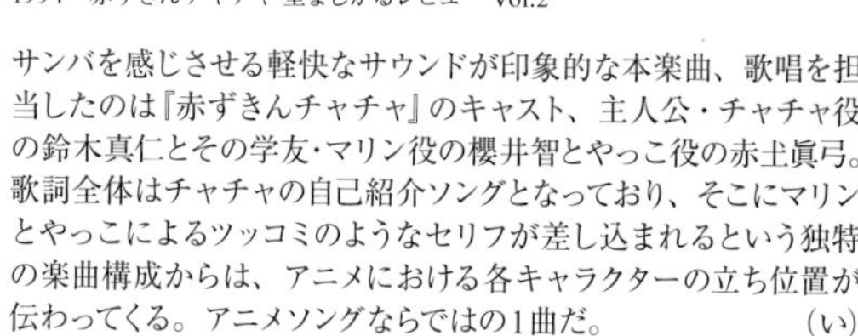

サンバを感じさせる軽快なサウンドが印象的な本楽曲、歌唱を担当したのは『赤ずきんチャチャ』のキャスト、主人公・チャチャ役の鈴木真仁とその学友・マリン役の櫻井智とやっこ役の赤土眞弓。歌詞全体はチャチャの自己紹介ソングとなっており、そこにマリンとやっこによるツッコミのようなセリフが差し込まれるという独特の楽曲構成からは、アニメにおける各キャラクターの立ち位置が伝わってくる。アニメソングならではの1曲だ。（い）

メルダック　MECP-30014

恋はまだ遠からじ…

レゲエ

日高のり子

1993　Mega Babe

84年から声優活動を行っているレジェンドの6thアルバムから。1~3曲目を近田春夫&ビブラトーンズ、パール兄弟で知られる窪田晴夫が作編曲し、この2曲目は、ダビーなエフェクトが効いた本格ダンスホールレゲエ。愛されない女がやけ酒を飲んだり、卓球したりするコミカルな歌詞を、日高が情念を込めて歌い上げる。前口上のようなポエトリーが効果的で、演歌的な湿っぽさとギャグ性が両立した、独特の空間が生まれている。（カ）

日本コロムビア　COCC-11991

チャッピーとパプワの絵かき歌

レゲエ

パプワくん（田中真弓）TVA『南国少年パプワくん』CS

1994　南国少年パプワくんDX2～歓迎！常夏パプワニアン・センター!!～

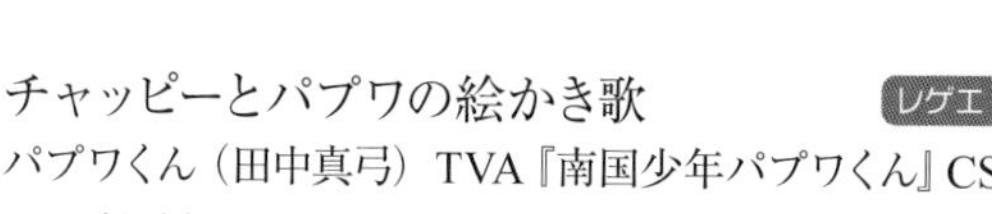

90年代前半に絶大な人気を誇った『南国少年パプワくん』。キャラクターソングは南国から連想されるさまざまな熱帯地域の音楽ジャンルを引用しているが、この曲はジャマイカ英語のサンプリングを駆使したレゲエ。田中真弓が歌う『さすがの猿飛』EDの忍豚レゲエもアニソン初のレゲエとして一部界隈で知名度は高いが、レゲエの粘っこいリズムに負けないパワフルかつユーモラスな声を持つ彼女だからこそ成立している部分は大きい。（D）

BMGビクター　BVDR-36

走れ正直者

スカ

西城秀樹　TVA『ちびまる子ちゃん』ED

1991　走れ正直者

『ちびまる子ちゃん』の2代目ED曲。織田哲郎氏の作編曲の手によるハイテンポかつコミカルなパーティーチューンのスカに乗せて、さくらももこ氏のちょっとサイケな詞が歌われる。西城秀樹氏にとっては初のアニメ主題歌であり、彼がそれまでに築いてきたセクシーなイメージを良い意味で一変。ノリノリで楽しそうに歌うヒデキは、作品と現実の壁を超えたスターとして輝きを放っていた。(S)

ワーナーミュージック・ジャパン　WPDL-4252

ベートーベンだねRock'n'Roll

スカ

テンテン　TVA『21エモン』ED

1991　ベートーベンだねRock'n'Roll

藤子・F・不二雄原作によるSFアニメのED曲。歌っているのは映画『幽幻道士』シリーズのヒロインとして知られるテンテン。コミカルな歌詞に爽快な裏打ちを取り入れた、気持ち良いSKAナンバーに仕上がっている。ニュアンスとしてSKAを取り入れることはよくあるのですが、この曲はベース&ドラムのリズムセクションからギターソロまで、かなり本格的なSKAサウンドになっている。SKAミュージックはファンはぜひ聴いてほしい。(り)

スターチャイルド　KIDA-88

勝利者たちの挽歌

オーケストラ

大山修司　TVA『機動武闘伝Gガンダム』IN

1994　勝利者たちの挽歌

ああ、ガンダム。そう。ああ、ガンダムなのだ。数ある『ガンダム』シリーズでも異色中の異色『機動武闘伝Gガンダム』の挿入歌である。静かに熱く壮大な田中公平節のオケに大山修司の歌い上げるようなボーカルが乗ることにより、地球がリングになるのだ。『ガンダム』シリーズ挿入歌で歌詞にガンダムが入る曲はほかに思いつかない。なおカップリング曲『Seaside Rainbow』も古川健次編曲のギターが光ってて大変良い。(お)

ビクターエンタテインメント　VICL-40157

私のたまごやき

クラシック

三石琴乃　OVA『ドラゴンハーフ』ED

1995（初出：1993）　最新アニメ主題歌集

「作曲：ベートーベン 編曲：田中公平」。当時ビクターのプロデューサーであった佐々木史郎氏がこのクレジットが見たいと企画された（田中公平氏談）のが、OVA『ドラゴンハーフ』EDのこの曲である。『交響曲第7番第4楽章』をベースにさまざまな要素をごった煮して間奏では音頭調になるところすらあるさすがの公平節なのだが、ここに松宮恭子さんの早過ぎた電波歌詞が乗り、それを三石琴乃さんが歌い上げて中毒性のある1曲となっている。(お)

ポリドール　POCH-2025

バンディリア旅行団（Physical Navigation Version）

シンフォニック

平沢進　OVA『デトネイター・オーガン』ED

1991　平沢進 サウンドトラックデトネイター・オーガン 1 誕生編

「あのP-MODELの平沢進」と言って通じるとありがたいが、放課後ティータイムの苗字の元ネタの方で知る人も多いのかもしれない。そんな平沢先生のアニソン初めはこの『DETONATOR オーガン』だった。この曲は『1 誕生編』のEDであるが、『2 追走編』、『3 決戦編』も平沢進が担当している。平沢進HPにも書かれている通り「なにもそこまで」をコンセプトに作られたこのアルバムは、壮大を超えて作品世界に溶け込む。（お）

日本コロムビア　COCC-7587

月夜の子猫

ニューエイジ

川村万梨阿

1991　春の夢 -Sanctus-

90年前後に最大風速となったワールドミュージックブーム。その流れを追い風に民族音楽、無国籍音楽要素を盛り込んだのが91年リリースの川村万梨阿の2ndアルバム。特にブームを国内で牽引していた細野晴臣が提供したこの曲は、日本古来の風景を想起させる響きのなかを不穏なムードが張りつめる刺激的な1曲。ワールドミュージック的な異文化への視点だけでなく、10年代以降のニューエイジ再評価からの視点でも発見がある。（D）

スターチャイルド　KICS-430

ルソーの森／シャガールの空

ニューエイジ

林原めぐみ

1994　SPHERE

声優エスノ・ニューエイジと言えばこの曲。肉体的なスラップベースに、林原のミステリアスな歌声とポエトリー、鳥の声や波の音が折り重なる。まさにアンリ・ルソーの描く森に迷い込んだような神秘的で不安な気持ちにさせられる。ぜひ歌詞を読んでほしいが、後半は完全にスピっていて最高だ。実はアルバム1曲目のR&R『until strawberry sherbet』とメロディが同じという仕掛けも面白い。（カ）

BMGビクター　BVCR-37

ヒロシの入浴

エキゾチカ

おとうさん（屋良有作）TVA『ちびまる子ちゃん』CS

1991　ごきげん〜まる子の音日記〜

アニメ『ちびまる子ちゃん』のイメージアルバム収録の1曲。初期のアニメ制作にも深く関わっていた原作者のさくらももこが、自身の音楽趣味を反映させながら作品のイメージを音楽で再構築した作品。小林武史、矢野顕子、ホッピー神山などが参加する、原作者含む大人向けに制作されたアルバムであり、この曲ではMartin Denny〜細野晴臣『泰安洋行』なエキゾサウンドを風呂場の温湯シチュエーションに重ね合わせて表現している。（D）

榎本温子's レコメンド

天使は
東からやってくる
椎名へきる

1994年リリース
『Sheina』
（ソニー SRCL-2939）収録

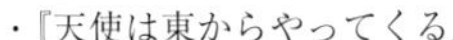

こどものうた
宮村優子

1996年リリース
『ケンカ番長』
（ビクターエンタテインメント
VICL-758）収録

やっぱり大好き
Humming Bird
（OVA『アイドル防衛隊
ハミングバード』IN）

1993年リリース
『アイドル防衛隊
ハミングバード 太陽と裸』
（EMIミュージック・ジャパン
TYCY-5316）収録

90年代、アニラジをどっぷり聴いていた私はいわゆる声優ソングにめちゃくちゃハマっていました。学生でしたがお小遣いを溜めて、みんなで分担して網羅するということをしていたのです。ほとんどの声優オリジナルアルバムを聴いていました。そのなかで何十年経った今、特に思い出される3曲を選びました。

・『天使は東からやってくる』
へきるさん自身はロックがお好きだったのでアルバム『Sheina』に対する思いは色々あるようなのですが、この曲はまさしくあの頃俺たちが思い描いていた"椎名へきる"でした。この曲を含めて最高のアルバムです。もちろんその後のロックアルバムも好きです。

・『こどものうた』
宮村優子が世に放たれた時、なんてものが出てきたんだと驚きました。さまざまなキャラクターソングが出てくるなか、声優アルバムで遺憾なく発揮される彼女のキャラ力。オリジナルでもキャラソンと同じ、いやそれ以上に声優の魅力を詰め込めるんだと驚きました。まぁその後、ガッツマンになるんですけど……（笑）

・『やっぱり大好き』
ほかにもたくさん好きな声優ソングはあるんですが、時代を象徴する曲と言えばこれなのかなぁ、と。今では声優がアイドルをやるのが当たり前ですが、当時は画期的でした。曲も素晴らしく今なら東京ドームでしょう。『せつない想い』も『情熱』も好きだけど、『やっぱり大好き』。この曲に当時の熱が詰まっているように思えます。

榎本温子
1998年2月高校3年生で文化放送デビュー。同10月、『新世紀エヴァンゲリオン』の庵野秀明監督作品『彼氏彼女の事情』の主役・宮沢雪野役でアニメデビュー。現在はナレーションをメインに活動している。『ふたりはプリキュア スプラッシュスター』キュアイーグレット／『ヴァンガード』シリーズ先導エミ／Abema Primeメインナレーター。

山口勝平

INTERVIEW BY あらにゃん　　TEXT BY 一野大悟

88年に声優デビューを果たして以降、多くのキャラクターを演じる傍ら、キャラクターソング、そして自身の嗜好を反映したオリジナル楽曲を歌ってきた山口勝平。彼に音楽的ルーツと自身の活動、声優が歌う環境の変化について語ってもらった。

アパートの一室がスタジオ代わりだった

――まずは声優デビュー前に聴いていた音楽のお話から伺えればと思います。
僕は根っからのロック好きで、聴いてきた音楽を問われるとほとんどがロック。最初にちゃんと聴いたのは、姉の影響でThe BeatlesやBay City Rollersでした。その後、中学に上がったくらいからロック好きの友達ができて、新しいバンドを紹介し合ったり、持っているカセットテープを貸し借りし始めました。その頃に聴いていたのはDeep PurpleやLed Zeppelin、KISS辺りです。
――当時は洋楽ロックを中心に聴いていたんですね。
そうです。そんな嗜好に変化が訪れるのは、高校に入ったくらいのタイミングで。仲間内で邦楽ロック、なかでもザ・ルースターズやザ・ロッカーズ、ARBといった、いわゆるめんたいロック（70～80年代にかけて流行した博多発祥のロック）を聴き始めたんですよ。
――めんたいロックというとサンハウスやTHE MODSを思い浮かべる人も多いかと思いますが、そちらは聴かなかったのでしょうか？
もちろん知っていましたし、聴いていましたが、サンハウスは僕らがめんたいロックを聴くようになった時にはすでに活動していませんでした。THE MODSに関しては、初期は聴いていたんですけど……メジャーデビューして『激しい雨』が流行ったのを境に周りの友達が「ただの歌謡曲になっちゃったね」なんて言い出して、アンチTHE MODSになってしまった。人気が出たバンドを軽視するみたいな風潮が僕らのなかにはあったんです（笑）。生意気ですよね。
――どんなジャンルのファンでもそういった風潮はありますね。
それこそ僕は83年に開催された「FILE TOUR」の福岡凱旋公演も見に行ったし、そこでお客さんがメンバーの森山達也さんに生卵を投げつけた瞬間も目の当たりにしていて。THE MODSファンの間では有名な事件なんですが……あの日の出来事はいろんな意味で衝撃的だった。今でも鮮明に覚えています。
――山口さんが本当にロックにハマっていたことが伝わりました。
その頃くらいかな？　安いギターを買ってきて自分たちでも弾くようになったんです。そこから段々と仲間内でバンドを組みました。みんなで練習して、ARBを中心に好きなバンドのカバーなんかをしてね。もうとにかく楽しかった。
――練習はどこで行っていたのでしょうか？
当時のバンドメンバーに、親がアパート経営をしている友達がいたんです。そのアパートの空き部屋を一室貸してもらって、そこで練習していました。どこから持ってきたんだろう？　ドラムやアンプも。暇さえあればそこに入り浸って練習する感じでした。リアルガレージパンクです。今にして思えば、なんて近所迷惑なことしていたんだろうとも思うんですけど……。
――オリジナル曲を作ったりはしなかったのでしょうか？
しませんでした。もうひたすらカバーばかり練習していました。今にして思えば、なんでやらなかったんだろうと思いますけどね。

キャラクターソングから始まる歌の仕事

――ロックに傾倒した青春を過ごした山口さんですが、その後は声優の道を志し、結果的に声優として歌の仕事もされるようになります。最初に歌われたきっかけは？
最初の歌の仕事は『らんま1/2』のキャラクターソングでした。88年に声優としてデビューし、その翌年には『らんま1/2』で主人公・早乙女乱馬を演じさせていただいたんですよ。そこで『らんま1/2』のキャラクターソングのアルバムを出すということで、僕自身も早乙女乱馬として歌わせていただいたのが始まり。まさか声優になって歌の仕事をすることになるなんて、デビュー当初は思ってもいませんでしたけど（笑）
――当初はどんな気持ちで仕事として歌っていましたか？
もう、とにかく必死でした。いただいたものを全力で歌わせていただくだけでいっぱいいっぱい。キャラクターソングって独特の難しさがあるんです。自分自身としてではなく、そのキャ

ラクターが歌っているかのように歌わなければいけない。毎回探り探りで歌っていました。

――キャラクターソングだとご自身の個性は極力出さないようにしなければいけないと。

理想はそうですよね。あくまで歌っているのは僕ではなくキャラクターですから。とは言え、まったく個性を消すことはできませんが(笑)

――キャラクターソングでの歌唱から始まった山口さんの歌のキャリアですが、91年にはソロ名義でアルバム『KAPPEI～A BOY～』もリリースされました。

これまでのキャラクターソングと違い、僕自身の歌を集めたアルバムとして初めてリリースされました。ただ、当時聴いていたパンクロックやめんたいロックの空気感はあまり含まれていないんですよね。

――それはどうしてでしょうか？

まだこの時はデビューして3年目くらい。「パンクロックやりたいです！」なんてことを言うのはハードルが高かったです。

――声優としてパンクロックのCDを出すことに高いハードルを感じていたと。

商業的なことを考えたら、それはやったらいけないのも理解していました。

――ではそうした要素を抑えて、このアルバムではどういった音楽を目指したのでしょうか？

今改めてこのアルバムを聴くと、当時は中村あゆみさんを目指していたのを強く感じました。2曲目に収録されている『I will』の冒頭の歌詞が"路地裏 ひざ小僧かかえて 虚ろな目をして見つめていた"ですよ、いかにもって感じじゃないですか。あと、ジャケットは永井真理子さん的な感じを意識してますね。ちょっと中性的な感じとかいかにもな気がする。今見るとちょっと恥ずかしくなりますね(笑)

――『I will』を含め山口さん自身が作詞でクレジットされている楽曲も多くあります。

確かに僕が叩き台のアイディアを出したり、一部フレーズを考えたりはしたんですが、作詞というにはおこがましい程度のことしかしていなかったはずです。とは言え、先ほどの『I will』の冒頭の歌詞は僕が書きましたし、『TOKYO CITY』は僕が上京した時に感じたことを歌詞に込めたのは確かです。

――楽曲のアレンジに関して山口さんからお願いすることはありましたか？

多少のイメージをお伝えしたくらいで、そこまで踏み込んだことは言っていません。

声優がパンクロックを歌える時代に

――『KAPPEI～A BOY～』の2年後、93年にはロックバンド・カステラの『ビデオ買ってよ』をカバーしています。

アルバム『KO世紀ビースト三銃士 スパークリング・ヴォーカルアルバム T·K·O』に収録されているものですよね。これはOVA『KO世紀ビースト三獣士II』から生まれたCDで、そのOVAのOP曲とED曲をロックバンドのすかんちが担当していたので、そんなところからの流れでしょうね。一応、販売促進ということで(笑)

――すかんちが主題歌なら、カバー曲は同じバンドブーム渦中のカステラの曲にしようという話になったと。

その辺りはよくわかりませんが、そういう偶然の産物とはいえ、あんなゴリゴリのロックを歌わせてもらえて本当に嬉しかったし、楽しかったです。貴重な体験でした。このCDがリリースされた90年代前半って、あんなに激しい曲を声優が歌える機会なんてほとんどなかったんです。僕自身も多少は仕事に慣れてきて、「ロックチューンを歌いたい」なんて話もするようになっていましたけど、なかなか提案が通る時代ではなかったですから。

——そういった提案が通らなかった時の気持ちをお聞きしたいです。

正直なところ、仕方がないと思っていました(笑)。アニメファンの方ってコアな物好きな人が多いですが、そういう人のなかに、別方向にコアなパンクロックファンがいる可能性って冷静に考えたら相当低いのは想像が付きましたから。

——山口さんがカステラの『ビデオ買ってよ』をカバーされた頃には、第3次声優ブームも本格化していたのでは？

僕の肌感覚としてはもう90年代初頭からブームが始まっていて、そこからジワジワと広がって本格化しだしたのがこの頃だったように記憶しています。NG5(テレビアニメ『鎧伝サムライトルーパー』から派生した声優ユニット)が活動していたのが89年からその翌年にかけてで、そこから男性声優ブームが始まった。そして少し遅れて、ハミングバード(OVA『アイドル防衛隊ハミングバード』から派生したアイドル声優ユニット)の活動が93年からあって、女性声優さんのブームも来た感じでしたよね。

——山口さんも、アニメへの出演以外の露出がありましたよね。

ありました。イベントで歌うことも増えていたと思います。

——元々やられていたバンドでの活動も役に立ったのでは？

まさかこんなところで役立つなんて思っていませんでしたけど(笑)

——その後、96年には新たなソロアルバム『Unbalance City』もリリースされます。

この頃になると『KAPPEI～A BOY～』の時よりは激しいロックを歌っても許される空気ができていたんですよ。だからこのアルバムの収録曲はバンド色が強めです。

——学生時代からギターを弾いていたという話もありましたが、このアルバムで山口さん自身の演奏が収録されていたりするのでしょうか？

それはないんですよ。ただ、弾いていてすごく楽しい曲が多いので、その後、仕事仲間で組んだバンドで弾いている曲はあります。1曲目の『STARTING OVER』なんかはギターリフがかっこよくて、しょっちゅうやってますね。

——『Unbalance City』の翌年には『ツインビーPARADISE3 ボーカルボム！』がリリースされました。こちらに収録されている『クライン』もかなりロック色が強いですね。

このアルバムはラジオ番組『ツインビーPARADISE』から派生して制作されたアルバムですが、制作コンセプトが少し特殊なんですよ。そのおかげであそこまで激しいロックに挑戦させてもらえました。これも偶然の産物と言いますか……。

——どういったコンセプトで制作されているのでしょうか？

このアルバムはいわゆるキャラクターソング集ではなくて、僕たちが演じる『ツインビーPARADISE』のキャラクターが歌ったら意外性があって面白そうな曲をあえて歌うというコンセプトだった気がします。

——すると歌唱も、演じているライトに寄せたわけではない？

そうですね。むしろ僕が普段聴いているロックミュージシャンに寄せている部分が大きいです。特に裏声のところなんかは、Adam and the Antsのボーカル・Adam Antの歌い方を意識していました。

——ラジオ番組『ツインビーPARADISE』では國府田マリ子さんや椎名へきるさんとも共演されています。当時は彼女たち女性声優の人気も相当でしたが、どう見ていましたか？

まさに第3次声優ブーム真っ只中だったから、すごい人気でしたよ。ちょうど『ツインビーPARADISE』の放送が始まった93年には、椎名へきるちゃんはハミングバードのメンバーとしても活動を開始して大人気だった。そこに声優専門誌の声優グランプリが創刊して人気に拍車がかかり、このCDがリリースされた97年はもう2人とも超人気者でした。

念願のめんたいロックのアルバムをリリース

――その後、00年代に入った頃から、声優さんが歌う曲の幅も広がっていったと感じています。

それはありますね。特にキャラクターソングにおける音楽ジャンルの幅はかなり広がりました。僕が演じている『ワンピース』のウソップのキャラクターソングなんかは、本当に楽曲のジャンルが多彩なんですよ。たとえば『おれに任せろ』はビートロックで、まさに僕の好きな音楽ど真ん中って感じです。それ以外だとジャズやボサノバを感じさせる楽曲もある。「本当に攻めたことをやるな」と思いながら毎回歌わせていただいています。

――そういった攻めた音楽性のキャラクターソングが出てきたのはどうしてなのでしょうか？

『ワンピース』に関しては音楽を担当されている田中公平さんが積極的に攻めたことをするのがメインの理由だとは思います。あとは、同じキャラクターの楽曲を複数出すにあたって、差別化するために曲調を変える必要が出てきたというのもあるんじゃないでしょうか。同じキャラクターを主題に歌詞を書くとどうしても内容が被ってくる。その状況下で一つひとつの曲に個性を持たせようとすると曲のほうで攻めたことをする必要が出てくる。その結果、出てきたのが攻めた曲だったんじゃないでしょうか。

――02年にはアニメ『おれたちイジワルケイ』から派生したユニット・イジワルケイオールスターズとしての活動も始めています。こちらも攻めた音楽性が見られる活動でした。

そもそも、参加したミュージシャンがすごく尖った人ばかりじゃないですか。サンハウスやシーナ&ザ・ロケッツの鮎川誠さんと奈良敏博さん、ザ・ルースターズの井上富雄さんと花田裕之さんを始め、名だたる憧れのミュージシャンが名を連ねている。そんなみなさんと一緒にアルバムを出させていただくことになるなんて、高校時代の自分が聞いたらひっくり返りますよ。

――サンハウスは山口さん自身、中高時代から聴いていためんたいロックを代表するバンドでもあります。感慨もひとしおだったのでは？

本当に感激でした。僕、家に何本かギターがあるんですけど、鮎川さんに憧れて買ったギターもあるんですよ。ギブソンのレスポールで、できるだけ鮎川さんのものに近づけるよう、少し錆びているものを探して買ったんです。今もそれを一番よく弾きますね。

――そんな活動も経て、山口さんは2017年にアルバム『メンタイコごはん』をリリースされます。めんたいロックを存分に感じられるアルバムでした。

本当にありがたいことですよ。声優デビューから25年以上を経て、自分のルーツミュージックであるめんたいロックを軸にしたCDを出すことになるなんて思ってもいませんでしたから。このアルバム、最初は全曲めんたいロックのカバーにするなんて計画もありました。

――そこまで攻めたことも考えていたんですね。

はい。ただ色々なバランスを考えてあれくらいに落ち着きました。めんたいロックのカバーとしては2曲で、ザ・ルースターズの『どうしようもない恋の唄』とARBの『魂こがして』。本当はもっとカバーしたい曲もあったんですけどね（笑）

――収録できなかったけど歌いたかった楽曲にはどういったものが？

もう挙げ始めたらキリがないですよ。ARBは大好きだからもっと収録したかった。『ダディーズ・シューズ』や『乾いた花』なんかも歌えたら最高でしたよね。あとはザ・ロッカーズの『セルナンバー 8（第8病棟）』も入れたかったし、サンハウスも1曲入れたかったな……。

――ぜひ、続編で聴かせていただきたいです。

そんな感じでまだまだ歌いたい曲はあるから、やらせていただけるのであればぜひ、です。

アルバム制作のきっかけはご当地キャラ

──『メンタイコごはん』はどういった経緯で企画されたのでしょうか？

『Unbalance City』で組んでいたディレクターさんが、僕がめんたいロック好きなのを当時から知っていて、企画してくださったのがきっかけです。

──1曲目の『めんたいビートにあこがれて』は、「ご当地キャラソンの帝王」と言われるシンガーソングライターの石田洋介さんが作詞と作曲を担当されていますね。

石田さんとはご当地キャライベントで知り合って、今回のアルバムのテーマにあたる曲を作ってもらったんです。そんな石田さんのおかげで、数々の音楽業界の人たちと知り合うことができました。バックバンドに入っていただいたBARBEE BOYSのベーシスト・ENRIQUEさんもその1人です。

──このアルバムはめんたいロックがコンセプトのようですが、山口さんもアレンジにこだわったのでは？

オリジナル曲に対してはそこまで細かく言っていません。ただしカバー曲である『どうしようもない恋の唄』と『魂こがして』は原曲に寄せてもらえるよう、お願いさせてもらいました。

──『魂こがして』は、歌い方もARBによる原曲に寄せている印象を受けました。

そこは本当にこだわりました。僕は高校時代にやっていたバンドでARBのカバーもたくさん歌っていたから。当時のことを思い出しながら、もう思いっきりめんたいロックの空気感を出して歌いました。

──ただ『どうしようもない恋の唄』は原曲と異なり、山口さんのオリジナルな歌い方になっていますね。

この曲は歌詞の世界観がかなり生々しいじゃないですか。そんな歌詞を、原曲を歌った大江慎也さんに近づけて歌ったら、僕のCDを聴いてくれる人がびっくりして拒否反応を起こしかねない。そんな話がディレクターさんとの間で出たんです。言われてみればそれもそうだなと思って、聴きやすいようにやや爽やかで明るい歌い方にしました。

──オリジナル曲についても伺いたいです。4曲目の『Just Tonight』はザ・ルースターズの『ROSIE』に近いものを感じました。

やっぱりそう思いました？（笑）この曲のラフが上がってきた時に、僕も『ROSIE』っぽいなと思ったんですよ。決してそういう曲を作ってほしいというお願いをしたわけではないんですが、偶然にも。この裏打ちのスタッカートのリズムなんかはすごくルースターズっぽいですよね。

──5曲目の『君に一直線』はほかの収録曲と違う歌い方ですよね。

お察しの通り、これだけ歌い方を大きく変えました。この曲に関してはファンに媚びた、と言いますか……（笑）。歌詞がかわいらしい恋愛の歌なので、それに合わせてフェミニンな方向で歌いました。
──改めてお話を伺うと、1枚のアルバム内でかなり多彩な歌い方をされているんですね。
我ながらそう思いますよ、本当にいろんな歌い方を詰め込んだ。これができるのも、これまでたくさんのキャラクターソングを歌ってきたからでしょう。
──今回のアルバムを通してめんたいロックに興味を持った方もいるかと思います。
そうだと嬉しいですね。僕の歌ったものが僕が好きな音楽の入り口になるなんて、そんなに嬉しいことはありませんよ。
ただその一方で、たとえば『魂こがして』は、11年のアニメ『輪るピングドラム』のED曲として女性声優さんたちもカバーしているんですよ。僕はARBのカバーとして歌っているけど、彼女たちのカバーだと思った人もいたみたいで(笑)。それを聞いて、当然ながら僕の歌を聴いてめんたいロックに行き着く人も一部なのかな、なんてことを思ったりもしますけど(笑)
──確かに、聴いた人全員が原曲まで遡るわけではないですよね。
とは言え、こうやって自分が好きな音楽をアルバムとしてリリースできたことは本当に嬉しかった。アルバムを出すことを提案された時は、すぐに飛び付きましたから。

現代の声優の歌手活動は本当にすごい

──90年代と現代で、声優さんが歌う環境の変化をお聞きしたいです。
何と言っても市場の規模が違いますよね。オリジナルの歌をリリースする声優さんの人数も増えたし、ライブ会場の規模もどんどん拡大している。2013年には宮野真守君が男性声優のソロとしては初めて武道館でライブをしたじゃないですか。あれは90年代では絶対にできない。本当にすごいことですよ。
──規模の拡大に合わせて、楽曲ジャンルも広がっているように感じています。
それこそ僕がめんたいロックを歌わせていただいたのもそうだし、木村昴君はヒップホップ好きで、ラップのアルバムも出している。それをアニメファンの人たちも受け入れてくれるというのは、本当に素晴らしいことです。今後も、もっともっと声優さんが幅広いジャンルの音楽を歌って、それがファンの人に受け入れられ、リスナーと新しい音楽との出会いを生み出していけたらいいなと思っています。
──最後に、山口さんが歌の仕事をするにあたって参考にしているミュージシャンを教えてください。
エレファントカシマシの宮本浩次さんや、銀杏BOYSの峯田和伸さんには大きな影響を受けけていると思います。お2人とも、歌い方がかっこいいですよね。特に峯田和伸さんは大ファンで、新譜がリリースされるたびにチェックしています。2017年にリリースされた峯田さんの『骨』なんかもすごく好きで、今でもヘビーローテーションしています。あんなエログロの歌詞が書けるのはすごく憧れますね。
──今後も声優だけでなく、山口さんの音楽面での活動も楽しみです。
コロナの影響で今は少し動きづらい状況ですけど、いろんな音楽ジャンルに挑戦しやすい時代になってるのは確かだから、「めんたいロックアルバム第2弾もいいな」なんてことは考えています。あとお家時間が増えたので、ウクレレを弾くようになったんですよ。そういうのも今の気分的には合っているな、とも思っていて。今後も音楽で何ができるかは考え続けていきたいです。

山口勝平
やまぐちかっぺい／有限会社悟空代表取締役。おもな出演作に『らんま1/2』(早乙女乱馬)、『ONE PIECE』(ウソップ)、『犬夜叉』(犬夜叉)、『名探偵コナン』(工藤新一・怪盗キッド)などがある。

特撮、夜明けの時代

TEXT BY 出口博之

70年代、日本全国を席巻する特撮ブームが到来した。しかし、そのブームは長くは続かなかった。昭和と平成の過渡期にあたり、あらゆる価値観が揺らいだ90年代は特撮にとって本当に冬の時代だったのだろうか？

90年代、本当に特撮は不遇だったのか？

71年、『宇宙猿人ゴリ』『帰ってきたウルトラマン』によって発生する第二次怪獣ブーム、また全国の子供たちを"ごっこ遊び"に熱中させた『仮面ライダー』により日本に空前の特撮ブームが巻き起こる。先行するヒーローの背中を追うように数多の特撮作品が放送され、毎日どこかでヒーローが平和のために戦っていた70年代前半。この狂乱のブームが去ったあと、テレビから一斉にヒーローの姿が消えた。70年代後半以降も特撮作品が放送されなくなったわけではないが、作品数が多かった70年代前半期と比較してテレビで放送される作品数が少ない80年代から90年代は「冬の時代」と呼ばれるほど不遇の時代として語られることが多い。しかし、本当に特撮は不遇だったのか？　ヒーロー不在の時代だったのか？

80年代から90年代にかけてはブームの発端となった『ウルトラマン』と『仮面ライダー』のTVシリーズはほとんど放送されなかった。特撮不遇の時代と呼ばれるのは、こういったことが要因だろう。だが、両作品ともオリジナルビデオ作品や海外制作作品、劇場版、雑誌、ゲームなどテレビ以外のあらゆるメディアで新しい作品がつねに展開されており、当時を過ごした子供たちは特段ヒーローの不在を感じなかったのではないだろうか。

また80年代こそ世間の注目はアニメに移り特撮はかつての勢いを失っていたが、90年代にはマンガやゲームなど男子が好むコンテンツへ活躍の場を一気に広げていった。特にゲーム『コンパチヒーロー』シリーズのロボットアニメ、特撮ファンを網羅的に巻き込んだ展開は特撮ヒーローにとって強烈な追い風となった。さらにこういった盛り上がりに呼応するように新しい時代の空気を切り取った先進的な作品が数多く生まれ、それがのちの「イケメンヒーローブーム」へとつながる。つまり、90年代の作品群がなければ日本の特撮は間違いなく今よりも遅れていただろう。90年代は特撮不遇の時代ではなく、可能性と多様性が爆発的な広がりを見せた変革の時代だったのだ。

多様化する特撮の主題歌

90年代特撮の音楽は、類型的な特撮ソングからの脱却を図るように多様なジャンルが取り入れられている。次ページからのレビューでピックアップした楽曲はそういった基準で選出させていただいた。

90年代最初の特撮作品は、東映不思議コメディーシリーズの第11作『美少女仮面ポワトリン』(90年) だ。主題歌を歌うのは今楽曲でデビューとなる斉藤小百合。従来の特撮作品の主題歌から一歩も二歩も先に行く、下手なアイドルソングはだしの強度がある楽曲でバラエティ的な軽いノリが特徴だった作品をグッと引き締めている。

ヒーロー作品で言えば『鳥人戦隊ジェットマン』(91年) 主題歌『鳥人戦隊ジェットマン』も、従来の特撮ソングを過去のものにするような爽やかな楽曲だ。この曲のように、「悪を倒す」「戦う」「勝利」などバトルを想起させる直接的な歌詞がほとんど使われていないのも平成特撮主題歌の特徴だ。逆に言えば、絶対的な悪との戦いを想起させる勧善懲悪に立脚した主題歌は非常に昭和的な感覚が強い。時代に求められるヒーロー像、あるいは各時代に響く言葉の違いが歌詞に現れているのは興味深い。

90年代の大きな転換点となるのは『ウルトラマンティガ』(96年) だろう。まだ特撮が子供と一部マニアのものだった時代に、トップアイドルの特撮作品出演と自身の所属するアイドルグループが主題歌を担当するのはかなりセンセーショナルな出来事だった。90年代以降、特撮の社会的地位が格段に上がったのはV6と『TAKE ME HIGHER』の存在があったからだろう。一般層に強烈にリーチする特撮作品の主題歌は、時代を以前と以後に区切るほどの爆発的なエネルギーがあった。

そのエネルギーは大きなうねりとなって90年代後半の特撮作品を大いに盛り上げるが、『ウルトラマンティガ』のような高い知名度を得る作品は登場しなかった。これは『ティガ』以降の特撮作品が劣っていたわけではなく、時代が価値観ごと大きく変わっていく過渡期にあったため評価が追いつかなかった作品がほとんどだったのだ。特撮表現やドラマの作り方などで円熟味を増した90年代後半の特撮作品は1つの到達点と言えるだろう。今の目で見ても充分に面白い作品が多いので、こういった機会を足がかりとして正しく評価されることを願うばかりだ。

特撮にとって90年代は新しい時代への希望と大いなる野望が渾然一体となって燃えていた熱い時代だった。その熱を間近で体感したから、私たちは今でも特撮を愛してやまないのだ。

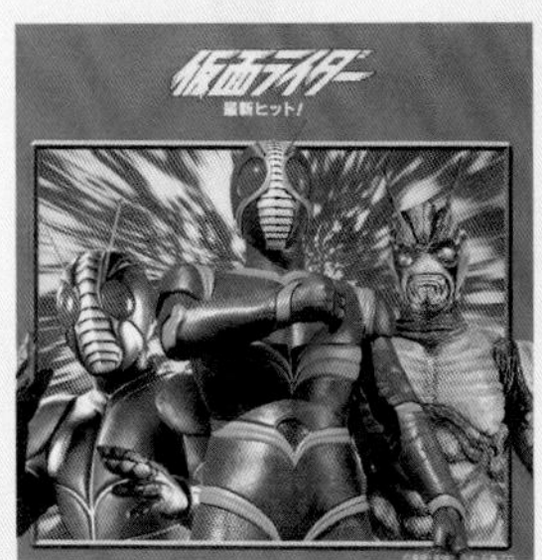

アポロン　APCM-5075

Forever

バラード

渡辺典子　特撮『真・仮面ライダー序章』TM

1995（初出：1992）　仮面ライダー 最新ヒット!

昨今数多く配信されているハイターゲット層に向けた『仮面ライダー』の源流と言える作品であり、現在では間違いなく視聴年齢の制限が設けられる映像は今の目で見ても相当ハードに映る。作詞・阿木耀子、作曲・宇崎竜童の夫婦作家による叙情的な世界観の楽曲は、救いのない本編ラストに残された「救い」をそのまま楽曲に閉じ込めているようで深い感動を呼ぶ。『仮面ライダー』シリーズの主題歌に女性歌手が起用された最初の作品。（出）

日本コロムビア　COCC-13064

重甲ビーファイター

特撮ヒーローソング

石原慎一　特撮『重甲ビーファイター』OP

1995　東映メタルヒーロー バトルミュージックコレクション 1

未就学男児に絶大な訴求力を誇る昆虫モチーフのヒーロー。主題歌もカブトムシの雄々しさを体現したような石原慎一の骨太なボーカルが冴える。一聴すると叙情的なメロディーとエッジの効いたギターが印象的なのでハードロックと思えるが、ゴスペルコーラスやホーンセクション、スラップベースなど印象的なアレンジはブラックミュージックの要素が強い。わずか3音で構成されているサビのメロディはヒーローの力強い姿を完璧に立ち上がらせている。（出）

ファーストスマイル　FSCA-10078

ほえろ！ボイスラッガー

特撮ヒーローソング

水木一郎　特撮『ボイスラッガー』OP

1999　ボイスラッガー オリジナル・サウンドトラック

当初は特撮パロディものとして企画がスタートするが石ノ森章太郎が原作として参加が決まり“本家”となった特撮作品。現在も第一線で活躍している多くの声優がヒーローとして活躍するメタ的な設定にパロディものの名残が伺える。ギャグに向かいそうな作風を地に足の付いたヒーロー作品たらしめているのは、自身もボイスラッガーゴールドとして作品に出演している水木一郎の歌の力だろう。アニキの歌声はヒーローそのものだから。（出）

日本コロムビア　COCC-9056

17の頃

J-POP

斉藤小百合　特撮『美少女仮面ポワトリン』OP

1991（初出：1990）　東映不思議コメディー テーマ・ソング集

90年代の特撮はバラエティ番組でも人気を博した『美少女仮面ポワトリン』から幕を開ける。ドゥーワップやモータウンなど軽快で爽やかなオールディーズポップスを90年代にリファインし、新しい時代のスタンダードを目指す気概が曲の端々から感じられる。今楽曲でデビューとなる斉藤小百合のボーカルは新人とは思えない表現力があり、コケティッシュでありながらどこか憂いのある歌声が過ぎた日を思い返す詞の世界感と非常にマッチしている。（出）

日本コロムビア　COCX-36872～5

シュワッチ！ウルトラマンゼアス

J-POP

とんねるず　特撮『ウルトラマンゼアス』TM

2011（初出：1996）　ウルトラマンシリーズ誕生45周年記念 ウルトラマン主題歌大全集

『ウルトラマン』生誕30周年を記念して制作された完全新作の劇場作品。出光興産とのタイアップも大きな話題となり、ガソリンスタンドでは大々的なプロモーションが行われた。『一気』『ガラガラヘビがやってくる』など80年後半から音楽シーンでも頂点を極めたとんねるずの強さは企画盤との相性の良さにある。ふざけているように見えて心意気はマジ、それがとんねるずの面白さと魅力であり、『ウルトラマンゼアス』の本質も同じなのだ。（出）

ソニー　SRDL-3951

神話

ロック

爆風スランプ　特撮『ガメラ大怪獣空中決戦』TM

1995　神話

本格的な科学考証に基づいたドラマと徹底的にリアリティを追求したミニチュア特撮で作品の強度を高め、低年齢層向けだった昭和『ガメラ』の印象を刷新した90年代怪獣映画の金字塔。コミックバンドとして認知される爆風スランプだが、プログレッシブロックやフュージョンをルーツに持つバカテク集団の側面も持ち合わせており、今楽曲も8ビートながらリズムセクションは16ビートのグルーヴで曲のノリを牽引する超技巧アレンジにセンスが光る。（出）

ソニー　SRDL-3750

悲しみのゴジラ

ダンスミュージック

ブカブカ　特撮『ゴジラVSメカゴジラ』

1993　悲しみのゴジラ

『ゴジラVSメカゴジラ』のキャンペーンソング。荒木とよひさによる浪曲を思わせる歌詞に、郷愁を感じさせる都志見隆のメロディラインが合わさって昭和歌謡特有の湿っぽさを漂わせながらも全体をダンスビートでまとめてポップスに着地させる力技のアレンジはお見事。どこまでも明るいブカブカの歌は一聴すると楽曲にミスマッチと思えるが、このミスマッチ感に90年代特有のカルさとバブル景気の強烈な残り香を感じる。（出）

日本コロムビア　COCC-11842

シークレット カクレンジャー

ダンスミュージック

トゥー・チー・チェン　特撮『忍者戦隊カクレンジャー』OP

1994　「忍者戦隊カクレンジャー」ヒット曲集

忍者をモチーフとしながらアメコミ的な戦闘表現やストリート系のカジュアルなファッションなど、これまでの特撮作品には見られなかった洒脱な演出が印象深い。80年代後半から世界を席巻したニュージャックスウィングとトラディショナルな和物楽器の相性が抜群に光る楽曲は、作品同様にこれまでの特撮ソングを過去のものにしている。歌手のトゥー・チー・チェンは今楽曲も手がける作家・プロデューサーの都志見隆の名字を中国語読みしたもの。（出）

エイベックスチューン　AVCT-10131

NOW AND FOREVER

R&B

Folder 特撮『モスラ2 海底の大決戦』TM

1998（初出：1997）　THE EARTH

95年に終了する平成『ゴジラ』シリーズに替わる形で制作された平成『モスラ』シリーズ2作目。当時のシーンをリードする沖縄アクターズスクール出身のユニットだけあって、歌、ダンス共に同時代のグループより突出している。変声期を迎える前のDAICHIの儚げな歌声はエバーグリーンな響きに溢れている。R&B特有のレイドバックしたグルーヴも心地良く、日本におけるブラックミュージックの到達点とも言えるだろう。（出）

エイベックストラックス　AVDD-20143

TAKE ME HIGHER

ユーロビート

V6 特撮『ウルトラマンティガ』OP

1996　TAKE ME HIGHER

定番だった設定を刷新するほか主人公にV6の長野博を起用、主題歌も所属するアイドルグループが担当するなど、以降の特撮作品に与えた影響は計り知れない。これまでの特撮ソングとはまったく異なる音楽性ではあるものの、第50話「もっと高く！〜 Take Me Higher! 〜」劇中クライマックスシーンでは間奏からギターソロ以降が物語の展開とシンクロするように使用されるなど、曲が主題歌の域を超えた強い存在感を放っている。（出）

日本コロムビア　COCC-72253

電磁戦隊メガレンジャー

ユーロビート

風雅なおと 特撮『電磁戦隊メガレンジャー』OP

2015（初出：1997）　電磁戦隊メガレンジャー SONG COLLECTION

パソコンやインターネットが爆発的に普及する時代を反映したITモチーフのスーパー戦隊。インターネット用語を用いた歌詞がネット黎明期の空気を感じさせる。特撮ヒーローソングにユーロビートを取り入れた最初期の楽曲でありサウンドにリファレンスとして設定したであろう洋楽の質感が残っていてなかなか面白い。アレンジ違いの英語歌詞バージョン『MEGARANGER“THE CYBERDELIX”』が存在する。（出）

スターチャイルド　KIDA-190

晴れときどき晴れ

モータウン

林原めぐみ 特撮『ブースカ！ ブースカ!!』ED

1999　ブースカ！ブースカ!!

『新世紀エヴァンゲリオン』ED、『スレイヤーズ』主題歌など、90年代の林原めぐみはキャラクターに準拠した歌い方をする曲が多かったが、今楽曲はナチュラルで透明感のある歌が印象的。心地良いモータウンビートに弾むようなメロディが楽しい。90年代は60年代モータウンを再評価する流れがあり多くの楽曲でモータウンビートが用いられた時代。数あるモータウンビート曲群に埋れさせるにはあまりにも惜しい、もっと評価されるべき佳曲。（出）

アニソンを彩る8cm CDの世界

TEXT BY リズマニ

88年頃から00年初期まで多数流通した8cm CD。ミリオンヒットやダブルミリオンヒットが連発するほどCDが売れた当時、印象的だったアニメ／ゲーム関連の面白8cm CDをご紹介。

シンプルだった普及初期のCDジャケット

90年代に青春を過ごした人にとって、もっとも印象深いメディア・8cm CD。そのなかでも印象的だったアニメーションやゲームの8cm CDを紹介します。

8cm CDは、80年代中期から後半にかけてレコードと入れ替わるかたちで普及しますが、当初は7インチシングルレコードの代わりとしてリリースされ始めていきます。8cm CDのジャケットはほぼ正方形のレコードの半分のサイズで縦横比が1:2となるため、レコードと8cm CDが並行してリリースされている時期は、レコードのジャケットを使用したデザインがのものが多い傾向がありました。

たとえばアニメ『魔神英雄伝ワタル』の『STEP』や『らんま1/2』の『じゃじゃ馬にさせないで』などがあります※1。元々あるデザインをつなぎ合わせている感じのジャケットは"初期"って感じがしますね。

コレクター心をくすぐられるCDシリーズ

特殊な形状のパッケージなので、描き下ろしイラストやギミックがあるものなど、それを活かしたデザインのCDも存在します。

90年代から多くの声優さんがキャラクターソングをCDでリリースし始めます。『らんま1/2』を始め『ふしぎ遊戯』『サイレントメビウス』『テッカマンブレードII』などなど。なかでも印象的だったのが、『GS美神 極楽大作戦!!』のキャラソンCDシリーズです。これはCD5枚のジャケット裏面を合わせることで1枚の絵になり、コレクター心をくすぐられます※2。

そしてもう1つ！　この時代のCDの話で外せないのが、KONAMIからリリースされた恋愛シミュレーションゲーム『ときめきメモリアル』ですね。ヒロインの1人・藤崎詩織はバーチャルアイドルとしてデビューし、CDチャートに食い込むようなセールを記録したし、当時は

←※1　8cm CDリリース当初のシンプルなジャケットだった『魔神英雄伝ワタル』の『STEP』（左）、『らんま1/2』の『じゃじゃ馬にさせないで』。

↓※2　キャラソンCDシリーズ『GS美神 美しき逃亡者』。5枚の裏面を並べると1つの絵になる。

※3　藤崎詩織（CV: 金月真美）1stシングル『教えてMr.Sky』（左）、ゲームセンターの景品としてゲットできた『ときめきメモリアル ディスクコレクション』第1弾シリーズ（右）。

ゲームセンターでの景品としてのみ手に入るCDシリーズもありました※3。

入手難易度高めなCDもいろいろ

またファンクラブ、イベント特典のCDも多くあります。『新世紀エヴァンゲリオン』で惣流・アスカ・ラングレーを演じていた宮村優子さんのファンクラブに入会していると、特典としてCDがもらえました。ファンとして集めたいCDですよね※4。こうしたものでは押井守監督による映画『機動警察パトレイバー 2 the Movie』のチケマガCD（鑑賞チケットやブックレットなどが付属）も画期的でした※5。

←※4　宮村優子さんの公式ファンクラブ「健康家族」で手に入る特典CD。トークやライブでのコール、曲紹介などが収録されている。

→※5　『機動警察パトレイバー 2 the Movie』のチケマガCD。映画チケット、ブックレット、ポスター、シングルCDが封入されている。

※6　アニメ盤とアーティスト盤が用意されていた『輪舞-revolution』(左)や『CARNIVAL・BABEL〜カルナバル・バベル〜』(右)。

アニソン独自のスタイルとして、OP曲とED曲をまとめたアニメ盤という特別盤がリリースされたり※6、専用の裏ジャケが使用されたり※7したCDも多くありました。

最後に、みなさんはきっと応募者全員サービスとして切手を送った経験があると思うのですが、そうした手段を用いて手に入れる雑誌などの特典としてのドラマCDも存在します※8。

足早に面白いスタイルのCDを紹介させて頂きました。魅力的なCDはまだまだいっぱいあります。ぜひ手に取ってみてください。

※7　ジャケット裏面にイラストが使用されていたZYYG『ぜったいに 誰も』(左)、WANDS『世界が終るまでは…』(右)。

※8　雑誌などの特典として手に入るCDも。左からアニメディアの『ふしぎ遊戯』、週刊少年サンデーの『犬夜叉』、コミックぼっけの『勇者司令ダグオン』、月刊声優グランプリの関智一。

第3章

90s後半

～他カルチャーと交わり続けるアニソン～

90年代後半 イントロダクション ～他カルチャーと交わり続けるアニソン～

TEXT BY あらにゃん

90年代も中盤になり、J-POPのヒットチャートではTKプロデュース／エイベックスのアーティストが占める割合が高くなり、その他のポップスやロックバンドにおいても世代交代が見られた。そんななか、アニメシーンにも大きな変革が起きるきっかけとなる『新世紀エヴァンゲリオン』が95年に放送開始。同作は、アニメファンのみならず一般層へも徐々に波及。社会現象と言える人気となり、OPテーマ『残酷な天使のテーゼ』は現代まで知られるアニソンのマスターピースに。これは1アニメのヒットに留まらず、アンダーグラウンドのものであったサブカルチャーがメインカルチャーに進出した第一歩となる。

以降、J-POPに準じた明るいものだけでなく、精神性が反映されたようなダークネスさを含んだ楽曲も多く見られるようになる。サブカル性の高さで言えば、演劇実験室◎万有引力のJ・A・シーザーが楽曲を提供した『少女革命ウテナ』(97年) のプログレサウンドも印象的であった。また、キングレコードやビクターといったレーベルによるサウンドの傾向もより明確に、洗練されたものへと進化。『カウボーイビバップ』(98年) では全編においてジャジーな音楽が大胆に取り入れられるなど、アニソンの音楽性の幅はさらに広がることとなった。

このころには小規模のライブハウスにおけるインディーズブーム、クラブカルチャーの隆盛により、一般ユーザーが触れる音楽のジャンルが多様化。アニメ界隈での同人活動の活発化やインターネットの普及開始により、ユーザーが消費だけでなく自身で発信するようになったのもこの時代の傾向だ。

また、95年には声優グランプリの姉妹誌としてアニラジグランプリが創刊。同年にプレイステーション版がリリースされたゲーム『ときめきメモリアル』のヒットによる関連音楽CDやラジオ番組の展開といった、さまざまなメディアへの露出を含んだ複合的な要因が重なり、女性声優を取り巻くムーブメントはさらに盛り上がりを見せた。ライブイベントもしばしば行われ、現代に通じる声優のアイドル性を重視した売り出しの礎となったような手法も確立。97年には椎名へきるが声優初となる日本武道館ライブを行った。

ファーストスマイル　FSCA-10031

マジンカイザー

昭和王道アニソン

水木一郎　ゲーム『スーパーロボット大戦F完結編』IM

1998　マジンガー伝説

通称「ズババン」。ゲーム『スーパーロボット大戦F完結編』で初登場したゲームオリジナルロボットのマジンカイザー。当初はその機体のイメージソングとしてリリースされた。作曲は巨匠・渡辺宙明氏、作詞は原作者の永井豪氏、そして水木一郎氏のダイナミックな歌唱！ これで胸が熱く滾らないわけがなく、「魔神皇帝」の名にふさわしい威風堂々とした超王道ヒーロー曲に仕上がっている。のちにゲーム内BGMとして採用された名曲だ。 (T)

メディアファクトリー　TGDS-128

君がいて僕がいて爆外伝

昭和王道アニソン

マキ凛子　TVA『Bビーダマン爆外伝』ED

1998　君がいて僕がいて爆外伝

OP『きっと明日は晴れるから』でこぶしを効かせていたのがオーロラ輝子こと河合美智子だったからか、後期EDには吉村麻希から改名して演歌に転向したマキ凛子を起用。ビーダマン柄の着物を着て演歌調に歌うバックで、水木一郎が『ぼくらのバロム・1』ばりのコーラスで絡む。カップリングに収録されたマキリン＆水木一郎名義の本編未使用のCM曲『ゲット！爆外伝』は、『破邪大星ダンガイオー』の『CROSS FIGHT!』を凌駕する隠れた名曲。 (坂)

日本コロムビア　CODC-1598

ダッシュ！ヒカリアン

昭和王道アニソン

遠藤正明　TVA『超特急ヒカリアン』OP

1998　ダッシュ！ヒカリアン

アニメ『超特急ヒカリアン』第2期OP。イントロのブラスサウンドでまず心を掴まれ、即座にファンキーなギターが加わる軽快な導入から、女性コーラスが加わって広がる奥行き。そしてシンプルなサビの"ダッシュ！ダッシュ！ヒカリアン"のフレーズは一発で作品名が身体に染み込む。『新幹線変形ロボシンカリオン』がヒットした今だからこそ振り返りたい、出世作『勇者王ガオガイガー』の『勇者王誕生！』の陰に隠れた遠藤正明初期の名作だ。（ろ）

メディアファクトリー　ZMDZ-152

GOGO!爆外伝

昭和王道アニソン

マキ凛子　TVA『Bビーダマン爆外伝』OP

1999　GOGO!爆外伝

『君がいて僕がいて爆外伝』から半年後、ついにOPを歌うことになったマキ凛子。今回は演歌調ではなくド直球に歌い上げている。それもそのはず、作曲＆コーラスは、のちに『キン肉マンII世』OPを歌った河野陽吾。そしてギター石原愼一郎、ベース寺沢功一、ドラム笹井新介らMAKE-UP、EARTH-SHAKERなどの元ジャパメタ勢が集結。燃える曲なうえ、歌詞がこれでもかというくらい熱い王道ロボットアニソンである。とにかく必聴！（坂）

エアーズ　AYDM-168

戦士よ、起ち上がれ

昭和王道アニソン

遠藤正明　TVA『魔装機神サイバスター』OP

1999　戦士よ、起ち上がれ

ゲーム（『スーパーロボット大戦』）からのキャラ・設定の改変により賛否両論ある作品だが、楽曲としては90年代を代表するロボットアニメソングとして絶大なインパクトを残す主題歌となった。疾走感を重視したゲーム版テーマソング『熱風！疾風！サイバスター』とは趣をまったく変え、勇壮で剛健な曲調に仕立てたのは坂下正俊（manzo）氏。遠藤正明氏の力強い歌唱も相まって、さながらダイナミックプロ作品楽曲かのようでもある。（S）

エアーズ　AYDM-163

HEATS

昭和王道アニソン

影山ヒロノブ　TVA『真ゲッターロボ 世界最後の日』OP

1999　HEATS

『ゲッターロボ』シリーズの初OVA『真（チェンジ!!）ゲッターロボ 世界最後の日』の第4話から颯爽と登場した、シリーズでも屈指の人気を誇る1曲。影山ヒロノブによるラウド・クァイエット・ラウドとでもいうような力強い熱血ボーカルに、思わずこちらも「チェーーンジゲッターァァァー」と思わず叫んでしまいそうになる血管ブチ切れ王道ロボットアニソン。21年の再録バージョンでも衰え知らずの歌唱力を披露。（山）

スターチャイルド　KIDA107

Get along

90s アニソン

林原めぐみ、奥井雅美　TVA『スレイヤーズ』OP

1995　Get along

大ヒットライトノベル『スレイヤーズ』の記念すべき初アニメ化作品のOP曲。林原めぐみとSSW奥井雅美のデュエットが映え、作曲の佐藤英敏らしい90年代っぽさ、シティポップっぽさを残しつつも、アニソンらしいドラマチックな雰囲気もしっかり持った名曲に仕上がっています。『スレイヤーズ』シリーズを語るうえでとても重要な1曲ではあるものの、デュエットの都合上アルバム収録がなかったですが、近年の奥井雅美のアルバムにソロカバーが収録。（W）

バップ　VPDG-20614

Sunday Island

90s アニソン

國府田マリ子　TVA『恐竜冒険記ジュラトリッパー』ED

1995　Sunday Island

作曲家、梶浦由記氏の初めてのアニメ提供楽曲になるこの曲は、パーカッションやスチールパンなどを押し出した、南国の島を想像させられるような温かい楽曲になっている。Aメロの細かいスタイリッシュなギターリフと、ワールド的な要素が多いサビとの対比が異世界冒険を表現しているかのような印象を受ける。國府田マリ子氏の包み込まれるような優しい歌声も必聴。タイトルの通り陽の当たりが良い日に聴きたい。（リ）

ジェネオンエンタテインメント　PIDA-1503

ちゃんと夢を見ましょ！

90s アニソン

横山智佐　OVA『魔法少女プリティーサミー』OP

1995　ちゃんと夢を見ましょう！

『天地無用！』のスピンオフ作品『魔法少女プリティサミー』のOVA化してからのOP曲。OVA化する前に1曲挿入歌が存在はするが、OVA化してからのほうがすべてがブラッシュアップされ、当曲も80年代のアイドル～魔法少女アニメのOP曲の雰囲気を90年代風にアレンジしたかわいらしい内容でグッド。横山智佐の高い歌唱力も楽しめる1曲です。このあとの同シリーズのOPも名曲揃い。（W）

WEA JAPAN　WPD6-9051

晴れてハレルヤ

90s アニソン

奥井亜紀　TVA『魔法陣グルグル』OP

1995　晴れてハレルヤ

説明不要な90年代アニソンの代表曲の1つだとは思うが、やはりこの曲は外せない。『Wind Climbing ～風にあそばれて～』と共に『魔法陣グルグル』のイメージを担うシンボリックな名曲である点に最も評価が集まる所だろう。笑いあり涙ありロマンスありのニケとククリの冒険譚と、奥井亜紀の歌声がこれでもかというくらいにハマっており、時に優しく、そっと温かくも軽く笑い飛ばす春風のような楽曲だと個人的には思っている。（ろ）

晴れのちパレード

90s アニソン

Tokyo Policewoman Duo
OVA『逮捕しちゃうぞ』CS

1995　晴れのちパレード

謎の女性警官コンビ・Tokyo Policewoman Duoの2ndシングル。「墨東署春の交通安全週間キャンペーンソング」という設定で主役声優がデュエットしており、2人の巧みな表現と歌唱力も相まってキャラソンとしての完成度が極めて高い。春の温かさと心躍るような曲調に乗って、初々しく微笑ましい歌声には応援をしたくなる力がある。いま流行りのローカルアイドル感溢れる魅力を感じていただけるだろう。（T）

ビクターエンタテインメント　VIDL-10580

燃えろ！ガリバーボーイ

90s アニソン

尾崎紀世彦　TVA『空想科学世界ガリバーボーイ』OP

1995　空想科学世界ガリバーボーイ〜ジュードの最期〜

広井王子原作の冒険活劇アニメで、同時期にTVゲーム展開もされたメディアミックス作品『空想科学世界ガリバーボーイ』。この王道のSFファンタジーの楽曲に歌声という生命を吹き込んだのは尾崎紀世彦その人。技術、声量共にパーフェクトな美声で、さながらガリバーたちの冒険譚を歌い紡ぐ吟遊詩人のようだ。作曲家・山崎利明のクラシックの素養に裏打ちされたアンサンブルも見事。この歌声で目覚める日曜、今考えればなんと贅沢なことだろう。（け）

マーキュリー　PHDL-1026

りりかSOS

90s アニソン

麻生かほ里　TVA『ナースエンジェルりりかSOS』ED

1995　りりかSOS

大地丙太郎監督のTVシリーズ初監督作品でもある『ナースエンジェルりりかSOS』ED。OPの作曲は小室哲哉だが、こちらの作曲を務めるのは知る人ぞ知るコミックバンドのまりちゃんズ。作詞は原作にも名前を連ねる秋元康。オーケストラヒットを多用したサウンドに主人公・麻生かほ里の歌声とセリフが交じわる王道構成はスターチャイルド全盛期の横綱相撲だ。のちのアニメソング、アイドルソングの源流となる一曲。（お）

スターチャイルド　KIDA-112

I'll be there

90s アニソン

林原めぐみ　TVA『セイバーマリオネットJ』ED

1996　Successful Mission

アンドロイドに感情を与える乙女回路を備えたマリオネットの3人を中心にした、コメディ要素がありつつ人とロボットの交流を描くアニメのED曲。この曲はアンドロイドの1人であるライムの目線から書かれた歌詞で、無邪気で子供っぽい彼女らしい“人はなぜどうして”という歌詞がとても印象深い。TVシリーズは原作者のあかほりさとる氏、ねぎしひろし氏が関わってないため、原作とは違った結末となっている。（リ）

スターチャイルド　KIDA-138

KMW　KIDS-261

嵐の中で輝いて

90s アニソン

米倉千尋
OVA『機動戦士ガンダム 第08MS小隊』OP

1996　嵐の中で輝いて

力強い16小節のイントロと、その後すぐに始まるイントロに負けないサビが印象的。ポップなサウンドでありながら、歌詞世界はタイトルからも感じ取れるように非常に泥臭く、タイアップした『機動戦士ガンダム 第08MS小隊』の世界観を大いに感じさせるものに仕上がっている。米倉千尋が担当した同作のED曲『10 YEARS AFTER』は珠玉のラブソングとなっており、こちらも人気が高い。（い）

エアーズ　AYDM-123

In My Justice〜翼の伝説〜

90s アニソン

渡辺学 TVA『超者ライディーン』OP

1996　超者ライディーン

96年はイケメン主役グループ擁するヒーローアニメの当たり年だった。そのうちの1つが『超者ライディーン』であり、漆黒の夜空を飛び交い超魔と死闘を繰り広げるイケメンヒーロー集団・ANGELたちの活躍を盛り立てたのが本楽曲だ。打ち込み主体の無機質なサウンドと相対する有機的なギターをバックに紡ぎ出される歌詞からは、いわゆる厨二病的なナルシシズムの芽生えのようなものを覚えた。音数多めのギターソロもクール。（け）

エアーズ　AYDM-119

Angel Blue

90s アニソン

浜崎直子 TVA『エルフを狩るモノたち』OP

1996　Angel Blue

「アニメ化は無理ではないか」と言われた作品を深夜に放送することでアニメ化を実現した（と思われる）『エルフを狩るモノたち』。この作品を契機に深夜帯でアニメを放送するという文化が根付いたように思われるため、アニメ界にとって革命的な出来事だったと感じている。インパクトのあるイントロから滑り込むベースラインが非常にかっこよく、これぞまさに90年代！ という展開の連続で当時のアニソンファンにはたまらない1曲だろう。（s）

スターチャイルド　KIDA-128

Give a reason

90s アニソン

林原めぐみ TVA『スレイヤーズNEXT』OP

1996　Give a reason

言わずと知れた、林原めぐみのオリコンチャート自己最高位のセールスを達成し、一般層の耳にも入ることが多かったであろう『スレイヤーズNEXT』のOP曲です。林原めぐみの歌い上げるかわいらしくも力強い歌声と、90年代らしい小室ファミリーかがった打ち込みサウンドがバッチリ合い、欲しいところにブチ上げるサビが来るアニソンらしさがグッとくる大名曲。90年代アニソンの代表格と言っても過言ではないでしょう。（W）

Ap　SRDL-4173

金のトビラ

90s アニソン

サトミキハラ with ラジオハート
劇場版『魔法陣グルグル』OP

1996　金のトビラ

サトミキハラ with ラジオハートは元東京パフォーマンスドールの木原さとみ、シンセアーティストの松武秀樹、そして『魔法陣グルグル』原作者の衛藤ヒロユキによるスペシャルユニット。当時からDJに造詣のあった作者によるこの曲は、シンセサウンドをベースにテクノやブレイクビーツの要素をふんだんに含んだ踊れる楽曲ながら、作品に内包されるオリエンタルな雰囲気を十分に伝える、まさに「イメージソング」であった。　(s)

ポニーキャニオン　PCDA-00908

MAGICAL:LABYRINTH//

90s アニソン

Skirt　TVA『ハーメルンのバイオリン弾き』OP

1996　SCOPE

THE ALFEEの高見沢俊彦プロデュースによるSkirtの楽曲。『ハーメルンのバイオリン弾き』のアニメ版は原作と毛色が違い、アップテンポでワクワク感を全面に出したこの曲は少しマッチしていなかったように思う。ただ、元気とファンタジーのコミック誌である少年ガンガンのテーマ曲としてはこれ以上ないくらい最高で、アニメの作り方次第では絶対にハマっていたのだろうなということも容易に想像できる。とにかく一度聴いてほしい。　(s)

ユーメックス　TYCY-5591

ONE WAY TRUE LOVE

90s アニソン

飯塚雅弓　OVA『魔法使いTai!』IM

1998（初出：1996）
OVA 魔法使いTai! ベストセレクションアルバム 沢野口沙絵のダイヤリー

年齢若めの90s後追い勢ならば一度はハマったことがあるのではなかろうか、矢吹俊郎が書いた曲に。キレのあるシンセのリフは彼の真骨頂。数ある彼の作品のなかでも、特にリフが映えた傑作だ。爽快感たっぷりなミドルテンポのダンサブルトラックに、自然体で溶け込んだ飯塚雅弓が片思いの心情を伸びやかに歌う。ちなみに飯塚は翌年『新・天地無用！』の24話EDで『かたおもい』なる曲を披露。片恋の女王だ。（せ）

スターチャイルド　KICA-728

そうだ、ぜったい。

90s アニソン

奥井雅美
OVA『それゆけ！宇宙戦艦ヤマモト・ヨーコII』OP

2005（初出：1997）　スタまにシリーズ：宇宙戦艦ヤマモト・ヨーコ

“強気にチョット 生意気”に、そんな主人公・山本洋子の生き様をひたすら前向きに歌いあげるOVA2作目のOP。ギターによる印象的なモチーフから前奏が始まり、アルペジオを多用した心地良い進行を経て、2サビから間奏への盛り上がり、そして前奏のモチーフへと帰結していく爽やかロックであり、矢吹俊郎とのコンビネーションが織りなす高揚感が散りばめられた楽曲である。このエッセンスはのちに水樹奈々が継承することになる。　（き）

キングレコード　KICA-354

truth

90s アニソン

裕未瑠華　TVA『少女革命ウテナ』ED

1997　絶対進化革命前夜

『少女革命ウテナ』の数ある楽曲のなかでもダンスグルーヴとして一際目立っているのが前期ED曲。ポップなサウンドは作品との調和性がなさそうなのに、イントロの重いグリッサンドの1音によって、曲の世界観に引き込きずりこまれてしまう不思議な魅力を秘めている。この際なので正直に言うと「DJがカットインでぶっこんで気持ち良い曲ベスト1」だと私は強く主張する。なのでこれを目に留めてくださったアニソンDJ諸氏はぜひお試しあれ。（S）

フューチャーランド　TYDY-2087

星空にWAKE UP! ～眠っちゃダメよ～

90s アニソン

かないみか
ラジオ『みか♡美紀のスーチーラジオSTATION』OP

1997　「みか・美紀のスーチーラジオステーション」～星空にWAKE UP!

『咲 -saki-』『スーパーリアル麻雀』など麻雀コンテンツは楽曲に恵まれている。『スーチーパイ』も例に漏れず、このラジオ番組『みか♡美紀のスーチーラジオSTATION』OP曲は80sアイドル風メロが眩しい逸品。アップテンポでチープな打ち込みに味がありドラムンとしても聴ける。ゲーム『スーチーパイアドベンチャー ドキドキナイトメア』OPでもあるが、その映像は90年代のキャラ萌えが詰まっており一見の価値がある。（カ）

ピカチュウレコード　TGDS-98

めざせポケモンマスター

90s アニソン

松本梨香　TVA『ポケットモンスター』OP

1997　めざせポケモンマスター

説明不要の世界的人気を誇るアニメの初代OPソング。ポケモンマスターを目指す少年の夢を描いた歌詞にファンキーなワウワウカッティングギターと明るく親しみやすいメロディ、王道アニソンらしくピカチュウの鳴き声やキャラクターのセリフ、そして「効果は抜群だ」と言わんばかりの二段構えのサビとかなり凝った作り。この本が出版されるころにはサトシのポケモンマスターへの道が一段落つくと思うと感慨深いものがありますね。（山）

キングレコード　KICS-1068

朱 -AKA-

90s アニソン

奥井雅美　TVA『アキハバラ電脳組』IN

2004（初出：1998）　S-mode #2

作編曲を担当した矢吹俊郎節が全開な、奥井雅美お得意の激しいロックチューン。唸りまくるグルーヴィーなギターと、それに負けない奥井の力強い歌声は、何回聴いても聴く人の心をバチバチに滾らせてくれる。アニメ『アキハバラ電脳組』の挿入歌として使われたため知名度は低いものの、熱い、速い、かっこいいと三拍子が揃っており、現在まで続くアニソン×ロックの正統な系譜に乗った楽曲だ。（河）

パイオニアLDC　PICA-1161

記憶

90s アニソン

川村万梨阿 OVA『神秘の世界エルハザード2』IN

1998　神秘の世界エルハザード大全集

OVA版の続編として制作された『神秘の世界エルハザード2』は、第1期が完成されていたが故にそれ以前の作品のように語られることが少ない。しかし楽曲はエルハザードという世界観を十分に活かした素晴らしいものが多かった。特に最終話の挿入歌として流れたこの曲はこれまでの楽曲をすべて振り返るような展開で、作品の記憶を余すことなく思い出させてくれる。サントラには収録されておらず、後年発売されたCD全集にしか収録されていない。（s）

エアーズ　AYCM-622

禁断のパンセ

90s アニソン

石塚早織 TVA『サオレントメビウス』OP

1998　サイレントメビウス THE BEST MUSIC COLLECTION

『遙かなる時空の中で』で150曲を越える楽曲に参加しアニメ、ゲーム、CMソングと幅広いジャンルで手腕を振るった田久保真見を作詞に、時代を超えて『ガンダム』ファンを泣かせ続ける昭和の歌謡曲黄金時代を支えた井上大輔を作曲に迎え、平成と昭和が融合する、まさに"禁断のパンセ"とも言える1曲。90年代アニソンにありがちな展開ではあるが、パイプオルガンから始まり石塚早織のボーカルへ壮大に展開するイントロがほかと一線を画す。（ヒ）

キングレコード　KICA-1243

とべとべおねいさん

90s アニソン

のはらしんのすけ（矢島晶子）、アクション仮面（玄田哲章） TVA『クレヨンしんちゃん』OP

2000（初出：1998）
ザ・ミレニアム オブ「クレヨンしんちゃん」〜ベストヒット・シングル・ヒストリー〜

98年4月から国民的アニメ『クレヨンしんちゃん』のOPテーマとして使われたある意味問題曲。元気いっぱいなしんのすけとアクション仮面（杉田哲章）の渋いボーカルによる熱いデュエットに、『勇者ライディーン』のOPテーマを彷彿とさせるズンズンとした威光溢れるマーチ調のサウンドが見事に融合。テレビの前の子供も一緒に合唱できる、子供でもわかりやすく楽しい『クレヨンしんちゃん』らしさが爆発した1曲だ。（山）

スターチャイルド　KIDA-162

Birth

90s アニソン

奥井雅美 TVA『アキハバラ電脳組』OP

1998　Do-can

筆者のヲタク気質はアニメ『アキハバラ電脳組』との出逢いからである。本楽曲のイントロと共に色付いていく主人公・花小金井ひばりとデンスケ。泣ける。故に奥井雅美氏の楽曲には郷愁を覚える。当時からスターチャイルドレーベルが発信する楽曲には"らしさ"が確実に存在し、氏の楽曲たちもその一翼を担っていた。煌びやかな音色はAORに造詣の深い当時の共同制作者である矢吹俊郎氏のサウンドクリエイトも大きく影響している。（け）

コナミ　KIDA-7644

Believe

90s アニソン

桑島法子
ゲーム『Dancing Blade かってに桃天使！』OP

1998　Believe

過剰なまでに唸るディストーションギターと桑島法子のハイトーンで力強いボーカルがかっこいいハードロック。作曲はメタルバンド出身の朝井泰生。まさに彼が得意としたギターを全面に出したアレンジは、のちのハロプロ関連楽曲の編曲やレコーディング参加楽曲などにも通じる。ゲーム自体は、当時多くのアニメ原作のゲーム化であったほぼ選択肢のないアニメーションを観ているようなデジタル紙芝居だった。(犬)

スターチャイルド　KIDA-158

Fine colorday

90s アニソン

林原めぐみ　TVA『万能文化猫娘』OP

1998　Fine colorday

『万能文化猫娘』TVシリーズのOP曲。キラキラした底抜けに明るい楽曲と、天心爛安な主人公・ヌクヌクが乗り移ったようなMEGUMI（林原めぐみが歌詞を書く際の名義）が書く歌詞がマッチしていて、いつも気持ちをポジティブしてくれる素晴らしい楽曲である。著書『ぜんぶキャラから教わった』でも、キャラの生活を想像することで自然と歌詞が生まれたと書かれている。この曲で一歩を踏みだす勇気をもらった人も多いのではないだろうか。(リ)

コナミ　KICA-7880

You Can Say!

90s アニソン

川口雅代

1998　Masshy@Love.Net

「サイバー人間としての私のイメージを出したかったのでこのタイトルに決めました」（本人談）というなんとも難しいコンセプトのアルバム。実際は川口の80年代リリースアルバムからの楽曲と90年代の『ときメモ』以降の楽曲を収録。鈴木茂参加楽曲など聴きどころも多いが、avexのサウンドアレンジに多く携わる梅崎俊春による本曲を推したい。オタクに耳馴染みの良いアニソン仕様のロックとなっていて、00年代アニソンの足音が聞こえる。(犬)

バンダイ・ミュージックエンタテインメント　APCM5127

おジャ魔女カーニバル!!

90s アニソン

MAHO堂　TVA『おジャ魔女どれみ』OP

1999　おジャ魔女CDくらぶ1 おジャ魔女ボーカルコレクション

ノリノリのアップテンポで一気に高揚できる人気曲。世代も性別も超えて共感できる子供心を上手く取り入れた歌詞、特に“やな宿題はぜーんぶ”のくだりは超有名ではないだろうか。これらのメッセージと語感の良い呪文や擬音が盛り込まれたキレキレのリリック、そしてポジティブ感溢れるメロディラインがミックスされ、歌って踊れる最高の1曲に仕上がっている。『おジャ魔女どれみ』と言ったらこの曲、とイメージできるほどの名曲だ。(T)

ポニーキャニオン　PCDG-00115

Kissからはじまる Miracle

90s アニソン

STEEL ANGELS　TVA『鋼鉄天使くるみ』OP

1999　Kissからはじまる Miracle

榎本温子、田中理恵、倉田雅世による声優ユニット・STEEL ANGELSの楽曲。00年代以降に大流行するメイド萌えアニメの走りとも言える作品にふさわしく、とにかくキャラのかわいさが全面に出たOP曲だ。王道のアイドルソングのようなわかりやすい展開に加え、耳に残るキャッチーなサビのフレーズ、「キュイーン！」といったキャラの特徴的な口癖も上手く盛り込んでおり、アニソンとしての完成度が非常に高い。（ろ）

東芝EMI　TOCT-24088

絢爛たる逆襲の救世主

90s アニソン

MIO　ゲーム『70年代風ロボットアニメ ゲッP-X』IN

1999　ゲッP-Xのうた

中古市場でも高額で取引されておりプレイステーションを代表？する知る人ぞ知るカルトゲーム『70年代風ロボットアニメ ゲッP-X』。ステージが第○話というアニメ風になっており話数ごとに主題歌が変わるという仕様になっており、そのなかでも特に人気のある1曲をピックアップ。メロディックなシンセサイザーにMIO（現：MIQ）のハスキーボイスが冴えわたる熱いロボットソング。ほかにもささきいさお、串田アキラ、影山ヒロノブなど豪華な陣容。（山）

スターチャイルド　KICA-499

Happy Day

90s アニソン

真田アサミ　TVA『Di Gi Charat（ワンダフル版）』ED

2000（初出：1999）　でじこの音楽会

近年復活もしてファンを泣かせたり笑わせたりさせてくれた、デ・ジ・キャラットこと初代でじこと真田アサミが歌う『ワンダフル』版アニメのED曲です。名曲なのに本放送ではカットされてしまう憂き目にあっていましたが円盤ではしっかり収録。のちにリリースされたボーカル集CDでもしっかり聴ける名曲です。かわいいポップでキッチュな雰囲気がでじこにぴったり。初期の名曲です。（W）

ブロッコリー　GCFC-005

PARTY☆NIGHT

90s アニソン

D.U.P.

1999　PARTY☆NIGHT

令和に復活も果たした、秋葉原のマスコット的存在をアニメ化した『デ・ジ・キャラット』の代表曲。後半のワチャワチャ感も含め楽しげな要素が満載。作編曲を担当した坂本裕介によればRick Astleyのユーロビート『Together Forever』に少し影響を受けているとか。この楽曲にはパラパラ、クリスマス、サイバートランスなどさまざまなバージョンがあるのも特徴で、比較して聴いてみると当時の流行がなんとなくわかるかも。（河）

ビクターエンタテインメント　VIDL-30450

プラチナ

90s アニソン

坂本真綾　TVA『カードキャプターさくら』OP

1999　プラチナ

言わずと知れた坂本真綾の『CCさくら』3期のOP曲。坂本真綾の透明感溢れる高い歌唱力と菅野よう子の切なくて印象的な伸びがある楽曲が『CCさくら』のかわいいかわいい世界観にマッチして、心にギュっと来ること間違いなしな歴史的名曲です。さまざまなアニソンシンガーや声優にカバーされ続け、永遠に愛される90年代アニソンの名曲の1つとして君臨し続けるでしょう。大アンセム。（W）

メディアファクトリー　ZMDZ-1008

ぼくらのVICTORY

90s アニソン

パイレーツ　TVA『Bビーダマン爆外伝V』OP

1999　ぼくらのVICTORY

「だっちゅーの」でお馴染み、グラドル芸人パイレーツ初のアニソン。前作の名OP『GOGO! 爆外伝』の微妙なアレンジバージョンの前期OPからの変更。同時期にEDを歌うのがキャイ〜ンでお笑い枠に乗っ取られたかと落胆していたが、これはこれで王道のアニソンでした。打ち込みバックに脱力系ボーカル、そして2000年目前のアニソンとは思えない熱い歌詞が素晴らしかった。『快進撃TVうたえモン』に出演、生歌も披露していた。（坂）

日本コロムビア　CODC-1653

ねっ

電波ソング

Rooky　TVA『スーパードール★リカちゃん』OP

1998　ねっ

着せ替え人形の代名詞とも言えるタカラのリカちゃん発売30周年を記念して制作されたアニメ『スーパードール★リカちゃん』のOP曲。歌唱していたRookyもこの30周年記念のイメージキャラクターとして結成された。Rookyはローラーブレードを着用してのステージングをしていたのも時代を感じさせてくれる。壮大な歌入りのイントロからアップテンポでわかりやすい歌詞とサビ後半の掛け合いコーラスという構成が至高。（お）

ファルコム　KICA-1221

片思い

ゲームBGMボーカルアレンジ

白鳥由里　ゲーム『英雄伝説 III 〜白き魔女〜』CS

1998（初出：1995）　ベリー・ベスト・オブ・英雄伝説III

日本ファルコムの人気シリーズ『英雄伝説』3作目のキャラソン。アメリカンスタイルなエレキギター、手拍子したくなるような軽快なドラムビート、スタッカート気味な跳ねるキーボードといった音の一つ一つが、白鳥由里演じるフィリーのかわいらしい歌声と自然にマッチしている。ちなみにこの曲は、PC98のゲーム内のカジノで流れるBGM「GAMBLER」をFM音源から歌曲用にアレンジしたもの。キャラとカジノは無関係なのだが、なぜ？（河）

NECアベニュー　NACL-1186~7

Sweet on You (Vocal version)

ゲームBGMボーカルアレンジ

寺尾友美　ゲーム『同級生2』IM

1995　同級生2

伝説のPCゲーム『同級生2』。メインテーマ曲のテンポを上げ、コード進行をイントロとサビに採用。新たにA・Bメロを追加し、これにボーカルを乗せる。作編曲の国枝学が種を蒔き水をやり、ボーカルの寺尾友美が見事に花開かせた1曲だ。原曲部分はもちろん、A・Bメロも秀逸で、前向きなメロディがアクティブな感触を生み出している。本作を象徴する冬の雰囲気と熱い恋情の表現が合致し、寒くも温かい季節を演出している。（せ）

キティ　KTCR-1315

TIME TO COME

ゲームBGMボーカルアレンジ

MIO　ゲーム『第4次スーパーロボット大戦』IM

1995　第4次スーパーロボット大戦 勢ぞろいミュージックバトル

今では歌入りのほうが有名になっているが、原曲はスーパーファミコンソフト『第4次スーパーロボット大戦』のBGMとして使われたオリジナル主人公のテーマ曲。ゲーム内のカラオケモードにて歌詞が先行公開され、本作のサントラでMIO（現：MIQ）氏が熱唱したこの曲こそが、最初のボーカルバージョン。原曲のテイストはそのままに、90年代の象徴とも言えるオケヒを多用しブラッシュアップされたアレンジはインパクト抜群だ。（T）

ポニーキャニオン　PCCB-279

サイコソルジャーREMIX'97

ゲームBGMボーカルアレンジ

麻宮アテナ（栗栖ゆきな）
ゲーム『THE KING OF FIGHTERS' 97』IM

1997　THE KING OF FIGHTERS '97 ORIGINAL SOUND TRACK
ザ・キング・オブ・ファイターズ

格闘ゲーム『THE KING OF FIGHTERS』シリーズで作品ごとにさまざまなアレンジがなされる本楽曲のうち、『97』ではニュージャックスウィングのようなグルーヴィなアレンジがなされている。初期は声優が毎年入れ替わっていたが、この時は声優としての参加が本作のみと思われる栗栖ゆきなが担当している。アイドルらしいボーカルとは裏腹に、引き締まったベースラインがクセになる。（ナ）

パイオニアLDC　PICA-1050

いい夢を思い出せない

バラード

笠原弘子　OVA『アミテージ・ザ・サード』ED

1995　アミテージ・ザ・サード 音楽篇

愁いを帯びた切ないバラードのEDテーマ。ハードなサイバーパンク設定とバトルシーンが目立つ本編だが、そのなかに見え隠れする主要キャラクターたちの心淋しさと孤独感がこの曲から感じ取れる（もっとも、最終話のみ別曲になるのだが）。主人公を演じている笠原弘子氏の繊細でしっとりとした歌声により、落ち着いたメロディに感情の揺らぎが加わって、タフで機械的なイメージの裏にある切ない少女の想いが伝わってくる名曲。（T）

エモーション　TIK-0004

REMEMBER 16 (Acoustic Version)

バラード

FIRE BOMBER
劇場版『マクロス7 銀河がオレを呼んでいる！』IN

1995　マクロスフェスティバル'95 チケマガCD

TVアニメの挿入歌である『REMEMBER 16』を、劇場版挿入歌用に弾き語りアレンジしたナンバー。若い情熱を感じさせる小気味良い80年代ロックテイストの原曲から一転、大人が温かい過去を懐かしむような、切なく心に染み入るバラードに仕上がっている。同じ歌詞とメロディながら違う印象を感じさせる点が、劇中にて熱血漢の主人公が見せた柔らかく穏やかな側面ともシンクロしている。福山芳樹氏の高い歌唱力を再認識できる名曲。（T）

日本コロムビア　CODA-959

Everlasting Love (Duet with 氷上恭子)

バラード

原田真二

1996　LOVE MIRACLE

ゲーム『NIGHTRUTH』のOPのカップリングで、原田提供のED曲をゲームに出演していた氷上恭子とデュエットしたバージョン。情緒のあるバラードで原田の癖のある声とそれに負けない氷上の声の塩梅が良い。ゲーム本編では氷上恭子と宮村優子のバージョンが使用されている。原田は当時日本コロムビア（のちにコナミへ移籍）に所属しており、アニメやゲーム関連に強いレーベル所属していたことで生まれた組み合わせと推測する。（犬）

ビクターエンタテインメント　VICL-64426～7

いつか星の海で…

バラード

下成佐登子　TVA『勇者王ガオガイガー』ED

2015（初出：1997）　下成佐登子 シングルズ＆ワークス

『ガオガイガー』ではOP曲があまりにも有名だが、ED曲もまた名曲。どちらも作曲は田中公平。動と静のどちらも聴きごたえがあり、氏の多彩な引き出しの一端を感じることができる。本編の物語になぞらえた旅立ちと再会を誓ったバラードは、少年の心を宿しながらも、大人になって改めて聴くとまた違った味わいを感じさせる音楽的な深さも持ち合わせている。下成佐登子の包み込むような歌声も楽曲のメッセージ性にぴったりだ。（き）

ビクターエンタテインメント　VICL-789

Only You

バラード

MILKY DOLLS
ゲーム『マクロス デジタルミッションVF-X』IN

1997　MACROSS DIGITAL MISSION VF-X オリジナル・サウンドトラック

『マクロスΔ』のワルキューレの先駆けとも呼べる存在が5人組アイドルグループのMILKY DOLLS。櫻井智、井上喜久子、三石琴乃、今井由香、並木のり子という豪華声優陣が歌う透明感あるバラードの歌詞と曲は、『マクロス』の歌姫リン・ミンメイを演じた飯島真理が手がけている。ゲーム作品のため話題になりにくいが、静謐な宇宙の雰囲気が感じられる綺麗なサウンドと柔らかな歌声は正統派『マクロス』ソングと言っても過言ではない。（河）

ポニーキャニオン　PCCS-00093

手のひらの宇宙

バラード

岩男潤子　OVA『KEY THE METAL IDOL』TM

2010（初出：1997）　岩男潤子 ベスト・コレクション

歌い手本人が主人公役を務めるアニメ『KEY THE METAL IDOL』第15話の挿入歌は、6/8拍子が壮大さを醸し出すバラード。1分を超えるイントロ、シンプルながら耳に残るメロディ展開、合唱団が加わった感動的なラストなど、包容力のある華やかな岩男潤子の歌声だからこそ成立する1曲と言ってもいいだろう。作編曲は数々のアニメ、ドラマ、ゲームの劇伴や宝塚の音楽を手がける寺嶋民哉。（河）

ビクターエンタテインメント　VICL-60264

愛の輪郭（フィールド）

バラード

KOKIA　TVA『ブレンパワード』ED

1998　「ブレンパワード」オリジナルサウンドトラック 1

富野由悠季監督作である『ブレンパワード』のED曲として使用された本楽曲は、作詞を井荻麟（富野由悠季）が担当。監督自ら作品の主題歌に歌詞を付けたこととなる。菅野よう子が制作したアブストラクトなサウンドの上で歌唱を担当するのはKOKIA。その歌声には人の心をザワつかせる力がある。ED映像には荒木経惟が撮影した花々の官能的な写真も使用され、観るものの記憶に強く刻みつけられた。（い）

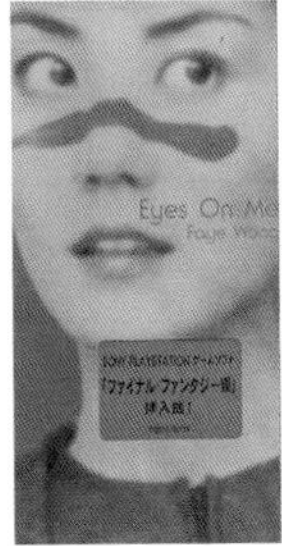

東芝EMI　TODT-527

Eyes On Me

バラード

フェイ・ウォン　ゲーム『ファイナルファンタジー VIII』ED

1999　Eyes On Me

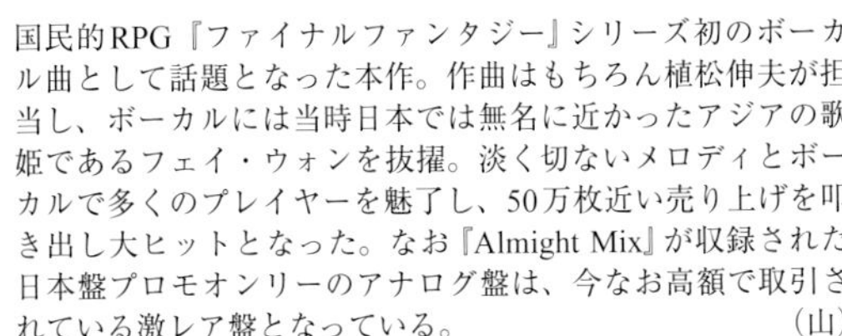

国民的RPG『ファイナルファンタジー』シリーズ初のボーカル曲として話題となった本作。作曲はもちろん植松伸夫が担当し、ボーカルには当時日本では無名に近かったアジアの歌姫であるフェイ・ウォンを抜擢。淡く切ないメロディとボーカルで多くのプレイヤーを魅了し、50万枚近い売り上げを叩き出し大ヒットとなった。なお『Almight Mix』が収録された日本盤プロモオンリーのアナログ盤は、今なお高額で取引されている激レア盤となっている。（山）

エアーズ　KICA-473

家路

バラード

伊藤真澄　TVA『宇宙海賊ミトの大冒険』ED

1999　宇宙海賊ミトの大冒険 オリジナルサウンドトラック

ドタバタご町内活劇の根底にある家族愛を思わせる郷愁漂うヒーリングソング。「原点的な曲」との本人談もあるように、アニメ主題歌としては伊藤の歌声が初めて地上波に流れた曲である。深夜アニメのEDに矢野顕子調の歌というのは新鮮な感覚だった。この年はアニメに関わる音楽制作の転換期でもあり、彼女ら『ミト』の音楽を制作したスタッフがLantisを設立。メジャー感覚とオタクマインドを兼ね備えたレーベルの第0歩的位置にある曲。（u）

子守唄…

バラード

安原麗子 TVA『今そこにいる僕』ED

1999 子守唄…

元少女隊の安原麗子によるED曲。原曲は小室等の『無題』だが、大地丙太郎監督の要望で新しいタイトル『子守唄…』が付けられた。戦争のある世界をハードに描いた作品だけにEDで流れる歌には強い祈りが込められている。劇伴も担当した増田俊郎によるシンセをメインにしたアレンジも幻想的な仕上がりで、歌と共に流れる何気ない日常写真とアニメの過酷な世界との対比により歌詞がより響いてくる。安心して眠れることの素晴らしさを教えてくれる。（犬）

ビクターエンタテインメント VIDL-30459

MoUSE RECORDS MUSE-9917

幸せな時

バラード

山咲トオル&くまいもとこ ラジオ『青春!!タコ少女』ED

1999 Happy Song

ホラーマンガ家の山咲トオルと声優のくまいもとこがパーソナリティを務めた伝説のラジオ『青春!!タコ少女』のEDテーマは、下ネタ満載の爆笑トークを浄化するような温かなデュエットバラード。声優としては元気な少年役が多いくまいだが、この楽曲では柔らかで女性らしい歌声が存分に披露されている。男性としてはキーの高い山咲の歌声との親和性も抜群。飽きずに聴き続けられるメロウなサウンドも印象的だ。（河）

ビクターエンタテインメント VIDL-30441

遠いこの街で

バラード

皆谷尚美 劇場版『カードキャプターさくら』ED

1999 遠いこの街で

どことなく懐かしくて、切なくて、優しくて、力強くて、心を動かされるバラード。『カードキャプターさくら』の世界にこれ以上ないくらいに寄り添い、かつ普遍的に聴いてもその人それぞれに色々な想いを馳せることができる。劇場版のEDとして流れる曲、という枠を超えて聴いた人の心に残る名曲である。皆谷尚美さんは現在も地元の徳島で音楽活動をされており、マチ★アソビにてこの曲を披露されていたりもするのでチェックしていただきたい。（き）

エアーズ AYDM-171

nothing

バラード

SEESEE TVA『魔装機神サイバスター』ED

1999 nothing

ゲーム『スーパーロボット大戦』シリーズからのスピンオフアニメ『魔装機神サイバスター』のED曲。このSEESEEという名前は矢井田瞳としてデビューする前の名義で、彼女のスタイルであるアコースティックギターと透き通る声で歌い上げる美しい楽曲になっている。のちに矢井田瞳名義のアルバム『daiya-monde』でセルフカバーされており、こちらもチェックしてみてほしい。（リ）

デジキューブ　SSCX-10040

RADICAL DREAMERS～盗めない宝石～

みとせのりこ　ゲーム『クロノ・クロス』ED　バラード

1999　CHRONO CROSS ORIGINAL SOUNDTRACK

名作『クロノ・トリガー』の続編ゲーム『クロノ・クロス』のEDテーマは、みとせのりこの神秘的なボーカルとZABADAKの吉良知彦のギター1本のみというシンプルな構成で奏でられる珠玉のバラード。ギターのフレットノイズすらも聴こえる静謐で、それでいて温かな雰囲気が非常に魅力的だ。優しくも切なげなメロディとアルペジオの旋律を聴けば、あなたも天才作曲家である光田康典の魅力の一端を窺い知ることができるだろう。（河）

メディアレモラス　MRDA-00047

輝きは君の中に

J-POP

鈴木結女　TVA『NINKU-忍空-』OP

1995　輝きは君の中に

土曜夕方のアニメと言えばスタジオぴえろであり、数々の名作が放送されていた。友人同士の会話で印象に残っている主題歌に必ずと言っていいほど挙げられるのが本楽曲である。シンガーソングライターの鈴木結女はデビュー時からタイアップの機会に恵まれた歌手だったが、本楽曲で賞レースを勝ち取った。期待感が昂まるイントロからAメロと大胆に転調するミステリアスなBメロで心を掴まれる。編曲はあの井上鑑氏であり、その功績は大きい。（け）

ヴァイン・レコーズ　ZADL-1042

煌めく瞬間に捕われて

J-POP

MANISH　TVA『SLAM DUNK』ED

1996（初出：1995）　Cheer!

『SLAM DUNK』の魅力はバスケットボールのリアルな表現と青春の香りを振り撒く主題歌の数々。後者で個人的にベストに挙げたいのがこちらの楽曲。MANISHは、元々『美少女戦士セーラームーン』のOP曲で知られるDALIから選抜されたユニットである。紛れもないビーイングらしさを纏った楽曲で、2人の美しい姿も際立っていた。自然と耳に残る普遍的なメロディの良さは特筆もの。聴けば一瞬でバスケ少年だったあのころに戻れる。（け）

ビクターエンタテインメント　VODL-30744

くちびるの神話

J-POP

ビビアン・スー　TVA『バーチャファイター』ED

1995　くちびるの神話

当時、圧倒的に人気のあったセガのゲーム『バーチャファイター』を原作としたアニメ作品のED曲で、ビビアン・スーのデビュー作となる。手数を減らしたベースラインとシンプルなドラム、彼女の透き通るような声が涼やかで、すっと心に入る心地良いグルーヴを生み出している。楽曲とパステルカラーで描かれたヒロインがメインのED映像が非常にマッチしていて、ぜひ映像と一緒に聴いてほしい。（リ）

J-POP

カッティング・エッジ　CTCR-16024

恋をするたび傷つきやすく…

J-POP

翠玲　TVA『ナースエンジェルりりかSOS』OP

1998（初出：1995）　Cui-ling

『プリキュア』の歴史が始まる少し前の95年、1人の女の子が地球の命を護るべく闘っていた。『ナースエンジェルりりかSOS』はテレビ東京夕方枠の児童向けアニメだったが、注目はOP主題歌の本楽曲。作詞に秋元康、作曲に小室哲哉、編曲に久保こーじと『ASAYAN』世代に直撃する布陣。少し大人びた少女目線の歌詞とレイヴ感強めのシンセとシンベ。全盛期小室サウンドが90年代の熱量と危うさの絶妙なアンバランスさを生み出している。（け）

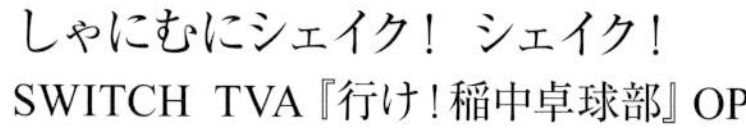

しゃにむにシェイク！　シェイク！

J-POP

SWITCH　TVA『行け！稲中卓球部』OP

1995　しゃにむにシェイク！シェイク！

キティ　KTDR-2128

今考えるとよく放送できたな……という内容ではあるものの、90年代には誰しもが読んでいた『行け！稲中卓球部』のアニメOP曲です。内容に負けないぶっ飛んだ……わけでもない、当時流行気味だったビックバンドというか和製ファンクっぽいというかヤケクソ気味の掛け合いラップというか、まっすぐなバンドのSWITCHが明るく歌い飛ばすのが逆にピッタリしっくりくる名曲で時折聞き返したくなる内容です。（W）

ビクターエンタテインメント　VICL-23106

近道したい

J-POP

須賀響子　TVA『ぼのぼの』ED

1995　新しいような古いような

いがらしみきおの名作『ぼのぼの』の音楽と言えばこの曲を思い浮かべる人が多いだろう。心が癒されるゆったりとしたミディアムナンバーで、口笛を吹いて歩いているような心地良いイントロ、須賀の快活な歌声、優しいアコギの音色など、子供向け作品の主題歌にぴったりな要素がふんだんに詰まっている。一方で、歌詞の意味は大人になったあとのほうが沁みるはず。頑張り過ぎる人こそ一度立ち止まってこの曲を聴いてもらいたい。（河）

アポロン　APDM-5025

ときめきの導火線

J-POP

今野友加里　TVA『ふしぎ遊戯』ED

1995　ときめきの導火線

異世界ラブファンタジーアニメのED曲。当時男子小学生だった自分にとって少女マンガの世界観はまだ未知であり、この『ふしぎ遊戯』の時折り出てくる刺激的な描写が長らく印象に残った。まるでメロドラマのような雰囲気を醸し出す里乃塚玲央氏の歌詞が素晴らしく、“気持ちが迷子の子猫”といったフレーズはどうやったら思いつくのか。なぜこうも恋に揺れ動く乙女心が描写できるのか。90年代中期のトレンディな感覚を残す曲調と共に心に残る。（け）

フューチャーランド　TYDY-2070

愛がたりないぜ

光吉猛修　TVA『バーチャファイター』OP

1996　愛がたりないぜ

「天空に輝く八つの星！」でお馴染みのTVアニメ版『バーチャファイター』後期OP。原作の硬派な格闘ゲームから一転、ラブコメ要素ありの明快バトルストーリーとなった本作。そのゲーム原作にてBGMを手がけたセガ社員の光吉猛修氏が歌っていることで話題が沸騰した。影山ヒロノブ氏が「日本一歌の上手いサラリーマン」と絶賛したというエピソードを持つ圧倒的な高さの歌唱力は、クライマックスへ向かう物語後半を爆発的に盛り上げる！　（T）

ビクターエンタテインメント　VICL-764

愛するあなたに贈る言葉

J-POP

笠松美樹　ゲーム『結婚 Marriage』OP

1996　Marriage～結婚

元Sugarの笠松美樹が歌うゲーム『結婚 Marriage』OP。Sugarと言えば『ウエディング・ベル』で一世を風靡した女性グループである。グループ解散後もヒット曲の印象は薄れないもので、結婚をテーマにしたゲームの主題歌に抜擢されたのが本曲。もちろんグループ時代と変わらず美しい歌声を聴かせてくれる。作曲は近年のシティポップブームで再注目されている濱田金吾。意識して曲を聴くと濱田らしいメロディラインとわかる。　（犬）

マーキュリー　PHDL-1061

明日へと駆け出していこう

J-POP

松田聖子　TVA『怪盗セイントテール』OP

1996　あなたに逢いたくて～Missing You～

松田聖子最大のヒット曲にしてミリオンセラーを叩き出した『あなたに逢いたくて～Missing You～』のカップリング曲。元々、彼女が『怪盗セイント・テール』のファンで、作者の立川恵も松田のファンということからタイアップが実現し、作詞作曲共に松田聖子本人が担当している。しかも実は『怪盗セイント・テール』自体が、そもそも松田聖子の楽曲『ピンクの豹』をオマージュして生まれたマンガであるという……スゴイ関係性。　（ろ）

D.O.G　BMCR-7014

SUPER LOVE

J-POP

SO-Fi　TVA『きこちゃんすまいる』OP

1997（初出：1996）　SO-First

WANDSの初代メンバーである大島こうすけを中心に、佐々木美和、甲斐冴子が集まって結成したSO-Fiが歌ったのが本楽曲。ダンサブルなBPM帯に、手数の多いドラムとファンキーなキーボードが乗るそのサウンドにはディスコサウンドの息吹を感じさせる。歌詞には“デッカイ口とケツだけど”といった表現が登場するなど、包み隠さない女性の在り方が描かれる。そこには当時のヒップホップカルチャーの文脈も見られるのだ。　（い）

ヴァイン・レコーズ　ZACL-1034

DAN DAN 心魅かれてく

J-POP

FIELD OF VIEW　TVA『ドラゴンボールGT』OP

1996　FIELD OF VIEW II

印象的なドラムに始まり、サビから入る展開で楽曲世界に没入させる本楽曲は、FIELD OF VIEWの6枚目のシングルの表題曲だ。ZARDのボーカル・坂井泉水が作詞を担当し、のちにZARDによるカバー版がアルバム『TODAY IS ANOTHER DAY』に収録された。作曲はTETSU名義で『装甲騎兵ボトムズ』OP『炎のさだめ』を歌い、ZARD楽曲の作曲者として数々の名曲を生み出してきた織田哲郎。（い）

KMW　KICS-523

T・R・Y

J-POP

TWO-MIX

1996　bpm143

TWO-MIXならではのシンセサウンド全開のアルバム収録曲。のちにリメイクされ、シングルカットされた。TWO-MIXはアニメへのタイアップが非常に少なく、この曲もアニソンではなくサッカー情報番組のテーマ曲として採用されたものである。インパクトのあるサビからの歌いだしより諦めない熱意が伝わってくるこの楽曲は幅広いアニメにマッチしそうなだけに、アニソンとして採用されていたら......と思わせられる部分も大きい。（s）

エピックソニー　ESCB-1776

ひとつだけ

J-POP

矢野顕子
ゲーム『リアルサウンド〜風のリグレット〜』ED

1996　ひとつだけ

『風のリグレット』は映像が一切出力されない、音だけで楽しむゲームだ。この曲は80年のバージョンが有名だが、ゲームで使われているのはベストアルバム収録に合わせてアコースティックアレンジがされた新録版。矢野のヒーリングボイスはもちろん、Will Leeが15分で仕上げた爽やかなベースラインが透き通るような情景を与えてくれる。「アメリカンポップスの王道のような曲」と矢野談（アルバムより）。懐かしくも色褪せない名曲だ。（せ）

ポリドール　POCX-1036

ポニーテールをほどいたら

J-POP

羽丘芽美（桜井智）TVA『怪盗セイント・テール』CS

1996　怪盗セイント・テール オールスター ソングコレクション

横揺れしたくなる8ビートのリズムと、桜井智のキュートな歌声がマッチした少女マンガ原作アニメ『怪盗セイント・テール』のキャラソン。楽曲の展開はそれほど複雑ではないが、くっきりとした音像、厚みのあるバックコーラス、安定感のあるボーカルなど一つ一つの要素が高いレベルで融合している。シティポップの旗手としても活躍した村田和人が作曲を手がけているのだから、この完成度の高さも納得だ。（河）

スターチャイルド　KICA-338

MIND EDUCATION

J-POP

Misty Eyes
ラジオ『新機動戦記ガンダムW BLIND TARGET』TM

1997（初出：1996）　新機動戦記ガンダムW BLIND TARGET-2

TVアニメ放送終了後、『林原めぐみのTokyo Boogie Night』内で展開されたラジオドラマ版『ガンダムW』のテーマソング。イントロの構成、キーボードの旋律などTWO-MIXを彷彿とさせるものがあるが、作曲は新井理生氏によるもので、サビの盛り上げ方などによく表れている。曲調こそTWO-MIXに親しいものの、歌唱の力強さなど別視点の魅力が光る、『ガンダム』ファンとしてはぜひ押さえておきたい1曲。　(S)

J-POP

キューンミュージック　KSD2-1152

ウルトラ リラックス

J-POP

篠原ともえ　TVA『こどものおもちゃ』OP

1997　ウルトラリラックス

電気グルーヴの石野卓球プロデュースでアーティストデビューした篠原ともえの4枚目のシングルに収録されたこの楽曲は、同タッグで制作されたラストナンバー。篠原ともえの破天荒なキャラクターが反映された歌詞世界は聴く者の記憶に刻み込まれる。OP映像ではキャラクターが不思議なダンスを披露し、合間にはアニメタッチで描かれた篠原ともえが登場。そのコミカルな映像は非常にくせになる。　(い)

日本コロムビア　COCX-30200

葛飾ラプソディー

J-POP

堂島孝平　TVA『こちら葛飾区亀有公園前派出所』OP

1998（初出：1997）　最新テレビまんが大行進 男の子向き

96年6月から実に8年半もの期間にわたって放送された『こちら葛飾区亀有公園前派出所』。合計7曲ものOP曲が使用された本作において、3番目に使用されたのが本楽曲。タイアップ作品に寄り添い、歌詞に"葛飾柴又"と登場するなど作品舞台を情緒たっぷりに描写した楽曲となっている。同曲は03年にスカバンド・Yum!Yum!ORANGEによってカバーされ、こちらも同作品のOP曲として使用された。　(い)

ポリドール　POCH-1637

Happy Birthday

J-POP

杏子　劇場版『名探偵コナン 時計じかけの摩天楼』ED

1997　TOKYO DEEP LONDON HIGH

映画『名探偵コナン』シリーズの第1作『名探偵コナン 時計じかけの摩天楼』の主題歌として使用されたのが本楽曲だ。ジャジーな味わいのあるダンスミュージックとなっており、キーボードのサウンドと四つ打ちドラムのマッチングが心地良い。作詞と作曲を担当したのはスガシカオ。映画は主人公・工藤新一の誕生日前夜を舞台にした物語。会えない人の誕生日を祝う歌詞内容は、毛利蘭の心境とも重なる。　(い)

日本コロムビア　COCX-30233

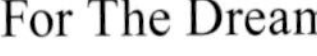

For The Dream

J-POP

Mickey　TVA『ビーストウォーズ 超生命体トランスフォーマー』ED

1998（初出：1997）　ビーストウォーズ～超生命体トランスフォーマー～
TV＋映画 ベスト ソングス スペシャル

スイートな歌唱が印象的で、80～90年代ディスコサウンドを意識したグルーヴの強い楽曲となっているが、これは作曲・藤沢秀樹（ダンス☆マン）氏の手腕が最大限に発揮された賜物。アニソンというより一般曲っぽい印象を受けるかもしれないが、重低音の心地良いクラブミュージックとしての聴き応えは現代でも十分通用する。07年発売のベスト盤収録のExtended Super remixバージョンはファンクさがさらに強調している。(S)

Leaf　LFCD-0004

Brand-new Heart

J-POP

あっこ　ゲーム『To Heart』OP

1997　To Heart Original Sound Track

ゲームメーカー・Leafの、ファン待望の3作目はまさかの学園ラブコメ『To Heart』でした。『雫』や『痕』のようなダークな世界観を期待したファンはちょっと不安に思いましたが、このあっこが歌う爽やかなOPとゲームの良さに即堕ち2コマになったものでした。当然大ブームが起こり、プレイステーションに移植された際には別の曲が採用されたものの、「PC版のこちらこそ至高」と思っている方も多いのではないでしょうか。(W)

パイオニア　PICA-1146

真夏のイヴ

J-POP

永井真理子　劇場版『天地無用！ 真夏のイヴ』TM

1997　「天地無用！真夏のイヴ」オリジナル・サウンドトラック

マーベルばりに派生作品の多い『天地無用！』シリーズの劇場版テーマソング。DREAMS COME TUREの中村正人を作編曲に迎えた本曲は、レコーディングに元ドリカムメンバーである西川隆宏や、ドリカム楽曲や多数のアニメソング作品でピアニストとして活躍する大谷幸が参加した、アニソン版ドリカムと言っても過言ではない布陣で作成された。心地良いポップスに仕上がった曲調が作品とマッチした名曲である。

(ヒ)

ビーグラム　JBCJ-1018

夢であるように

J-POP

DEEN　ゲーム『テイルズ オブ デスティニー』OP

1998（初出：1997）　SINGLES+1

ゲーム内の美麗なOP映像との相乗効果により多くのファンから支持を集め、ビーイングブーム後期における超ロングランヒットとなった。切ない心情を語る歌詞、風のように爽やかな歌声、波のように繰り返すメロディ、これらがとても心地良く混ざり合い、ゲームファンのみならず一般層の心も魅了した。タイアップするにあたり、DEENがゲーム脚本を読んで歌詞のイメージを作り出しただけあって、作中の人気キャラクターと重ねるファンも多い。(T)

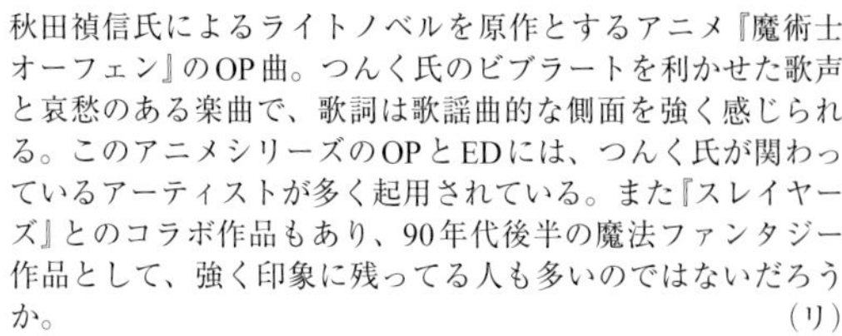

愛 Just on my Love

J-POP

シャ乱Q TVA『魔術士オーフェン』OP

1998 愛 Just on my Love

RCA BVDR-11010

秋田禎信氏によるライトノベルを原作とするアニメ『魔術士オーフェン』のOP曲。つんく氏のビブラートを利かせた歌声と哀愁のある楽曲で、歌詞は歌謡曲的な側面を強く感じられる。このアニメシリーズのOPとEDには、つんく氏が関わっているアーティストが多く起用されている。また『スレイヤーズ』とのコラボ作品もあり、90年代後半の魔法ファンタジー作品として、強く印象に残ってる人も多いのではないだろうか。 (リ)

息もできない

J-POP

ZARD TVA『中華一番！』OP

1999（初出：1998） 永遠

ビーグラム JBCJ-9076

97年に放映が始まり、その後約1年半にわたって放送された『中華一番！』のOP曲はすべてB-Gram RECORDSからリリースされた。どの楽曲もポップなバンドサウンドのナンバーとなっている。そのなかで、第19話から36話にわたって使用されたのがZARDが歌う本楽曲。BPM130前後と、ダンスミュージックに近いテンポで展開される踊れるポップソングに仕上がっている。 (い)

君がいるから・・

J-POP

西脇唯 TVA『金田一少年の事件簿』OP

2000（初出：1998） YUI NISHIWAKI SINGLE COLLECTION

KMW KICS-819

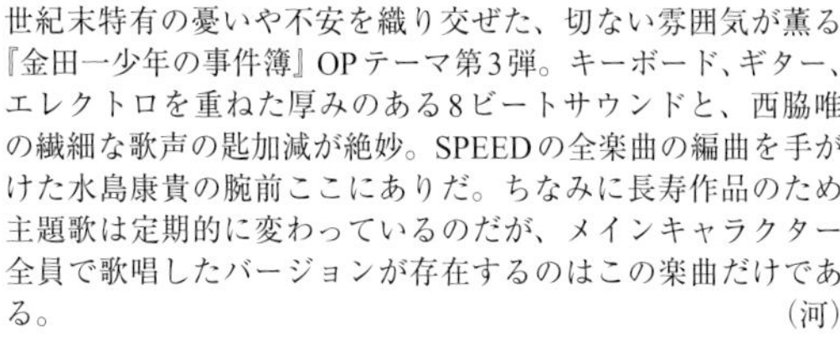

世紀末特有の憂いや不安を織り交ぜた、切ない雰囲気が薫る『金田一少年の事件簿』OPテーマ第3弾。キーボード、ギター、エレクトロを重ねた厚みのある8ビートサウンドと、西脇唯の繊細な歌声の匙加減が絶妙。SPEEDの全楽曲の編曲を手がけた水島康貴の腕前ここにありだ。ちなみに長寿作品のため主題歌は定期的に変わっているのだが、メインキャラクター全員で歌唱したバージョンが存在するのはこの楽曲だけである。 (河)

クイーンエメラルダス

J-POP

松本圭未 OVA『クイーンエメラルダス』OP

1998 OVA クイーンエメラルダス オリジナルサウンドトラック

日本コロムビア COCC-15074

1“999”年という松本零士的アニバーサリーイヤー目前、ついにOVA化された作品。過去のイメージアルバム2枚ではささきいさおと町田義人が男目線で歌っていたが、今回は女優の松本圭未がエメラルダス目線で歌っている。本来エメラルドは緑の宝石だが、エメラルダスは赤のイメージ。これは松本零士の勘違いで、歌詞ではそこを逆手に取って歌っている。途中で制作会社が変わるも全話通しての起用。99年にクレーンゲーム景品でシングル化。 (坂)

J-POP

日本コロムビア　COCX-34455

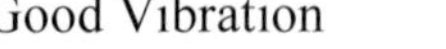

Good Vibration

J-POP

Cyber Nation Network
TVA『マスターモスキートン'99』OP

2007（初出：1998）　CYBER NATION NETWORK BEST 10 YEARS AFTER

Professor H（平間あきひこ）とSister MAYO（沢田雅世）が結成した音楽ユニット・Cyber Nation Network。デジタルサウンドで制作したダンスミュージックを得意とする同ユニットによる本楽曲は、直球のテクノ楽曲となっている。聖歌のようなコーラスからスタートし、そこにビートが加わっていくイントロは非常に印象的な仕上がりになっている。（い）

マーキュリー　PHDL-1176

さぁ

J-POP

SURFACE　TVA『まもって守護月天！』OP

1998　さぁ

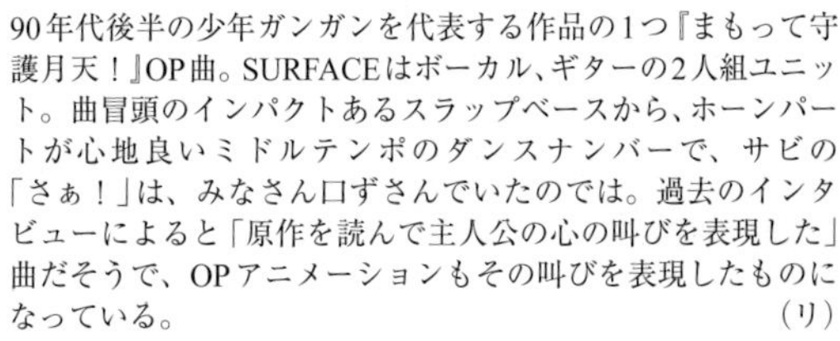

90年代後半の少年ガンガンを代表する作品の1つ『まもって守護月天！』OP曲。SURFACEはボーカル、ギターの2人組ユニット。曲冒頭のインパクトあるスラップベースから、ホーンパートが心地良いミドルテンポのダンスナンバーで、サビの「さぁ！」は、みなさん口ずさんでいたのでは。過去のインタビューによると「原作を読んで主人公の心の叫びを表現した」曲だそうで、OPアニメーションもその叫びを表現したものになっている。（り）

ジュピター　WPDV-7138

セガサターン、シロ！

J-POP

せがた三四郎　CM『セガサターン』

1998　セガサターン、シロ！

セガの一時代を築いた次世代機・セガサターン、そのCMソングとしてお茶の間に登場。藤岡弘（現：藤岡弘、）氏扮するせがた三四郎の名と共に"セガサターン、シロ！"のフレーズは当時のゲームファンのみならず、大衆全体に強烈なインパクトを与えた。時代錯誤な応援歌風メロディに、漢臭さを濃縮させた歌詞。こぶしをきかせた低音ボイスによって色物感は薄れ、心を鷲掴みにされる。これはセガ愛を込めた歌、いや魂の叫びだ。（T）

バンダイ・ミュージックエンタテインメント　APDM-5044

天使にあいたくて

J-POP

渡辺かおる　TVA『センチメンタルジャーニー』OP

1998　天使にあいたくて

恋愛シミュレーションゲーム『センチメンタルグラフティ』を原作としたアニメの主題歌に抜擢されたのは、当作品のヒロイン役を演じた声優によるユニット・SGガールズと同世代で、TBS緑山塾出身の渡辺かおるであった。甘酸っぱい思い出を振り返るような、80年代へのノスタルジーが詰まったアイドル歌謡曲／ナイアガラサウンドリバイバルと90年代J-POPが融合した質の高い爽快ナンバー。平松愛理に似た歌声も曲の安定度を増す。（あ）

キューンミュージック　KSC2-238

BOO ～おなかが空くほど笑ってみたい～ J-POP

ゴスペラーズ　TVA『はれときどきぶた』OP

1998　Vol.4

00年代に数々のアカペラ楽曲で脚光を浴びたゴスペラーズが98年にリリースした本楽曲は、R&Bを主軸にしつつも、途中ゴスペラーズメンバーによるラップも入るなど、全体としてブラックミュージックを主軸にしていることが感じられる。作詞を担当したのは阿久悠。"花は歌うし 魚も空を飛ぶ"といった歌詞はタイアップ先である『はれときどきぶた』の予測不能さを表現しているかのようで味わい深い。（い）

FIX　KICA-1421

WHITE ALBUM J-POP

森川由綺（平野綾）ゲーム『WHITE ALBUM』OP

2006（初出：1998）　AQUAPLUS VOCAL COLLECTION VOL.1

"ホワイトアルバムの季節"になると聴きたくなる、ヒロイン・森川由綺が歌うOPテーマ。90年代アイドルの冬の定番恋愛ソングのようなミディアムバラードは、儚げで透き通る歌声はもちろん、重なり合う豊かなコーラスワークと浮遊感のあるシンセの音色も相まって温かな印象を抱かせる。この楽曲の最大の聴きどころは、後半に訪れる大人な雰囲気が薫るサックスのソロパート。心に刻み込まれるグッドメロディをぜひとも体感してほしい。（河）

メディアファクトリー　TGDS-127

ヤマザキ一番！ J-POP

山崎邦正　TVA『学級王ヤマザキ』OP

1998　ヤマザキ一番

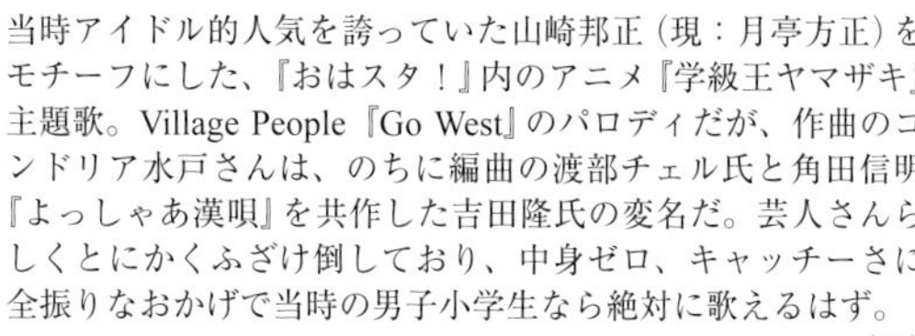

当時アイドル的人気を誇っていた山崎邦正（現：月亭方正）をモチーフにした、『おはスタ！』内のアニメ『学級王ヤマザキ』主題歌。Village People『Go West』のパロディだが、作曲のコンドリア水戸さんは、のちに編曲の渡部チェル氏と角田信明『よっしゃあ漢唄』を共作した吉田隆氏の変名だ。芸人さんらしくとにかくふざけ倒しており、中身ゼロ、キャッチーさに全振りなおかげで当時の男子小学生なら絶対に歌えるはず。

（ろ）

スターチャイルド/KMW　KIDS-391

LAST IMPRESSION J-POP

TWO-MIX　劇場版『新機動戦士ガンダムW Endless Waltz 特別編』TM

1998　LAST IMPRESSION

TV版に引き続き、劇場版もTWO-MIXが主題歌を担当。静かで長めのイントロからダイナミズムたっぷりのインでスタートするメリハリの効いた曲展開とロボットモノらしいトランシーでメカニカルなシンセサウンド。デビュー時から比べるとかなり小慣れた感じがする高山みなみのボーカルや永野語と呼ばれるキレッキレな当て字も『ガンダム』世界と違和感なく調和。『ガンダムW』シリーズの締め括りにふさわしい壮大な楽曲となっている。（山）

ヒートウェーヴ　COCP-50006

LABYRINTH

J-POP

ALI PROJECT　TVA『聖ルミナス女学院』ED

1998　Noblerot

ALI PROJECTが「白アリ」と呼ばれた時期に発表された楽曲。2000年代以降の楽曲からは考えられないほど素直なポップスで、現代とはまったく異なった魅力を垣間見ることができる。2000年代以降は「黒アリ」の時期に入るため、同ユニットにおける転機の1つであったことが窺える。物語の最後に印象的なイントロが入る『Get Wild』型の演出から、監督の娘さんを抜擢した実写EDに至る流れが美しく、印象的であった。（s）

ポニーキャニオン　PCDA-1164

AURA

J-POP

谷村新司　TVA『∀ガンダム』ED

1999　AURA

すべてのガンダムの終焉を司る『∀ガンダム』。舞台はどこか19世紀の雰囲気を醸し出し、機動戦士の冠は外れて往年の作品とはまた違う世界観から描かれるガンダム像は革新的に映った。主題歌も然り。作詞と作曲が谷村新司、編曲が菅野よう子と、もう二度と実現しなさそうな布陣。歌詞は非常に文学的で、氏もその意味を噛み締めるように歌い上げる。聴き入ればそこに雄大な情景が浮かび、人間もまた自然の一部であるのだと風が教えてくれている。（け）

ポニーキャニオン　PCDA-01161

アドレナリン

下川みくに

1999　BELIEVER ～旅立ちの歌～／アドレナリン

下川みくにの1stシングル。両A面として広瀬香美プロデュースの2曲が収録された。個人的には90s女性シンガーが歌うかわいらしいポップスが凝縮された楽曲と考えていて、広末涼子の『Majiでkoiする5秒前』や『大スキ！』に通ずる部分を感じる。実際に前者のレコーディングには広瀬も立ち合い、歌唱指導をしていたというから少なからず影響はあるのかもしれない。以降4thシングルまで広瀬香美によるプロデュースが続いていく。（ろ）

ポリドール　POCH-1861

永遠という場所

J-POP

杏子　TVA『コレクター・ユイ』OP

1999　MEMORY LANE

しっとりとしたピアノ伴奏から始まりジャジーなサウンドへと展開されていく本楽曲は、BARBEE BOYSの元ボーカル・杏子がリリースした1曲。スローテンポの進行のなかで味わい深く演奏されるサウンドの一つ一つは聞き応え十分。そこに乗る杏子の低音域で含みのある歌声は楽曲全体にアダルトな魅力を与えている。作曲を担当したのは山崎まさよしで、レコーディングにはスガシカオも参加している。（い）

キングレコード KICA-1507～12

君のとなり

J-POP

hitomi ゲーム『ペルソナ2 罪』ED

2011（初出：1999） ペルソナ2 罪 INNOCENT SIN. オリジナル・サウンドトラック

歴代『ペルソナ』シリーズでも異色な、avexとのタイアップによる主題歌。ティーンエイジの葛藤、呪縛といったテーマを切なく表現、これまでポジティブな女の子像を歌うことが多かったhitomi氏の新しい可能性を示唆した。旋律には当時のスウェーディッシュ・ポップスのような色気も感じられる。なおアレンジトラックはフィールド曲として使用。続編ではR&BシンガーのElisha La'Verne氏を起用し、当時ファンたちを驚かせた。 (S)

パイオニア PIDA-1047

DUAL!

J-POP

HARU&SAYAKA from UNIVERS★LD
TVA『デュアル！ぱられルンルン物語』OP

1999 DUAL!

パイオニアLDC末期に発売された、テクノポップに女性デュオの歌唱が映えるダンサブルな楽曲。当時のアニソンは作品背景の描写に優れたものが多いが、こちらもテーマを重視しつつ楽曲の完成度を兼ね備えた素晴らしい作品になっている。アルバムにも収録されているが、フル尺のシングル版はシングル盤にしか存在しない。当時多かった「衛星放送でしか放送されなかったアニメ」の1つにつき、CDの入手は多少困難。(s)

S.L.K. PIDL-7011

Fall in YOU

J-POP

木村由姫 TVA『イケてる2人』OP

1999 Fall in YOU/Windy scene

現在は引退してしまった木村由姫が歌い上げる、『ワンダフル』内で放送されていた長寿ラブコメ『イケてる2人』のアニメOP曲です。作品自体が持っている、ちょっとえっちでちょっとエモい、そんでいてB級感ある内容を上手く表現。浅倉大介作曲のため、時流にバッチリ合わせた小室ファミリー感にちょっと有頂天風味を足したような和製R&Bでなかなかの名曲。小泉は永遠にかわいいの象徴です。 (W)

ポニーキャニオン PCDG-00073

シャッターチャンスの連続

ポップス／声優

岩男潤子 TVA『モンタナ・ジョーンズ』IM

1995 シャッターチャンスの連続

岩男潤子の本人名義ではデビューとなる1stシングル。編曲はのちに夫となる山本はるきち。メジャーだけでなく配信、自主盤、コミケでの手売りや別名義での歌唱など、現在まで続く岩男の音楽活動の全貌はファンであってもなかなか追い切れていないのでは。本曲もファンクラブ会員しか入手できない別バージョンの8cmCDが存在する。そちらの優しい歌唱とアレンジも素晴らしいので好事家はぜひチェックを。 (I)

日本コロムビア　CODC-764

少年AtoZ

ポップス／声優

E.M.U

1995　僕たちの方程式

『卒業M』のメインキャラクターを演じた声優で構成されたグループ・E.M.Uの1stシングル『僕たちの方程式』のカップリング。全体を通してNew Waveを意識したアプローチの楽曲となっている。本編ではバンドを組んでいる彼らだが、この曲はアイドル楽曲的要素が強く、サビでは全員歌唱となっておりサビ以外とのコントラストも楽しい。また所々キャラクター同士の掛け合いもある、声優ならではな1曲。（犬）

J-POP

メルダック　MECP-30031

夏まで待てない

ポップス／声優

かないみか

1995　Style

かないみか4thアルバムの1曲目を飾るのは、底抜けに明るいホーンセクションが響く、疾走感たっぷりのサマー・チューン。全体のディレクションを担当した安岡孝章が作曲と打ち込みを担当。ワウの効いたギターのカッティングとうねるベースのうえで、バカンスにやって来た浮足立つ気持ちを彼女独特の声質で伸びやかに歌い上げる。サウンドは打ち込みだがそれほどチープさは感じられず、今ならシティポップ的な聴き方もできそう。（キ）

メルダック　MEDP-11021

BE NATURAL

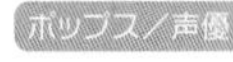

ポップス／声優

日髙のり子

1995　BE NATURAL

日髙のり子10枚目のシングル『BE NATURAL』収録。中山美穂や森川美穂を中心に、笠原弘子、かかずゆみ、金月真美、久川綾ら90年代に多くの女性声優にも楽曲を提供している内藤慎也による楽曲。作詞はNONKO名義による本人と数々の彼女の楽曲を手がけてきた池永康記の共作となっている。あくまで彼女の透明感のあるボーカルを主体に、無理をさせない自然体なキーのメロディで歩み寄っており、爽快感すら感じる。（ろ）

ソニー　SRCL-3209

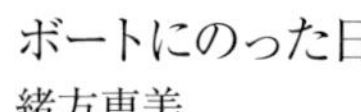

ボートにのった日

ポップス／声優

緒方恵美

1995　MARINE LEGEND

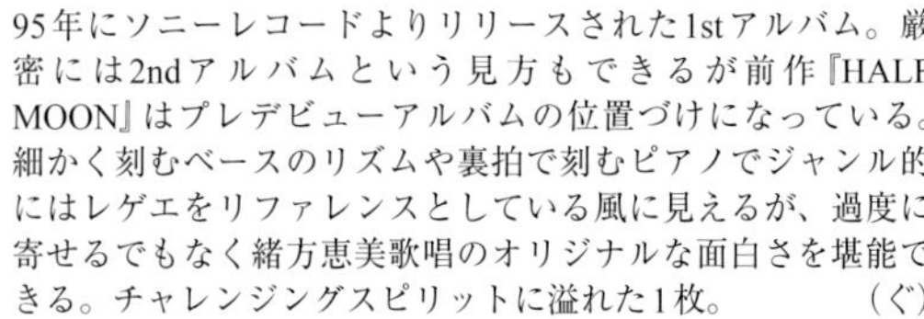

95年にソニーレコードよりリリースされた1stアルバム。厳密には2ndアルバムという見方もできるが前作『HALF MOON』はプレデビューアルバムの位置づけになっている。細かく刻むベースのリズムや裏拍で刻むピアノでジャンル的にはレゲエをリファレンスとしている風に見えるが、過度に寄せるでもなく緒方恵美歌唱のオリジナルな面白さを堪能できる。チャレンジングスピリットに溢れた1枚。（ぐ）

逢ってもすぐに駆けよらない

ポップス／声優

林原めぐみ、永島由子、椎名へきる、日高のり子
ラジオ『オール ザット 少コミ ワールド』OP

1996　オール ザット 少コミ ワールド

少コミ連載マンガのラジオドラマで主人公を演じた林原めぐみ、永島由子、椎名へきる、日高のり子の4名による歌唱曲。正直なところ文字だけで大変お得な気分になるが、そんな気持ちを何倍にもさせる軽快なモータウンビートで少女の恋心が歌われている。カップリングの『あなたじかけのオレンジ』はしっとりとした大人のバラードで、OPとEDを対比することで少女の二面性を表現しているとも取れ、少女マンガを体現してる。（犬）

アポロン　MMDM-0602

ソニー　SRCL-3456

いつか会えたら

ポップス／声優

椎名へきる&GONTITI
ラジオ『ヨコハマ買い出し紀行』TM

1996　ヨコハマ買い出し紀行

「地球一番快適音楽」を標榜するギターデュオ・GOTITIと椎名へきるによるコラボ楽曲。イージーリスニング的でシンプルなコード進行とリズムながらも、耳に残る甘美なメロディラインはさすがGONTITIといった職人仕事。翳りがありつつも牧歌的な原作マンガの空気感を想起させる。ゴンザレス三上による中間部のギターソロも◎。全般的にデジタルなトラックに歌とアコギがゆらぎを与える構造で非常に90年代らしい良さを感じる。（キ）

カプコン　SLPS-00611

この思いを伝えたい

ポップス／声優

春日野さくら（笹本優子）
ゲーム『スーパーパズルファイター IIX』IN

1996　スーパーパズルファイター IIX　※この曲はゲーム内でのみ聴けます。

DTMテイストのノペッとしたトラックと拙いボーカルに、ゲーム感へ誘うFMサウンドと巧みなギターが融合した、ゲーム音楽ともポップスともDTMとも言える曲(筆者は大好きです)。このハイブリッドな質感は、アーケードのさくらBGMのFM+PCM感をキープしつつ、CD音質の特典化にあたりリッチ化を試みた結果と思われる。PS/SS以降の大容量化による、ゲーム音楽＝電子音の等号崩壊のさなか、過渡期のタイミングに生まれた奇跡。（u）

バップ　VPCC-84175

この遊歩道が終わるまでに

ポップス／声優

久川綾　ラジオ『久川綾のSHINY NIGHT』ED

2011（初出：1996）　久川綾 ゴールデン☆ベスト

下ネタ満載で人気を博した番組だったがEDは切ないラブソング。本曲は曲構成がセオリーとは異なり、メロ→サビで終わるかと思いきや、メロのフレーズにリフレインしてから本来のサビにいく。遊歩道が終わるまでに想いを伝えたいがなかなか踏み出せず、揺れ動く少女の心情を示しているようだ。型破りなスタイルやサバサバした語り口で進行するツンな本編と、デレを感じられる本曲も含めた番組全体としてパーソナリティの魅力を発信していた。（き）

バップ　VPDG-20671

月と太陽のめぐり

ポップス／声優

久川綾

TVA『ルパン三世 トワイライト☆ジェミニの秘密』ED

1996　月と太陽のめぐり

当時セーラーマーキュリーで一世を風靡した(本当にすごかった)、久川綾をヒロインに据えた96年の『ルパン』特別版で流れたED曲。民族色の強い作風に乗った美しく伸びやかなボーカルが素晴らしく、郷愁を誘うメロディラインは作品にマッチしていた。当時の『ルパン』主題歌は一般アーティストが採用されることが多かったが、以降はキャストによる歌唱も見られるようになった。翌年はなんと篠原恵美。担当者が好きだったのだろうか……。　(s)

コナミ　KICA-7726

Telephone

ポップス／声優

丹下桜

1996　Be Myself

徳間からコナミに移ってリリースされた『Be Myself』。名曲揃いの1枚だが、近年の音楽的流行を踏まえて選曲するならこの曲だ。明るくもアダルトな雰囲気のシンセ、小気味良いカッティングギター、そしてKONAMI特有のパキパキとしたマスタリングが何かを想起させる。そう、ここ数年のレトロブームだ。単にシティポップというより、妙に現代的なサウンドが現代シティポップライク楽曲群を感じさせる。不思議な楽曲だ。　(せ)

パイオニア　PICA-1094

Bath-time is Happy-time

ポップス／声優

三石琴乃

1996　優しい大人になるために

三石琴乃の4thアルバムから。泡のようなシンセベース、伸びやかなコーラスとブラスサウンドがムード感を演出している。サビ以外では大きく展開せず繰り返されるコーラスは、お風呂から出るのが名残惜しいとすら感じられるほどの心地良さ。リラックスしたボーカルがこちらまで温かい気持ちにさせてくれる。疲れた時、嫌なことがあった時にも、すべてを洗い流して気持ちを落ち着かせてくれる。　(ナ)

日本コロムビア　COCC-13575

約束はAlright!

ポップス／声優

YAG PD　TVA『水色時代』ED

1996　水色時代 キャラクターソング・コレクション PRESENT

名曲揃いの『水色時代』から後期EDである本曲を紹介。歌唱担当のYAG PDは代々木アニメーション学院パフォーマンスドールの略であり、アニメ本編の声優も担当する。歌唱的な技量はお世辞にも新人声優の域を出ないが、岩崎元是による楽曲は極上のポップスであり、サビの多幸感は大人の心をも鷲掴みにする。本曲ならずともOPを聴いて琴線に触れた方であれば、同系統の良曲が多数収録されている本アルバムごと楽しんでいただきたい。　(き)

パイオニア　PIDA-1040

アクセル

ポップス／声優

飯塚雅弓　ラジオ『週刊アニメージュ 飯塚雅弓のまだまだ日曜日だよ！』OP

1997　アクセル

飯塚雅弓初となる冠ラジオ番組のOP曲は、彼女の転機を暗喩する内容にもなっている。卒業を思わせるようなイントロが過去との決別を表現し、新しい自分に変わっていくためにアクセルを踏み込んでいくという決意を歌い上げる。メジャーコード進行の明るい楽曲だが、過去の思い出や自責の念を認めた想いも綴っており、陰を感じる楽曲でもある。単なるラブソングではない、スパイスの効いた声優楽曲を求める諸氏におすすめしたい。（き）

コナミ　KICS-7610

雨のちスペシャル

ポップス／声優

國府田マリ子　一般番組『みんなのうた』

1998（初出：1997）　My Best Friend

NHK『みんなのうた』に採用され、放送後も幾度となく再放送されたため國府田マリ子の楽曲でも広く認知されているだろう。國府田による歌詞も良いが松原みき作曲である点もシティポップリバイバルのなかで注目したい。松原は國府田にいくつかの楽曲を提供しているが、なかでも最も完成度の高い楽曲である。雨の日の気だるさのようなブルースハープが印象的で、曲を聴きながら外を眺めていると國府田の歌声と共に空想の世界へ誘われていく。（犬）

ソニー　SRCL-4179

風が吹く丘

ポップス／声優

椎名へきる

1998（初出：1997）　Baby blue eyes

椎名へきるの8thシングルの表題曲で、この曲により声優初の『ミュージックステーション』出演を果たした。3作目の『目を覚ませ男なら』を彷彿とさせる力強いサウンドに椎名へきるの特徴的な声が奇跡的にマッチして、爽やかで疾走感のある楽曲に仕上がっている。この曲が発売された97年は椎名へきるが声優初の日本武道館公演を行った年であり、アニメソングに対する潮流が変わってきたターニングポイントであったと感じている。（s）

バップ　VPCG-84637

Sunnyday's Laundry

ポップス／声優

白鳥由里

1997　Tendance d'eau

新居昭乃プロデュースによる3rdアルバムのテーマは水。白鳥が「かわいい曲が歌いたいなあ」と言ったら保刈久明がこの曲を書いてくれたらしい。『Seven Steps to Heaven』や『Giant Steps』を連想させるメロディの音程が特徴的で、渦巻く水流を表現したかのよう。白鳥のか細い声と共に爽やかな風のように吹き抜ける音像は心地良く、ポータブル・ロックの鈴木智文によるアコギの高速カッティングが特に秀逸。（キ）

幸せなら手をつなごう

ポップス／声優

松野太紀 CM『代々木アニメーション学院』

1997 幸せなら手をつなごう

代々木アニメーション学院のCMで流れていたあの曲である。乙女ハウスや90年代のクラブジャズでありそうなイントロから始まり、永遠の少年声である松野のボーカルが重なる。百石元によるキャッチーで強烈にポップな旋律は大江千里などにも通じる。CMの松野の姿もアイドルのPVといった風情で、デビュー当時の大江千里のようで愛らしい。97年は『金田一少年の事件簿』で金田一一を演じ人気、知名度とも高くなったタイミングで納得。（犬）

フューチャーランド TYDY-2083

エアーズ AYCM-575

Hang in there!

ポップス／声優

大野まりな ラジオ『声優グランプリ』IM

1997 声優グランプリ CD Best Vocal Collection

『ラジオ・声優グランプリ』のメインパーソナリティを務めた声優・大野まりなの初歌唱となった同番組のイメージソング。多重コーラス＆刻みギターが印象的な王道ビーイング系を行く爽快90s J-POPサウンドで、オブスキュア感がたまらない、Killed By 声優ソング筆頭！ なお彼女は99年にはミニアルバムをリリースし、以降は美少女ゲームの主題歌や電波ソング歌唱をメインに活動。まりなりな名義を経て現在も活躍されている。（あ）

AMJ GENKI ABCA-1

ある日曜日

ポップス／声優

古川恵実子 ゲーム『エフィカス この想いを君に…』CS

1998 オリジナル ラジオドラマ「エフィカス この想いを君に…」vol.1

98年にプレイステーションで発売された学園恋愛シミュレーションゲーム『エフィカス この想いを君に…』のラジオドラマCDに収録された1曲。爽やかなバックコーラスと明るく軽快なカッティングギターが日曜日感に溢れている。キメが多く小気味の良いリズム隊のアレンジが心地良く、何度もリピートしてしまう。楽曲だけでなくゲーム本編も攻略が難し過ぎて何度もリピートした記憶。（ナ）

ケイエスエス KLCA-2005

肩力

ポップス／声優

木村亜希子

1998 真冬のひまわり

木村亜希子の1stアルバムより。冒頭のボイスサンプリングとブレイクビーツが心地良いジャングルアレンジとなっている。ビートの音量が少し小さく感じるが、リズムパターンがわりと多くビートの細かいチョッピングにより飽きがこない。Aメロ・Bメロでは乾いたボーカルが緊張感を与えつつ、サビでは深くディレイをかけ一気に広がりが出ることで解放感を得られる。タイトル通り、肩の力を抜きたい時に聴きたい。（ナ）

ファーストスマイル　FSCA-10032

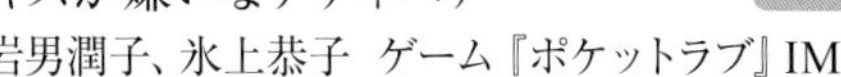
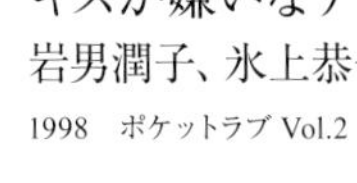

キスが嫌いなテディベア

ポップス／声優

岩男潤子、氷上恭子　ゲーム『ポケットラブ』IM

1998　ポケットラブ Vol.2

トレモロに揺れるエレピのイントロは一度聴いたら忘れられない。白倉由美によるクローズドで癖のある歌詞の世界は、岩男と氷上のダウナーな歌唱と相まってアンニュイで危険な香りを撒き散らす。モーダルなコード進行にも飲み込まれそうなある種不気味な迫力があるが、寄り添うように歌う2人を奇妙なバランスで引き立てている。なお本楽曲は翌年発売のコンピCD『笑顔の約束』にも収録されており、これまた豪華声優陣による粒揃いの名盤だ。（キ）

Ve:shall　WPCV-7427

Dolce Vita

ポップス／声優

阪口大助

1998　いかがなものか?

90年代と言えば小室サウンドが思い浮かぶがこちらはまるでaccessやTMNのようなダンスミュージックを下敷きにしたロックになっている（日本でのデジロック？）。特にサビのメロディは宇都宮隆や貴水博之が歌っていたとしても違和感がないが、阪口の独特なボーカルも案外しっくりくる。本人名義は本アルバムのみでキャラクターではない歌声が聴ける貴重な1枚だが、収録曲の半分は語り。そこはファンのニーズを汲んだのだろう。（犬）

日本コロムビア　COCC-15317

涙のサイドシート

ポップス／声優

岡本麻見、高戸靖広
ゲーム『センチメンタルグラフティ』IM

1998　センチメンタルグラフティ Song Collection

下手すれば場末のデュエット・ポップになりかねないところを音楽的に救っているのは編曲者の鶴由雄によるアレンジの妙だと思う。手垢の付いたクリシェ中心のコードワークをどうしてこうも魅惑的に聴かせてくれるのだろう? ボーカルを終始支えるシンセホーンとシンセフルートの対旋律には時代の徒花を感じる。サビの“夜の横浜は ガラスでできた哀しい宝石ね”との歌詞通り、まさにメルティッド・クリスタルな輝きを放つ楽曲。（キ）

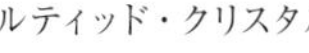

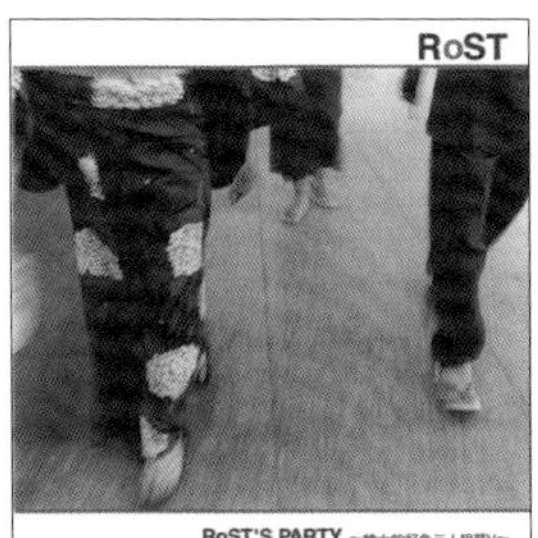

Ve:shall　WPCV-7429

Home Party

ポップス／声優

RoST

1998　RoST'S PARTY ～紳士的好色三人組祭り～

鼻歌から始まり、タイトル通りホームパーティを準備していく過程やこれから始まるパーティのワクワクを歌った歌詞は大人な雰囲気。ジャズのエッセンスを纏ったトラックとぎりぎり囁きにならないくらいの抑えめな歌声も良い。トレンディ感溢れる楽曲はファルコム関連ゲームの音楽やV6などへ楽曲提供やアレンジを行っている米光亮の仕事。RoSTは三木眞一郎、石川英郎、笠原留美が集まったユニットで声優では珍しい男女混合となっている。（犬）

ワンダー　WDCD-20113

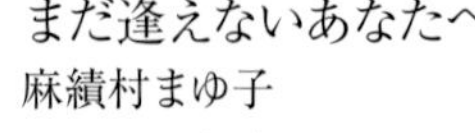

まだ逢えないあなたへ

ポップス／声優

麻績村まゆ子

1998　しんこきゅう

麻績村まゆ子の1stミニアルバムより。幻想的なイントロから始まり、空間を広く使ったフォークアンビエント的なアレンジだが、ポップさをしっかり残している。1番終わりの間奏から一気に広がりを見せる幽玄的なトラックに対し、素朴過ぎるボーカルが対比的で際立っている。空間的なアレンジにも関わらず重苦しくなく爽やかな印象を受けるのは、この素朴なボーカルのおかげかもしれない。（ナ）

スターチャイルド　KICA-452

風邪ひいた夜

ポップス／声優

渡邊由紀、山本麻里安　TVA『彼氏彼女の事情』ED

1999　Setsu・Getsu・Ka

“風邪ひいた夜は 思い出す 昔 いじめたあの子”の歌い出しにドキリとする。アニメ『彼氏彼女の事情』第25話（アニオリ百合回！）ED曲で、月野役の渡邊由紀と花野役の山本麻里安がヘタウマに歌う。松浦有希の暗さがありつつも開かれたメロディセンスが炸裂しており、間奏のサックスも泣ける。百合楽曲は数あれど、語られ続ける傑作だ。松浦の4thアルバムでセルフカバーされており、こちらでは端正な歌声が楽しめる。（カ）

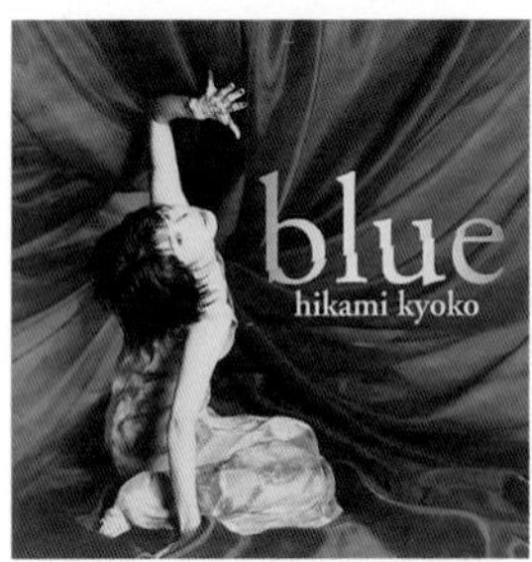

マリン　MMCL-0006

crescent

ポップス／声優

氷上恭子

1999　blue

最近はドラマCDばかりリリースし、女性声優関係はラジオとイベント周りの仕事しかしないマリン・エンタテイメントだが名盤を出していた時代もあった。氷上恭子の4thアルバムはアップテンポなポップスと、アダルトでダークな世界観が入り混じる。この7曲目では冷たいシンセとダウンテンポなビートが当時のトリップホップの質感と通底する。トラックに負けじと、ダブリングされた氷上の艶やかな声が蠱惑的な妖気を放つ。（カ）

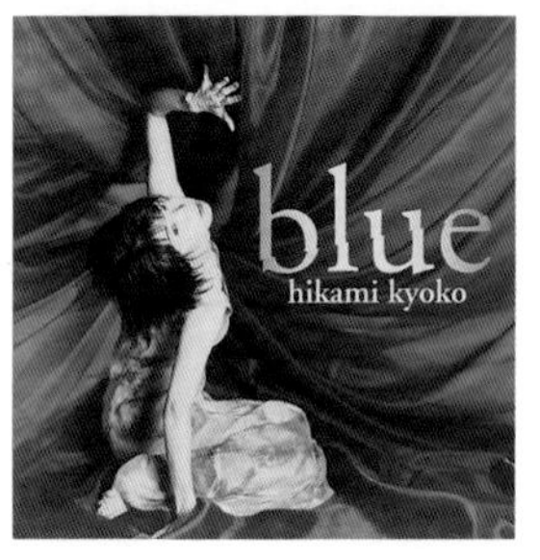

マリン　MMCL-0006

デイジー

ポップス／声優

氷上恭子

1999　blue

男女の出会いと別れを一年草のデイジーになぞらえて歌う。デイジーの持つ美しさ、儚さ、力強さを余すところなく表現しつつ、ストーリーとして見事に形作っている歌詞は氷上恭子本人によるもの。全体的に切なさ溢れる曲調だが、特に間奏からメロに入る直前のフレーズにおいて、あえてマイナーにしてからメジャーに戻ってくるアルペジオでのコード進行が絶品。抑揚を抑えて語りかけるようにディレクションされた歌声が逆説的に心に突き刺さる。（き）

ミンク　MNK000C00036

はじまりの予感

ポップス／声優

吉田小百合　ゲーム『Touch me ～恋のおくすり～』OP

1999　Touch me 恋のおくすり はじまりの予感&いつかあなたと

残念ながら事業終了してしまった老舗ゲームメーカー・minkからリリースされた純愛モノ『Touch me ～恋のおくすり～』のOPテーマ。99年作としては逆に珍しく感じてしまうくらいのシティポップ感がイントロから溢れる名曲で、キッチュに昭和のアイドル風に歌い上げる向ヶ丘志穂役の吉田小百合のかわいさもグッドです。ソフト化されることがなく、初回限定盤のおまけCDにのみ収録なのが惜しい。（W）

クラウン　CRCA-20005

詠人

演歌

北島三郎　TVA『おじゃる丸』OP

1999（初出：1998）　おじゃる丸 オリジナル・サウンドトラック

98年に放送が始まり、現在まで放送が続く10分アニメ『おじゃる丸』。その最初のOP曲となったのが演歌の大御所・北島三郎が歌う本楽曲だ。平安時代から現代にタイムスリップしてきたおじゃる丸の“まったりまったり”とした生き様を歌ったような本楽曲は、スローテンポの演歌ともぴったりとマッチしている。本作のOP曲は一時期同じく北島三郎が歌う『夢人』になった時期もあったが、再びこの曲に戻っている。（い）

スターチャイルド　KIDA-106

夢見る愛天使

80s アイドル歌謡

FURIL′　TVA『愛天使ウェディングピーチ』OP

1995　夢見る愛天使

『美少女戦士セーラームーン』の成功以降バトルヒロインものが立て続けにTVアニメ化されたが、『愛天使ウェディングピーチ』もその1つ。OP曲は97年のモーニング娘。デビュー以前までのアイドルバリエーションの1つのようだが、歌うのは当時の人気声優たち。ウェディングの名に恥じぬ清廉さと荘厳さが漂い、先述したセーラー戦士主題歌の亜流のようにも聴こえるが意識的に差別化が図られている。早世の才人・岡崎律子氏の手腕が光る楽曲。（け）

ピンクパイナップル　JSCA-59035

藍色乙女

80s アイドル歌謡

浅田葉子　OVA『パレード♥パレード』OP

1996　ピンクパイナップル ヒット曲集

“曇りのち涙雨 ときに藍色乙女”。目まぐるしい少女の心情を綴ったこの曲は、アイドルもの18禁アニメの主題歌。しかし侮ることなかれ。80年代王道アイドルソングを思わせる骨太なベースラインと硬度のある8ビートが聴いていて気持ち良い、新人アイドル・椎名佳織の質感をしっかりと表現した傑作だ。浅田葉子が歌い上げる憂いのあるメロディラインも心地良い。アニメでは先輩アイドルとのデュエット版も披露されているが、こちらは未発売。（せ）

NECインターチャネル　NECL-33001

雲の向こう

80s アイドル歌謡

Sentimental Graffiti Tears
ゲーム『センチメンタルグラフティ』OP

2000（初出：1997）　センチメンタルグラフティ スーパーベスト～せつなさの扉～

春の陽気のような朗らかなシンセの音色、リズミカルなクラップ、快活で親しみやすい特徴的なボーカルなど、80年代アイドルソングの王道要素が満載な1曲。OPムービーで流れる、Madonnaの『Vogue』の振付を取り入れた通称“暗黒太極拳”のインパクトが抜群なため、相対的に楽曲の印象が弱くなってしまったのは少々不運ではあるが、ラスサビ前の技巧的な間奏など聴きどころの多い楽曲であることは主張していきたい。（河）

コナミ　KICA-7812

リンゴの樹の下で

80s アイドル歌謡

藤崎詩織　ゲーム『ときめきメモリアル』IM

1997　Memories

いわゆるギャルゲーとして圧倒的人気を博した当作品のメインヒロイン・藤崎詩織名義としてリリースされた2枚目のアルバムに収録された名曲。メーカーのコナミが、おニャン子クラブ登場以前のアイドルへの幻想を求めたというキャラ演出の本気度が伝わるような、80年代のアイドル歌謡／ナイアガラサウンドの高い再現性も、村下孝蔵の作詞と作曲、岩崎元是の編曲、金月真美の歌唱が渾身一体となって結実したものであろう。（あ）

日本コロムビア　COCX-30443

S・O・S

80s アイドル歌謡

くまいもとこ、津久井教生、池澤春菜、豊口めぐみ
TVA『アリスSOS』OP

1999　NHK 天才てれびくんワイド うたの詰め合わせ

オリジナルは伝説のアイドルであるピンク・レディーの2枚目のシングルにして代表曲。NHKの子供向け番組『天才てれびくん』内で放送されていたアニメ『アリスSOS』の主題歌として、出演声優4名によってカバーされた。20年以上経った今でも古臭さを感じさせないOP映像と楽曲のアレンジで、いまだに印象に強く残っている。番組内の5分アニメということでサビのみの20秒バージョンが存在するのも特徴だ。（ろ）

ファンハウス　FHCF-2306

Sweet Sling Singapore

シティポップ

横山智佐

1996　f【éf】

ファンハウスから発売された横山のソロ名義3rdアルバムに収録。1stアルバム『恋愛の才能』に近いシティポップ調の曲が多い本作のなかでもとりわけグルーヴィーな1曲。冒頭から全編にわたってのゴージャスな生音ホーンセクションは、『ルパン』などの大野雄二作品や『サクラ大戦』などの田中公平作品に多く参加している数原晋グループの手によるもの。シンガポールの夜景を前に、浮つくような気持ちを華やかに表現している。（I）

ケイエスエス　JSCA-29032

NO NO BOY

シティポップ

岩男潤子
OVA『GOLDEN BOY-さすらいのお勉強野郎-』IM

1996　GOLDEN BOY STUDY A GO!! GO!!

美少女総合商社・ケイエスエスから発売された、江川達也原作監修OVAのイメージソング。岩男潤子の艶のあるボーカルが映えるシティポップナンバーだ。リズム隊は打ち込みのようだが、重量感を出しつつ歯切れが良いベースとカチッとしたドラムが秀逸。打ち込み特有の安っぽさを感じさせない。そして仕上げのスパイスとして効いてくるのが、元LOOKのチープ広石が奏でるサックスだろう。サウンドの絶妙なまとまり方がオトナを感じさせる。(せ)

サイトロン　PCCB-289

いてよね

シティポップ

氷上恭子　ラジオ『子安・氷上のゲムドラナイト』ED

1997　子安・氷上のゲムドラナイト on CD

TBS系ラジオで放送されていた番組の1周年を記念してリリースされた、ラジオの特番形式で構成されたCDに収録された極上トワイライト・ライトメロウナンバー。当時のクラブシーンで隆盛を極めたアシッドジャズテイストも感じさせるR&Bサウンドをベースに、アダルトに鳴り響くサックスと氷上恭子の控え目に艶艶しく主張するボーカルが心地良い。birdやMonday満ちるらとも同等に語られるべき秀逸作品。　(あ)

コナミ　KICA-7916

kissの行方

シティポップ

金月真美

1998　Touch and Go

トワイライトな雰囲気を帯びたダンスナンバーを金月真美の5thアルバムから紹介。どうしても藤崎詩織のイメージに引き摺られてしまうが、まさに正統派な恋の歌である。ジャズ要素も含んだ曲やコーラスワークの妙も聴きどころであるが、やはり金月真美の特にハイトーンにおけるボーカルコントロールが素晴らしい。裏声と地声の絶妙なバランス、中音部に戻ってきた時のウィスパーボイスは王道ヒロインの貫禄を感じさせる。(き)

Yoo-Loo　OODO-5001

うれしい予感

ナイアガラ

渡辺満里奈　TVA『ちびまる子ちゃん』OP

1995　うれしい予感

国民的アニメ『ちびまる子ちゃん』第2期OP。作曲は大瀧詠一氏で、キラキラした鐘の音から始まり、コーラスワークやエコーによって生まれる空間の使い方など、大滝氏らしいナイアガラサウンドに仕上がっている。これに原作者であるさくらももこ氏の素朴な歌詞が乗り、アニメを象徴する楽曲の1つとなっている。シングルでは植木等の『針切じいさんのロケン・ロール』とのスプリットでリリース。(り)

J-POP

日本コロムビア　CODC-761

恋人が宇宙人なら

ナイアガラ

岩男潤子　TVA『モジャ公』ED

1995　恋人が宇宙人なら

アニメ『モジャ公』のED曲。オールディーズなドゥーワップに始まり、続いてこれまた誰が聴いても大瀧詠一なナイアガラサウンドがなだれ込んでくる。3連符で刻まれるピアノ、エコーの向こう側に消えゆく鐘の音、そしてコーラス隊が渾然となって生み出される高揚感がすごい。この完璧な分厚い音壁に岩男のアニメ声が乗っかり、ちょっとほかでは聴けない贅沢な仕上がりに。作編曲はもちろん岩崎元是。これぞ声優ウォール・オブ・サウンド。（キ）

キングレコード　KIDA-7610

夏に、まだ少し…

ナイアガラ

金月真美
ゲーム『ときめきメモリアル プライベートコレクション』IN

1996　夏に、まだ少し…

96年リリースのシングルで、ゲーム『ときめきメモリアル プライベートコレクション』挿入歌。発売日当日の最高気温は31.6℃。歌詞、アレンジ共に夏を思わせる要素を全部乗せした極濃夏感の1曲。もし声優ウォール・オブ・サウンドというカテゴリがあるなら、そのカテゴリを代表するだろう。ゲーム内で流れるミュージッククリップも併せて、楽曲に寄り添った内容で良かった記憶がいまだに残っている。間奏で吹き鳴らされるサックスソロは最高。（ぐ）

スターチャイルド　KICA-403

青い空 青い海

ナイアガラ

新山志保

1998　WILD HALF ドラマアルバム Encounter 3

『ときめきメモリアル』のサウンド・キャラソンの一角を担った岩崎元是が、和製ウォール・オブ・サウンド裏番長の本領を発揮した1曲。ラストの転調まで構成され尽くした完璧な音壁を、新山志保の澄みきった声が登っていく。岩崎・新山コンビでは『それゆけ！宇宙戦艦ヤマモト・ヨーコ』のキャラクターソング『夢はパントマイム』という曲もおすすめ。歌唱を聴くにつけ、新山の早世が悔やまれる。（I）

日本コロムビア　COCC-13575

水色時代

AOR

米屋純　TVA『水色時代』OP

1996　水色時代 キャラクターソング・コレクション PRESENT

尾崎亜美が作詞と作編曲を手がけた5枚目のシングル曲は、主題歌のみならず、キャラクターソングの良さでも定評のある当作品のOPテーマとしてリリース。まさに尾崎亜美が80年代のポニーキャニオン在籍時に聴かせた、David Fosterプロデュースの AORサウンド直系の極上ナンバー。岩崎元是や林哲司、米光亮らも作編曲で参加し、至極高い水準で作られた『水色時代』ワークスはどれもシティポップライクで珠玉。（あ）

KOEI　KECH-1151

約束

AOR

ヴィクトール（立木文彦）
ゲーム『アンジェリークSpecial2』CS

1999（初出：1996）　アンジェリークLOVE COLLECTION2

96年発売のゲーム『アンジェリークSpecial2』のキャラクターソング。ギターとパーカッションに絡む立木文彦のダンディな歌声がたまらなく都会的。ギターの音色やコーラスの絡ませ方はAOR以降のR&Bテイスト。『アンジェリーク』などKOEIの『ネオロマンス』シリーズの楽曲には男性声優の色気あるボーカルを活かした名曲が多数存在するので、ファン以外もぜひチェックしてもらいたいところ。（I）

ポリグラム　PODX-1034

vacation map

AOR

緒方恵美　ラジオ『緒方恵美の銀河にほえろ！』OP

1998　vacation map

男八段・緒方恵美の7thシングル。下ネタの多さが故、青二3大エロ番組と呼ばれていた『銀ほえ』のOPに似つかわしくない爽やかなAOR歌謡は、MOONレーベルからのリリースでも知られる村田和人の手によるもの。腕利きのスタジオミュージシャンでもある向山テツや湯川トーベンら村田バンドの面々による演奏が、ナイアガラとも少し異なる良質なアメリカンポップス感を引き立てている。（I）

コナミ　KMDA-1

風になってその胸に

AOR

藤崎詩織　ゲーム『ときめきメモリアル』CS

1999　いっしょにいたいから

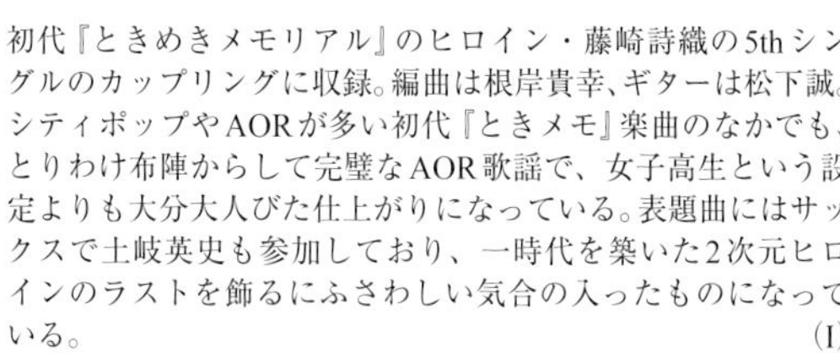

初代『ときめきメモリアル』のヒロイン・藤崎詩織の5thシングルのカップリングに収録。編曲は根岸貴幸、ギターは松下誠。シティポップやAORが多い初代『ときメモ』楽曲のなかでも、とりわけ布陣からして完璧なAOR歌謡で、女子高生という設定よりも大分大人びた仕上がりになっている。表題曲にはサックスで土岐英史も参加しており、一時代を築いた2次元ヒロインのラストを飾るにふさわしい気合の入ったものになっている。（I）

スターチャイルド　KICA-408

恋しましょ ねばりましょ

90s アイドル

かかずゆみ　TVA『アキハバラ電脳組』IN

1998　Rebis-C.T.i.A/OST

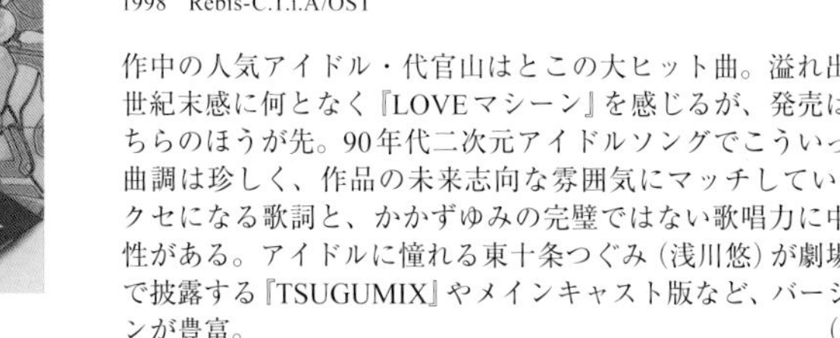

作中の人気アイドル・代官山はとこの大ヒット曲。溢れ出る世紀末感に何となく『LOVEマシーン』を感じるが、発売はこちらのほうが先。90年代二次元アイドルソングでこういった曲調は珍しく、作品の未来志向な雰囲気にマッチしている。クセになる歌詞と、かかずゆみの完璧ではない歌唱力に中毒性がある。アイドルに憧れる東十条つぐみ（浅川悠）が劇場版で披露する『TSUGUMIX』やメインキャスト版など、バージョンが豊富。（せ）

ビクターエンタテインメント　VICL-731

otherwise

ロック

KONTA TVA『CITY HUNTER スペシャル ザ・シークレット・サービス』OP

1996（初出：1995）「シティーハンター〜スペシャル ザ・シークレット・サービス」オリジナル・サウンドトラック

高らかに鳴り響くサックスと、ダンサブルなロックビートが夜の都会感を匂わせる。80年代ロックバンドを代表するBARBEE BOYS、そのボーカル&サックスプレーヤーであるKONTA氏のハスキーな声は男性的魅力に溢れ、言葉遊びのような独特のリズムで刻まれる歌詞は、大人の男が持つ意地っ張りのようなプライドと恋心が盛り込まれている。作品の主人公・冴羽獠そのものをイメージできる1曲。（T）

ポリドール　POCX-1050

いつか天使になれる

龍咲海（吉田古奈美）TVA『魔法騎士レイアース』CS

1997（初出：1995）　魔法騎士レイアース BEST SONG BOOK

主題歌が注目されがちな『魔法騎士レイアース』だが、実はキャラソンも粒揃い。なかでも海が歌うこの曲は主題歌を歌唱した田村直美が作詞と作曲（石川寛門との共作）を手がけていることもあって、主題歌の雰囲気をそのままキャラソンに落とし込んだかのような楽曲になっている。透き通るような伸びやかな歌声は何度聴いても惚れ惚れするはずだ。海のキャラソンはほかにも太田美知彦やすぎやまこういちが提供するなど、力の入れ具合がハンパない。（河）

スターチャイルド　KICS-747

YELLを君に！

小森まなみ ラジオ『小森まなみのエールを君に』OP

1999（初出：1996）　Be Station

阪神大震災の被災者応援ソングとして制作された、小森まなみの代表曲の1つ。軽快なドラムビート、心を明るくさせるブラスライクなキーボードの音色、小森の芯の通った力強い歌声など、応援歌のお手本のような1曲だ。歌詞に込められたメッセージは制作理由に沿っていてシンプルではあるものの、ラジオ番組を通じて多くのリスナーへ寄り添っていた彼女が歌うからこそ説得力のあるものになっているのだろう。（河）

アニメージュ　TKCA-70702

夢の舟 〜 Ships in the dream〜

小野寺麻理子

1996　Person

わずか2年ほどの活動で引退してしまった小野寺麻里子のアルバム中でも特にロック色の強い1曲。ビーイング系が全盛の時代だったことを考えるとギターが全面に出ているアレンジは当然の結果か。実際Aメロ、BメロなどはZARDやTUBEの楽曲のような印象を受ける。サビ部分が少し垢抜けてないように感じるのは愛嬌として、彼女が活動を続けていたらどのような作品群が残ったのか考えさせられる良作。（犬）

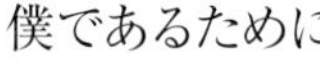

ビクターエンタテインメント　VICL-60172〜3

僕であるために

ロック

FLYING KIDS　TVA『逮捕しちゃうぞ』OP

1998（初出：1997）　逮捕しちゃうぞ 限定解除II〜まほちゃんのSUPER COLLECTION

女性主人公の『逮捕しちゃうぞ』はシリーズを通じて女性ボーカル曲が多いが、そのなかで異彩を放つ男性ボーカル主題歌。イカ天出身のFLYING KIDSが唯一アニメとタイアップした曲でもある。中嶋巡査の美幸へのひたむきな思いを代弁するような男性視点の歌詞が浜崎貴司氏の熱唱にマッチ。私見ながら、一般人オタク問わず結婚式で使ってほしいアニソン楽曲No.1。締めの"愛は止まらない"がフェードアウトするまで噛みしめて聴くこと。（S）

パイオニア　PICA-1141

胸を張ろう！

ロック

夏樹リオ　OVA『バトルアスリーテス大運動会』ED

1997　バトルアスリーテス大運動会 音楽篇 vol.1

リブートが記憶に新しい『大運動会』の、旧作OVAのED主題歌。モータウン・サウンドを彷彿とさせる快活なリズム隊に、開放感のあるリードギターが乗っかって爽快感抜群だ。歌唱は主人公・神崎あかり役を務めた夏樹リオ。本楽曲はキャラクターソングとしても扱われており、あかりのひたむきさをバッチリ表現した瑞々しいボーカルが気持ち良い。汗を飛ばしながらひたすら夢に突き進む、『大運動会』のスポ根的側面を感じさせるナンバーだ。（せ）

KMW　KICS-622

愉快な鼓動

ロック

米倉千尋　TVA『きこちゃん すまいる』ED

1997　Transistor Glamour

ドタバタコメディアニメ『きこちゃんすまいる』のEDテーマ。沈んでいる人の背中をそっと押す歌詞は応援歌でありながらどこか落ち着いているが、イントロや間奏の特徴的なギターリフ、曲名通り楽しげで快活なパーカッション、米倉の伸びやかな歌声など、楽曲から漂う雰囲気がかなり明るいので、全体の印象としてあまり暗さを感じさせない作りになっている。編曲は東京事変のメンバーとしてもお馴染みである音楽プロデューサーの亀田誠治が担当。（河）

zaba　VICL-60175

In My Dream

ロック

新行寺恵里　TVA『ブレンパワード』OP

1998　HARD VOLTAGE

98年にWOWOWで放送された『ブレンパワード』のOPテーマ。全裸の女性が空を飛ぶというオーガニックな映像に目を奪われがちだが、注目したいのは一部で声帯ブレイカーとも言われる真行寺恵里によるパワフルな超ハイトーンボーカル。ラスサビ前に歪んだギターとユニゾンする超音波ボーカルを披露したかと思えばラスサビではさらに転調するという離れ業をやってのける。アニソンカラオケ最難関と言っても過言ではない1曲。（山）

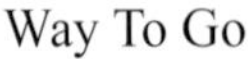

ヴァイタル・ミュージック・ジャパン　MMCM-0002

Way To Go!

ロック

Radish Roxs
ラジオ『アップビートでAre you ready?』IM

1998　Way To Go!

声優グランプリにおける河村由紀恵著の企画『アップビートでAre you ready?』から生まれたヴァーチャルロックバンド・Radish Roxsの2ndシングル（正確にはメジャーデビューシングルの位置付け）。ロックバンドのためLINDBERGやSHOW-YAなどを参照したようなポップ・ロック的なサウンド。サビで全員で歌うスタイルは声優では必須のパターンで、現在の『バンドリ』などにも連綿と受け継がれている。（犬）

ビクターエンタテインメント　VICL-60241

H.T

ロック

今堀恒雄　TVA『TRIGUN』OP

1998　trigun the first donuts

内藤泰弘氏原作によるガンアクションアニメのOP曲。曲名は主人公であるヴァッシュの通り名・Humanoid Typoonの頭文字から。ギタリストとして評価が高い作曲者・今堀恒雄氏のハードなギターを中心とし、効果的に入る高速のパーカッションが特徴的なスリリングな楽曲で、激しいガンアクションを連想させられる。今堀氏は本作のサウンドトラックも手がけており、そちらも作品の世界観を表現した素晴らしい作品になっている。（リ）

ピンクパイナップル　KSCA-59073

風になりたい

ロック

三五美奈子　OVA『下級生 あなただけを見つめて…』IM

1998　エルフ版 下級生 Melody

TV版・OVA版共にオールディーズ・サウンドが心地良い『下級生』のイメージソング。アニメ版を象徴する夏のイメージを、グループ・サウンズ的演奏で見事に表現している。三五美奈子の少女感溢れる歌唱がバッチリ演奏にハマり、60～70年代GSと80年代アイドルの邂逅が垣間見える。作曲は爆風スランプのファンキー末吉。当該アルバムは梶浦由記、バカボン鈴木、筋肉少女帯の太田明などが参加しており、聴き応えのある1枚だ。（せ）

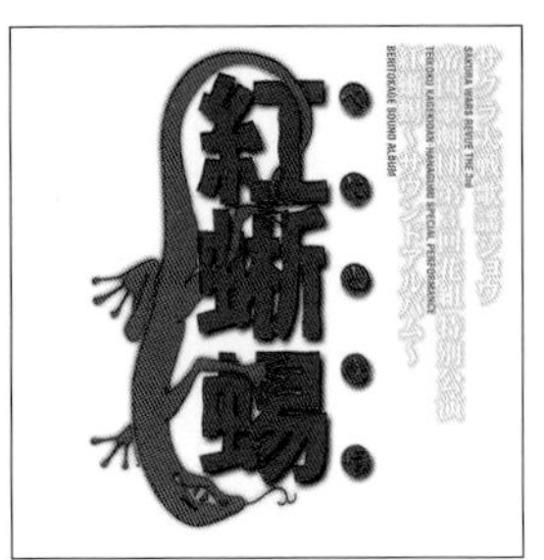

MMV　MJCG-80013~4

檄！帝国華撃団（改）

ロック

帝国歌劇団ほか　ゲーム『サクラ大戦2 ～君、死にたもうことなかれ』OP

1999（初出：1998）　サクラ大戦歌謡ショウ 帝国歌劇団第3回花組特別公演 紅蜥蜴 ～サウンドアルバム～

『ゲキテイ』はライブ盤を聴け！ 今はなき東京厚生年金会館で行われた歌謡ショウ『紅蜥蜴』での演奏は極上だ。歌謡ショウとは、オリジナルキャストがキャラの衣装を着て演じ、歌い踊る舞台作品。金管やサックス、ピアノを加えたロックバンド編成の生演奏で、指揮を執るのはもちろん田中公平。躍動するトランペットとドラム、それらの勢いに呼応する大観衆の手拍子と合いの手が熱狂を誘う。全盛期の『サクラ』を感じるのに十分なベストテイクだ。（せ）

ビクターエンタテインメント　VTCL-60326

THE REAL FOLK BLUES

ロック

山根麻以　TVA『カウボーイビバップ』ED

1998　COWBOY BEBOP～ビタミンレス

主題歌や劇伴も含めて、類まれなる音楽演出で高い人気を誇るアニメ監督・渡辺信一郎。氏が手がけ、全編にわたってJAZZ楽曲が使用されたのが『カウボーイビバップ』だ。そのED曲として使用された『THE REAL FOLK BLUES』は、作編曲を菅野よう子が、歌唱を山根麻以が担当。レアグルーヴの空気感も感じられるゆったりとしたテンポと、その上に乗る管楽器演奏に耳を奪われる。（い）

日本コロムビア　COCC-14921

涙の5秒前

ロック

丹下桜　OVA『電脳戦隊ヴギィ'ズ・エンジェル』ED

1998　電脳戦隊ヴギィ'ズ・エンジェル音楽集 THE SONGS FOR SONGS 2

近年はリブートでの展開が熱い『ヴギィ』。OVA第2巻のED曲は、丹下桜の儚げなアカペラから始まる。“涙の5秒前 どうか負けないで かじかむ勇気を そっと暖めて”。ロックバンド編成にバイオリン、ビオラ、チェロのストリングスが加わり、切なさと凛々しさが込められた歌声を見事に引き立てる。方向性は少し違うが、こうした楽器の使い方はThe Pale Fountainsを彷彿とさせる。（せ）

日本コロムビア　COCC-15315

はじめてのチュウ

ロック

LAMUSE

1998　LAMUSE

元祖声優ガールズロックバンドとして記憶にも記録にも残る彼女たち。『はじめてのチュウ』のカバーをロックバージョンで演奏する感覚がアマチュアバンドっぽくていい味を出している。オリジナルの前に練習するならこんな曲。男性声優ではスラップスティックなど前例があるが、女性声優ファンはやはりアイドルとしての形を多く望んだためか女性声優のみのバンドはあまり出てこなかったのだろう。Hi-STANDARDのカバーより早いリリース。（犬）

イーストウエスト　AMDM-6227

Honey Bee

ロック

Jamic Spoon　TVA『バトルアスリーテス大運動会』ED

1998　Honey Bee

TV版『バトルアスリーテス大運動会』ED。当時はOVAで先行してTVシリーズ化する作品が多かったが、こちらも同様の作品。忌野清志郎による提供曲で、まさに清志郎サウンドと言えるフォーキーでシンプルながら力強い楽曲となっている。菜花知美の歌唱も必要以上に清志郎に寄せていて気怠げだ。シングルには『Honey Bee (Colorado sky lounge MIX)』が収録されているがインスト版と違いがわからない。（犬）

スターチャイルド　KICA-481

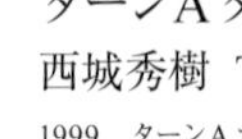

ターンAターン

ロック

西城秀樹　TVA『∀ガンダム』OP

1999　ターンAガンダム オリジナルサウンドトラック2 ディアナ&キエル

TVアニメ草創期から数々のアニメ主題歌を世に送り出してきた小林亜星作曲の最後のアニメソングとなった。作詞を担当したのは井荻麟（富野由悠季）。連呼される"ターンAターン"というフレーズは聴く者の記憶にしっかりと残る。曲中で展開されるドラム音が特徴的な楽曲となっており、そのタイミングは複雑かつ幅広い展開を見せる。どの音楽ジャンルにもあてはまらない、唯一無二の楽曲だ。　（い）

NECインターチャネル　NECA-30007

Butter-Fly

ロック

和田光司　TVA『デジモンアドベンチャー』OP

1999　デジモンアドベンチャー・シングルヒットパレード

初代『デジモン』アニメ主題歌として今も多くのファンを魅了する1曲。軽快なロックサウンドに、透明感のある優しい歌声が胸を刺す。ローティーンの心をくすぐるポジティブな歌詞や曲調は、作詞と作曲をした千綿偉功氏が後年にリリースした『金色のガッシュベル!!』主題歌『カサブタ』にも共通する。厳密にはTV放映前日より上映された劇場版短編映画での使用が初出。若くして世を去った和田氏だが、彼の大いなる遺産は今後も愛され続けるだろう。　（S）

GIZA　GZCA-1017

Picnic

ロック

rumania montevideo　TVA『モンスターファーム』ED

2000（初出：1999）　Girl,girl,boy,girl,boy

ドラムボーカルという編成で話題となったバンドの3rdシングル表題曲。アコースティックギターとスネアを強調した跳ねたビート、ラララララと鼻歌混じりのボーカルのキャッチーな歌メロなど牧歌的な雰囲気を醸すが、その実ポップなタイトルとはかけ離れた暗めで不吉な予感を匂わせまくる歌詞や唐突にインする思わせぶりなアウトロなど、バンドの捻くれたマインドが滲み出ている。キャッチーながらもどこかモヤモヤとする不穏な1曲。　（山）

コナミ　KMCA-39

勇気の神様

ロック

野田順子　ゲーム『ときめきメモリアル2』OP

1999　ときめきメモリアル2 ボーカルトラックス

発売から24年経った現在でも、キーボードのグリッサンドから流れるようにつながる躍動感のあるエレキギターのイントロに心が弾む人も多いことだろう。一世を風靡したコナミの恋愛ゲーム『ときめきメモリアル』シリーズ第2作のプレイステーション版OPテーマで、メインヒロイン・陽ノ下光役の野田順子が歌唱を担当。主人公への秘めた恋心と臆病な自分を鼓舞する歌詞は、光の健気なかわいさを存分に表現するのに十分な役割を果たしている。　（河）

ユニバーサル ミュージック　UPCY-7035

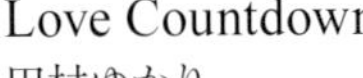

Love Countdown

ロック

田村ゆかり

2015（初出：1999）　Early Years Collection

田村ゆかりのポリグラム時代の楽曲は隠れた名曲が多いが、これもその1つと言っていいだろう。好きな相手へ告白する直前の女の子の気持ちを描いた快活なUSロックナンバーで、止まらない“好き”の気持ちが歌詞の至る所から溢れ出ている。この曲の田村の歌声は世間に認識されている甘い感じではなく、母音を強調した低音域な歌声をフィーチャー。印象的なギターリフも相まって、00年代以降の彼女の楽曲とは違う魅力が生まれている。（河）

スターチャイルド　KICA-462

ONEWAY RADIO

ロック

保志総一朗&榎本温子　ラジオ『VOICE CREW』TM

1999　ONEWAY RADIO

半年ごとに代替わりするラジオ番組『VOICE CREW』で初の1年任期となった5代目パーソナリティの2人による、ロックバンド・ECHOES楽曲のカバーバージョン。自身の悩み相談が一度もラジオで採用されない寂しさを表現した楽曲だが、跳ねたリズムを強調したアレンジと保志・榎本の親しみやすい声質のおかげか、切実さを感じる原曲と比べてかなり明るい印象を抱かせる。アニラジのDJとリスナーの関係的にはむしろ正解だろう。（河）

イーストワールド　TODT-3490

THE TROUBLE MAN

ハードロック

矢沢永吉

OVA『The Animated Series ヴァンパイアハンター』ED

1995　青空

カプコンの人気格闘ゲームとして、国内外でいまだに高い人気を誇る『ヴァンパイア』シリーズ2作目を題材にしたOVAのED曲は、矢沢永吉氏によるハードロックかつ英語歌詞。プレイステーション移植時に先行して使用された際は、ゴシック色の強い世界観とはやや乖離があって面食らったが、OVAのEDでは（本編で活躍の場が少なかった）ザベルのギターをバックに流れる演出が意外とハマる結果となった。（S）

ソニー　SRCL-3436

ハートを磨くっきゃない

ハードロック

TOKIO　TVA『飛べ！イサミ』OP

1995　飛べ！イサミ サウンドトラック

『Love You Only』や『うわさのキッス』などデビュー当時は意外にもアニメのタイアップが多かったTOKIOの4枚目となるシングルの表題曲。まだ荒削りながら華のあるボーカルのフォローに回るセクシーなコーラス、叩きつけるパワフルなドラム、主役は俺だと言わんばかりに唸るギターに煌びやかなシンセが並走。デビュー仕立ての初々しさがより甘酸っぱさを引き立てる切なく眩いハードロックナンバー。（山）

ビクターエンタテインメント　VICL-821

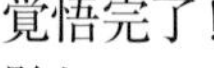

覚悟完了！

ハードロック

影山ヒロノブ　OVA『覚悟のススメ』ED

1996　覚悟のススメ オリジナル・サウンドトラック

90年代を代表する週刊少年チャンピオンの看板マンガでもあった、痛快バイオレンスアクション作品のOVA。作詞には原作者・山口貴由氏が直々に参加（里乃塚玲央氏と連名）し、主人公の魂の生き様を焼き付けた、まさに作者お墨付きの内容である。影山ヒロノブ氏の持ち味を最大限に活かしたハードロック、弾むキーボードとアッパーなブラスの対比が「荒廃した近未来の日本に降臨した救世主」という作品テーマを見事に表現している。（S）

日本コロムビア　CODC-1003

新破裏拳ポリマー

ハードロック

杉山真理　OVA『新破裏拳ポリマー』OP

1996　新破裏拳ポリマー

未完のまま終わってしまった『新破裏拳ポリマー』は74年のオリジナル作のリメイク版として96年にリリースされたOVAである。主題歌は、杉山真理のシャウトが映えるハードロックの様式に則った楽曲で梅津泰臣のリアリスティックなキャラクターデザインに見事にマッチしている。それにしても氏は偉大な先達・MIQの如く見事な歌い振りであるが、ほかにも名曲を残しているかと思えば意外にもあまり名前をお見掛けしない。非常に残念である。（け）

マーキュリー　PHCR-1590

CAUTIONARY WARNING

ハードロック

John Sykes　TVA『課長王子』OP

1997　20th CENTURY

田丸浩史によるコミカライズも展開されたTVアニメのOP曲。ハードロックバンドをやっていたサラリーマンが主人公なのもあってか、Thin LizzyやWHITESNAKEのギタリストとして名を馳せたJohn Sykesのソロ3rdアルバム収録曲を起用。彼を中心に結成されたBlue Murderにも通ずる、メロディアスハードロックと伝統的なブリティッシュハードロックの中間をいくような、甘過ぎず硬過ぎずなサウンドが丁度良い。（あ）

スターチャイルド　KICA-439

君、微笑んだ夜

ハードロック

elika　TVA『快傑蒸気探偵団』OP

1998　STEAM DETECTIVES Vocal Album White

麻宮騎亜氏原作のスチームパンク、探偵、ショタ、ナース、無骨なロボと心くすぐられる要素盛り盛りなアニメのOP曲。冒頭の静寂感ある入りから、一気に疾走していく軽快なジェットコースター感が心地良い。後年の『ゼロの使い魔』などにも見られる新井理生氏のカラーがよく表れている。ハイトーンのボーカルとピアノサウンドが乗ることでハードロックサウンドの男臭さが軽減され、切なく激しいメロディを作り上げている。（S）

ソニー　SRCL-4179

Graduater

ハードロック

椎名へきる

1998　Baby blue eyes

声優アーティスト活動において転機となり、ライブの定番曲として外せないのがこの9thシングルの表題曲『Graduater』である。元々は『CAROL-K』というマンガのイメージアルバムで椎名が演じるキャラクター名義の曲として発表されていたもので、本人の希望によりギタリストにSIAM SHADEのDAITAを迎え、2年越しに再録された。椎名へきるハードロックサウンドにおける1つの布石となった名曲。（あ）

日本コロムビア　COCX-30300

真夏の星座

ハードロック

Mink　OVA『AIKa』OP

1999（初出：1998）　AIKa Music Collection

90年代後期のローアングルお色気バトルOVAレジェンド『AIKa』の、シリーズ後半で使われたOP主題歌。前半のOPでも聴かせた王道ハードロック路線を踏襲しつつ、今作はSHOW-YA辺りを思わせるキャッチーでハードボイルドな骨太サウンドへと進化。シンガーであるMinkは、別名義でのドラマ『もう誰も愛さない』の挿入歌であるRandy Crawford『Sweet Love』の日本語カバーも印象的であった。（あ）

ビクターエンタテインメント　VICL-60208

Rising Soul

ハードロック

青木沙羅　OVA『ジオブリーダーズ 魍魎遊撃隊』OP

1998　ジオブリーダーズ 魍魎遊撃隊 オリジナル・サウンドトラック

近年復活の兆しを見せている伊藤明弘原作のOVA主題歌。「日本一薬莢の多いマンガ」（原作マンガ帯より）を存分に表現した、ギラギラサウンドなハードロックナンバーだ。サビ部のリフや差し込まれるトランペットに『太陽にほえろ！』感を覚えるが、本編劇伴も70年代スパイジャズ風味でなかなかいい塩梅にマッチしている。伸びやかなボーカルも最高。もっと彼女の声を聴きたいところだが、調べても本楽曲以外の情報が見つからないのが惜しい。（せ）

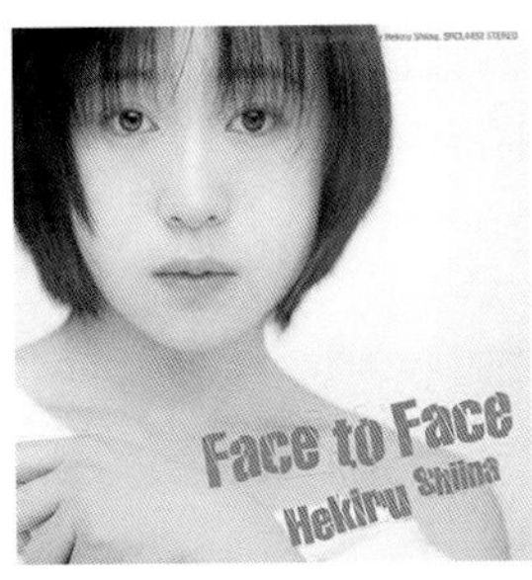

ソニーレコード　SRCL-4452

抱きしめて

ハードロック

椎名へきる

1999　Face to Face

『Graduater』に続く10thシングルの表題曲は、前作でギターを弾いたSIAM SHADEのDAITAが作曲し、作詞は椎名本人が手がけた。ハードロックテイストも強く、わかりやすくもどっしりとしたサウンドに、凛としたボーカル、DAITAのテクニカルなギターワークも冴え渡ったド派手なナンバーで、こちらもライブの定番曲となっているのが頷ける。彼女が模索していたというライブとの連動性を意識したものの1つの完成形。（あ）

光なき夜をゆけ

ハードロック

HUMMING BIRD
TVA『人形草紙あやつり左近』OP

1999　光なき夜をゆけ

JAM Projectのメンバーでもある福山芳樹のパワフルで伸びやかな歌声と、90年代のハードロックここにありと言わんばかりの重厚なギターサウンドが堪能できる至極の1曲。どこか哀愁の漂うミステリアスなイントロを経て、徐々に熱く盛り上がってサビで一気に解放される王道な展開は何度聴いても気持ちが良い。のちに発売されたリミックス版はギターの音がさらに押し出されたアレンジへと変化。こちらのバージョンも必聴だ。（河）

ビクターエンタテインメント　VIDL-30457

BIG-O!

ハードロック

永井ルイ　TVA『THE ビッグオー』OP

1999　BIG-O!

『THE ビッグオー』は60年代風の世界観で、海外ドラマや特撮作品をオマージュした表現が多々見られるが、特に印象的なのがこの主題歌であろう。QUEENの『Flash's Theme』まんまの曲調だとして物議を呼ぶが（本項で取り上げない後期OPは特に）、永井ルイ氏の歌唱と敬愛（と遊び心）を感じる巧みなアレンジとの融合により、別次元のものとして仕上がっている。TVサイズ版では聴けないフルサイズ版の歌詞部分にも注目されたし。（S）

ビクターエンタテインメント　VIDL-30461

小さな恋のメロディ

メタル

筋肉少女帯　TVA『EAT-MAN』OP

1997（初出：1996）　キラキラと輝くもの

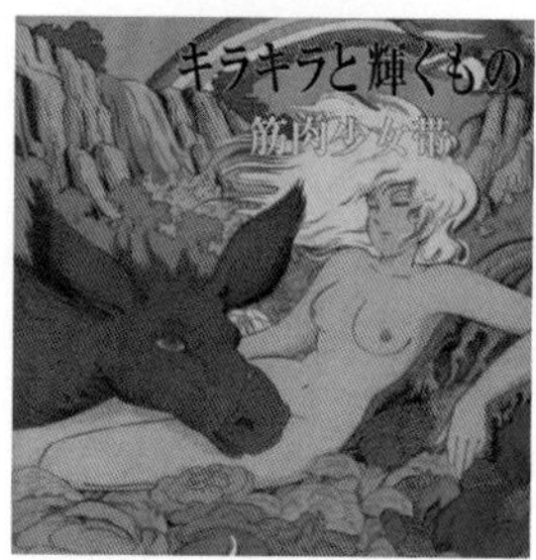

伝説的な名作映画と同名タイトル、というより映画の影響が色濃い筋肉少女帯のアルバム収録曲。のちにアニメ『EAT-MAN』のOP曲としてシングルカットされた。ゴリゴリの重低音からメロディアスかつ激しいギターリフのイントロはまさに邦楽メタル！ と首をブンブン振ってしまう。大槻ケンヂ氏が全身全霊を込めて歌う歌詞はお馴染みの中毒性ある物語仕立て。ちなみに時を経て作詞提供された上坂すみれ氏の曲が実質続編になっている。（T）

マーキュリー　PHCL-5041

虚空の迷宮

メタル

聖飢魔II　TVA『MAZE☆爆熱時空』OP

1997　NEWS

黒ミサなどでもなかなか披露されないが、歴とした教典の1つである。『MAZE☆爆熱時空』は異世界を舞台にしたお色気ありのド外道アニメ。当時、深夜1時を過ぎるとTVから流れてくるリードギターの激アツなフレーズに胸が踊った。おそらくタイアップを前提として作られてはいるがバンドの持ち味が存分に発揮されており、閣下のハイトーンボイスも高らかに唸りをあげる。破綻しかねないメタルとポップスの絶妙なミックス具合もお手の物。（け）

アリオラジャパン　BVDR-1148

Wea　WPC6-8212

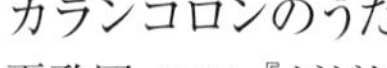

カランコロンのうた

ブルース

憂歌団　TVA『ゲゲゲの鬼太郎（4期）』ED

1996　ゲゲゲの鬼太郎 オリジナルサウンドトラック VOL.1

96年の『ゲゲゲの鬼太郎』4期はOP、ED共に憂歌団を起用。どちらも有名な楽曲ではあるが、合唱曲ではなく、ブルースとしてアレンジされたもの。決して（アッパーな曲調として）盛り上がる曲ではないが、歴代でも屈指のおどろおどろしさが強調され、アンニュイな木村氏の歌唱もコミカルさを醸し出している。ED曲を聴いたときに、これはホラーだと再認識させられた、あの感覚が蘇る。（S）

スターチャイルド　KICA-444

栗ひろい

フォークロック歌謡

子安武人　TVA『セイバーマリオネットJ to X』IN

1999　セイバーマリオネットJ to X 歌集～ジャポネス初花月乙女紀行

ナルシスト自己中で音痴の花形美剣が作中で歌う、男臭いフォークロック歌謡。キャラの勢いを体現した歌唱につられ“Ah”の部分は毎回歌ってしまう。あからさまなアリスのオマージュで、ローリングサンダーでキングオブキングスであり、存在自体オマージュである花形に実にふさわしい。巷ではコミックソングを見なくなって久しいが、キャラクターやシーン、予算やコンセプトに起因する多様性の1つとしてアニメ周辺では容易に自生を確認できる。（u）

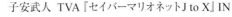

ポニーキャニオン　MRDA-00065

走れマキバオー

カントリー

F･MAP　TVA『みどりのマキバオー』OP

1996　走れマキバオー

『ウマ娘』が注目される今こそ振り返りたい1曲。実際の競馬中継でもお馴染み、フジテレビアナウンサーの三宅正治＆青嶋達也と福井謙二によるユニットであるF・MAPが歌唱を担当。『走れコウタロー』の替え歌だが、単なる歌詞の差し替えではなく本業を活かした実況が組み込まれている点が、アニソンならではの自由な発想だと個人的に思う。原曲にはない実況も含め『走れウマ娘』としてもカバーされている点を考えても、本曲の影響は大きい。（ろ）

パイオニア　PIDA-1045

クラスで一番スゴイやつ

カントリー

ブラブラブラボーズ　TVA『花さか天使テンテンくん』OP

1998　クラスで一番スゴイやつ

TVアニメ『花さか天使テンテンくん』OP。原作以上に下ネタ満載のアニメの主題歌にふさわしく（？）非常に品のない歌詞で霞みがちだが、インパクトの強いワードに負けず劣らず、サウンドは軽快で良質なカントリーロックをしている点に注目したい。サビに向けての高揚感や、能天気な作風にカントリー調のサウンドがマッチしており、これだけインストとの落差が激しい楽曲もないように思えるが、ここでは最大の褒め言葉として受け取ってほしい。（ろ）

ロック

コナミ　KICA-7652

ツッパリデザート中学R&R

ロックンロール

シーズ（緒方恵美）＆サリュート（山崎和佳奈）
ラジオ『ツインビーPARADISE』CS

1995　ツインビーPARADISE2 熱唱！激唱！爆唱！編

93年より放送された文化放送の人気ラジオ番組内で展開された、ゲーム『ツインビー』原作のラジオドラマに登場するアンドロイド姉弟によるキャラクターソング。タイトル通り横浜銀蝿『ツッパリHigh School Rock'n Roll』の完全オマージュとなっており、シーズ役の緒方恵美による気合充分の不良テイストとサリュート役の山崎和佳奈のマブいお色気が炸裂する、遊び心に満ちたヤンキーR&Rが昭和生まれにはたまらない。（あ）

日本コロムビア　COCC-13586

Unbalance City

ロックンロール

山口勝平

1996　Unbalance City

『らんま1/2』を始め、90年代においても数々のアニメ作品でキャラクターを演じた山口勝平の、ソロ名義では2枚目となるフルアルバムより。硬派なロックンロールサウンドを中心に構成された同作のなかでも、自身が愛するめんたいロック～ビートロックに最も寄ったのがこのタイトル曲。ほかにも尾崎豊のようなボーカルが印象的な『Lost in This Town』など、声優作品として相対的に見ても本格的なロック要素が強いアルバム。（あ）

アンティノス　ARDJ-5054

ガールフレンド ～僕の共犯者～

ロックンロール

SIDE-ONE　TVA『みすて♡ないでデイジー』OP

1997　ガールフレンド ～僕の共犯者～

『みすて♡ないでデイジー』のOP曲で、チェッカーズ武内享氏プロデュースのロックバンド・サイドワンのデビューシングル。ボーカル＆ギター、ウッドベース、スタンディングドラムの3ピースのスタイルは、ネオロカビリーを代表するバンド・Stray Catsを思い出させる。跳ねるドラムビートとギターをかき鳴らすシンプルな色気のある楽曲で、日本語ロックンロール史に残るクールな1曲である。（リ）

コナミ　KICA-7761

CRYIN'

ロックンロール

ライト（山口勝平）
ラジオ『ツインビーPARADISE』CS

1997　ツインビーPARADISE3 ボーカルボム！

90年代のアニラジムーブメントを代表する超人気番組『ツインビーParadise』内のラジオドラマパートで、ライトを演じた山口勝平が歌唱するキャラクターソング。この番組関連のキャラソンは音楽的にバラエティ豊かで楽しいが、こちらは16ビートのポップなロックンロールに、当時山口が聴いていたというAdam & The Antsの影響も感じさせる、若干グラマラスなボーカルスタイルが印象的な好ナンバー。（あ）

SIS-WORKS　MAID-0721

メイドさんロックンロール

ロックンロール

南ピル子　ゲーム『MAID iN HEAVEN ～愛という名の欲望～』OP

2001（初出：1998）　MAID-san BEST!!

18禁アダルトゲーム業界のパンクロッカー・田所広成が手がけた、現在も一部の人にカルト的に語り継がれるアンセム。開始1秒でわかるChuck Berryの名曲『Johnny B. Goode』のオマージュ、そしてそれをすべて台無しにする歌詞の下品さ。これをロックンロールと呼ばずして何と言おうか！ 電波ソングに分類されることも多く、この楽曲が世間を賑わせた『巫女みこナース』につながっていたりもする。（河）

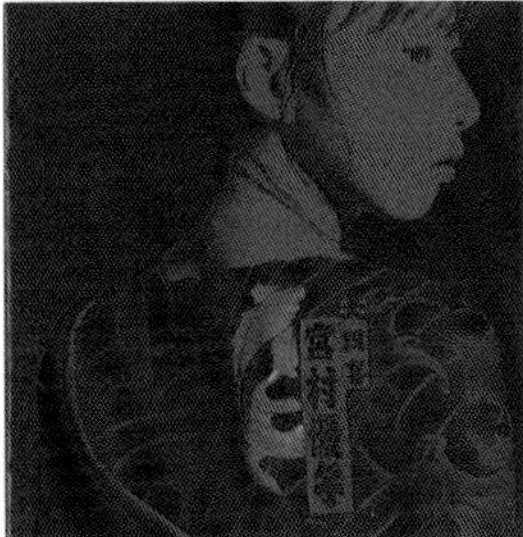

ビクターエンタテインメント　VICL-60445

福の神

ロックンロール

宮村優子

1999　大四喜

JITTERIN'JINNのファンクラブ入会特典というレア曲のカバーは『にちようび』のようなスカ調にアコーディオンが引っ張る牧歌的R&R。ほかにもカステラの『途中でねるな』カバー、戸川純、大槻ケンヂ、平沢進、三柴理、野村義男、破矢ジンタ（オリジナル曲でも参加）らによる、PUNK、スカコア、テクノポップからNEW WAVE、NO WAVE、オルタナまで楽しめるサブカル闇鍋的全13曲収録のアルバムまるごとおすすめ。（あ）

バンダイ・ミュージックエンタテインメント　APDA-268

バーニング・ブルー

ネオロカビリー

MAGIC　TVA『EAT-MAN'98』OP

1998　バーニング・ブルー

メジャーシーンで扱われることは珍しいネオロカビリーが主題歌として使用された貴重な例。軽快なスラップが主人公・ボルトの内面に秘めた激情のようで、キャライメージにマッチしている。楽曲担当のMAGICはこのシングルを最後に長らく活動を休止するのだが、令和になって奇跡の活動再開を果たしている。また本作での挿入歌には80年代中～後期に活躍したロカビリーバンド・BLACK CATSを採用している点もなかなか意欲的。（S）

バップ　VPCG-84272

Wait For Me!

パワーポップ

久川綾

1996　for you fpr me

セーラーマーキュリーの中の人としても知られ、現在も活躍する久川綾の声優名義3枚目のフルアルバムに収録。ROCK-PILEの『Heart』とまではいきませんが、Nick Lowe～Dave Edmundsにも通じるパブ・ロック／パワーポップ路線＋ホーンセクションもハイテンションに鳴りまくるバブルガムポップなサウンドに、キュートで大人っぽくもある彼女の声と元気な歌唱が絶妙にマッチしたキャッチーで陽気な曲。（あ）

ロック

コナミ　KIDA-7612

夢はひとりみるものじゃない

國府田マリ子

1996　夢はひとりみるものじゃない

96年にコナミからリリースされた4thシングルの表題曲。作曲は『真夜中のドア』でお馴染みの松原みき。The Ronettesの『Be My Baby』を彷彿させるアレンジとマリ姉の伸びやかなボーカルが気持ち良い。4thアルバム『なんだってばよ』に収録されているギター1本とボーカルのみのバージョンも併せて聴いていただきたい。余談ですが、この楽曲のPVはマリ姉とドライブデート仕立てになっていて、とても良い。　（ぐ）

アードバーク　PCCA-01169

なんか幸せ

パワーポップ

the OYSTARS　TVA『烈火の炎』OP

1997　STUDIO LIFE

初のアニメタイアップとなる珠玉のパワーポップソング。The BeatlesやBadfingerに端を発し、GAROやTHE BEATS、ザ・バッヂなどから脈々と受け継がれるJAPANESE POWER POPテイストに溢れた、力強く弾けるビートにジャングリーなギターワーク、甘くて質の高いメロディと多重コーラスが心地良い極上ナンバー。この驚異的な普遍性の高さを持つ歌メロは、時代を越えて聴く者を魅了することだろう。　（あ）

ロック

スピードスター　VIDL-10681

…だけど ベイビー !!

ギターポップ

チエ・カジウラ　TVA『マクロス7』ED

1995　…だけど ベイビー !!

チエ・カジウラ氏は劇中のバンド・Fire Bomberのボーカルであるミレーヌ・フレア・ジーナスの歌唱担当。快活なイメージの前期EDとは路線を変え、キッチュな90年代渋谷系サウンドを意識した作りとなっており、ミレーヌのキャラクター性が活きている。オンエア回数の短さ、アニソンというジャンルながら、オリコン初登場15位を記録。マーチ調から始まる軽快なドラム回しの構成もこの曲の魅力のためフルコーラス必聴。　(S)

エアーズ　AYDM-118

普通の日曜日に

菊田知彦　TVA『花より男子』OP

1996　普通の日曜日に

実写よりも先行して90年代にアニメ化された人気マンガ『花より男子』の主題歌。優しく爽やかな歌声が特徴の菊田知彦氏がリリースした数少ない楽曲。コーラスのハモり、ベースラインのうねりが気持ち良い、ミドルテンポの小粋なギターポップで、物語の世界観を見事に表現している。『ウエストサイド物語』を模したオープニングは、90年代TVアニメのセル作画としても最高峰の1つなので、ぜひ曲とともに楽しんでいただきたい。　(S)

フォーライフミュージック　FLCF-3757

素敵な君

ネオアコ

RAZZ MA TAZZ　TVA『あずきちゃん』OP

1999（初出：1995）　Best Season Collection ～ Spring ～ Summer ～

秋元康が原作を務めた、小学生のほのぼのとした恋愛を描いた少女マンガ『あずきちゃん』。ネオアコバンドのRAZZ MA TAZZが歌う主題歌は、恋をしたヒロインの魅力を男視点で歌うポップなラブソングとなっており、阿久延博の甘い歌声と、一音一音が立ちながらも親しみやすい三木拓次の特徴的なギターの音色が癖になる。アニメ放送3年間で一度も主題歌が変わらなかったというのも珍しいかも。（河）

トラットリア　PSCR-5500

ハミングがきこえる

ネオアコ

カヒミ・カリィ　TVA『ちびまる子ちゃん』OP

1996　LE ROI SOLEIL

NU DISCO/CLUB界隈で絶大な人気を誇るインディ・レーベルであるCRUE-L RECORDSから91年にデビューしたカヒミ・カリィ。この曲は96年にポリスターから発売された1曲だが、小山田圭吾との安定のタッグが織りなす説明不要の渋谷系ネオアコースティックな楽曲に、さくらももこ節全開の歌詞が乗った透明感と疾走感溢れる1曲。お洒落過ぎたのか、『ちびまる子ちゃん』楽曲のなかでは若干影が薄いことが惜しまれる。（ヒ）

コナミ　KICS-7612

100年の恋

ネオアコ

國府田マリ子

1998　だいすきなうた

5thフルアルバムはアコースティックなテイストが強いが、それを象徴したような曲。國府田マリ子と言えば、椎名林檎作品にも関わっていた井上うにや亀田誠司の参加も有名だが、当楽曲は日本における最古のネオアコバンドと謳われるb-flowerのギターボーカル・八野英史によるもの。b-flowerはもちろん、Advantage Lucy～渋谷系／ネオアコ～COMEBACK MY DAUGHTERSに通じる爽快ナンバー。（あ）

ユニバーサル　MVCH-12002

バナナチップス

パンクロック

少年ナイフ　TVA『アニメ週刊DX! みいファぷー』ED

1998　バナナチップス

少年ナイフは大阪出身で80年代前半よりインディーズシーンで活動していた3ピースガールズバンド。Nirvanaら海外の著名アーティストからも愛され、国内外で人気の高い彼女たちが残したアニメタイアップ曲は、彼女らによる覆面ラモーンズカバーバンド・大阪ラモーンズに倣い、愛に満ちた3コード&ラモーンパンクが炸裂したシンプルイズベストな名ナンバー。硬派なラモーンズサウンドがアニメを通してお茶の間に届けられた点も意義深い。（あ）

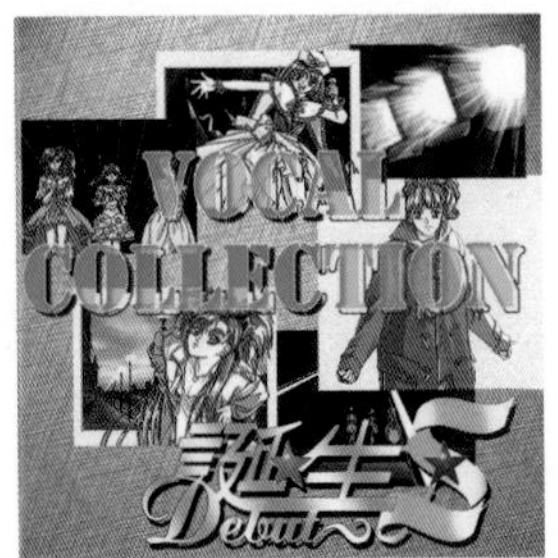

NECアベニュー　NACL-1220

OH!Darling

80s ビートロック

柿崎涼子（佐久間レイ）ゲーム『誕生S』CS

1996　誕生S ボーカル・コレクション セガサターン編

『卒業』の姉妹作にあたる、PC用アイドル育成シミュレーションゲームのセガサターン版ボーカルコレクションに収録のキャラクターソング。ライバルヒロインの17歳、ロックバンドのボーカルというキャラクター設定にピッタリな、BOØWY～PERSONSのようなギターリフが印象的なビートロックテイストに、ハスキー一歩手前の佐久間レイのボーカルスタイル、サビのタイトルコールがまさに80sバンドブーム直系である。（あ）

トライアド　COCA-13711

GO AHEAD

ガールズロック

CRIPTON TVA『はりもぐハーリー』OP

1996　DOUBLE FACED

ロックバンド・CRIPTONが歌った本楽曲は、前向きなメッセージが込められたミドルテンポのナンバー。“あきらめないで夢の近くへと”などアニメソングど真ん中の空気感を感じられる。タイアップ先である『はりもぐハーリー』のED曲もCRIPTONが担当しており、同アルバムに収録されている『ダリア』がその楽曲にあたる。疾走感溢れるこちらの楽曲も、ポジティブさに溢れる楽曲に仕上がっている。（い）

エピックソニー　ESDB-3655

そばかす

ガールズロック

JUDY AND MARY TVA『るろうに剣心』OP

1996　そばかす

ご存知『るろうに剣心』のOP曲であるが、90年代アニソン界最大の問題作でもある。担当マネージャーからアニメタイアップの楽曲を2日で曲を書いてくれとのことで情報がないまま『キャンディ・キャンディ』を連想して作って納期3日で完成させたといういわくつきの楽曲である。しかしながらこれがJUDY AND MARY唯一のミリオンセラーシングルとなった。恩田快人らしいクセの強いリフにYUKIの歌声がマッチする。（お）

POT ARTIST　SRCL-4566

通学路

ガールズロック

Whiteberry TVA『キョロちゃん』ED

1999　after school

『夏祭り』のカバーなどでも知られるWhiteberryによる『キョロちゃん』ED曲。デビューシングルリリース前に発売されたミニアルバム『after school』に収録されている。作曲はJUDY AND MARYの恩田快人。のちにこの曲は『めちゃ×2イケてるッ！』のED曲にもなった。当時メンバーは全員中学生。そんな中学生らしさ溢れる歌詞が心に刺さる。歌声のフレッシュさも大変良い。（お）

ソニーレコード　SRCL-4653

Happy Tomorrow

ガールズロック

NiNa　TVA『ArcTheLad』ED

1999　NiNa

B-52'sのKateとJUDY AND MARYのYUKIをメインボーカルに据えたユニット・NiNaによる本楽曲。ドラマ『彼女たちの時代』主題歌としての知名度が高いかもしれないが実はアニソンでもある。佐久間正英によるハードロックテイストかつ懐の広いミドルテンポな楽曲と、力強いツインボーカルが爽快な気分にさせてくれる。世代、国境、言語、ジャンルを超えて鳴り響くボーダーレスなナンバーだ。　（き）

トイズファクトリー　TFDC-28069

街

ビジュアル系ロック

SOPHIA　CM『ブレスオブファイアⅢ』

1997　街（Single Version）

ロックバンド・SOPHIAの4thアルバム収録曲、のちにゲーム『ブレス オブ ファイアIII』CMソングとして起用され、シングルカットされた。ゲームタイトルと共にリアルタイム世代の印象に強く残っているが、あくまでCMタイアップであり、ゲーム本編で流れないことを知る人は少ない。メッセージ性の強い歌詞とルックスの良さ、ハリのある声とアップテンポな曲調で大ヒット曲になった。　（T）

マリン　MMCC-1022

Piece Of Heaven

ビジュアル系ロック

Weiß　TVA『Weiß kreuz』OP

2000（初出：1998）　Weiß kreuz BEST ALBUM Die Bleibende Erinnerung

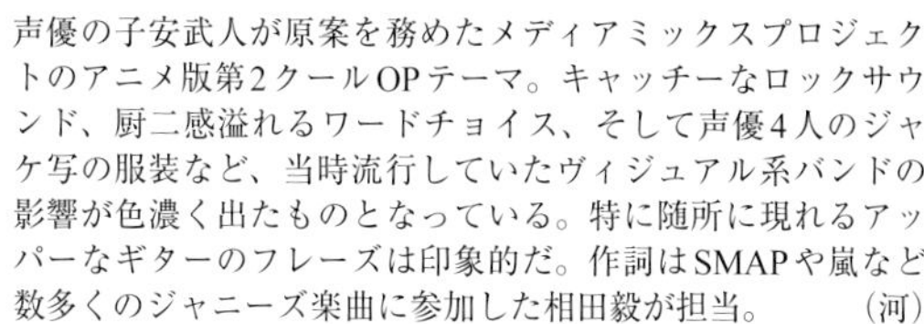

声優の子安武人が原案を務めたメディアミックスプロジェクトのアニメ版第2クールOPテーマ。キャッチーなロックサウンド、厨二感溢れるワードチョイス、そして声優4人のジャケ写の服装など、当時流行していたヴィジュアル系バンドの影響が色濃く出たものとなっている。特に随所に現れるアッパーなギターのフレーズは印象的だ。作詞はSMAPや嵐など数多くのジャニーズ楽曲に参加した相田毅が担当。　（河）

ヘイゼル・ブルー　AMDM-6230

ロマンス

ビジュアル系ロック

PENICILLIN　TVA『セクシーコマンドー外伝 すごいよ!!マサルさん』OP

1998　ロマンス

伝説の1曲である。個人的にはアニメのOPソングの在り方として、作品の内容や雰囲気など何かしらの形で作品に寄るべきではないかとは思うのだが、この曲は違う。『すごいよ!!マサルさん』という不条理ギャグ作品に対し、寄り添うのではなくタイマンで殴り合いした結果仲良くなってしまったという定番ヤンキーマンガのような曲なのだ。大地丙太郎監督のOP映像の力もあるだろう。癖の強いボーカルに派手な音色は一度聴いたら忘れられない。　（お）

マッシヴ/アンリミテッド・レコーズ　PCDM-00009

堕天使BLUE

ビジュアル系ロック

Λucifer　TVA『KAIKANフレーズ』OP

1999　堕天使BLUE

『KAIKANフレーズ』の2番目のOP。作中に登場するバンドから派生したΛuciferのデビューシングルであり、実際にライブ活動も展開した。イントロからキレのあるカッティングギターで、疾走感のあるヴィジュアル系ロックナンバーとなっている。アニメの最終話にも使用され、このバンドを象徴する1曲。アニメと実写が混じったOP映像も必見だが、版権の問題で現在は観る方法はない。（リ）

AMF　AFCP-2010

Pure Love

オルタナティブロック

氷上恭子

1995　Pure Love

デビュー作となったUSレコーディングによるミニアルバムは、以降はあまり見られない当時のUSインディーロック色が濃いものとなった。当楽曲もBRUCE SPRINGSTEENを通過したオルタナカントリーな感触で、Matthew Sweetのようなパワーポップ的解釈でも楽しめ、またTHE CURE『Boys Don't Cry』やMEGA CITY FOUR辺りのUKファンにもおすすめできる極上声優メロディック。（あ）

ビクターエンタテインメント　VICL-758

か・い・け・つ みやむーちゃん

オルタナティブロック

宮村優子

1996　ケンカ番長

宮村優子の楽曲はシュールで個性的なアーバンポップが多いが、そのなかでも際立った個性を叩きつけているのがこの楽曲。新居昭乃楽曲でお馴染みの保刈久明らしさが詰まったサイケとも電波とも異なる独特の浮遊感のあるサウンドなうえ、90年代後半に世間を賑わせた援助交際を歌詞に盛り込むという離れ業はなかなかできるものではない。いわゆる“ネタ曲”に該当するが、今振り返ると当時の時代背景が透けて見える曲でもあるのが面白い。（河）

インビテーション　VICL-60093

あなたは海の底

オルタナティブロック

桃乃未琴　ゲーム『ムーンライトシンドローム』ED

1997　Sour Milk Sea

ソウルフルで圧倒的な歌声により、抗う間もなく波に押されて深い海へ落ちていく錯覚を覚えるセンセーショナルな楽曲。桃乃未琴はデビュー曲とは思えないほど芯の強いビターな歌声で、当時アヴァンロックの女性シンガーとしての立ち位置を確固たるものにした。マイナーコード進行の曲調は暗い海をたゆたうかのよう。情念が込められた物語性のある歌詞は、一途に相手を想う切ない気持ちの強さを感じさせてくれる。（T）

ポリスター　PSDR-5310

Duvet

オルタナティブロック

bôa　TVA『serial experiments lain』OP

1998（初出：1997）　Duvet

今もなお根強い人気の『serial experiments lain』、そのアニメ版OPとして起用されたイギリスのオルタナティブロックバンド・bôaのシングル。ボーカルであるジャスミンの儚げで透き通った歌声、拒絶された失望を連想させる歌詞。それらが渾然一体となり、まとわりつく寂寥感をこの上なく醸し出している。心の奥底にある不安と浮遊感、そんな仄暗い世界観を持つ本作群のテイストに見事に合致した奇跡の1曲。　(T)

GIZA　GZCA1007

Still for your love

オルタナティブロック

rumania montevideo　TVA『名探偵コナン』ED

1999　rumaniamania

これはPixies？ いやBreedersか……？ いずれにせよなぜ国民的アニメのタイアップを獲得できたんだ？ と苦笑いしてしまうほどにオルタナティブロックしている愛すべき1曲。シンバルをガンガン入れる衝動的なドラムにどう見てもシューゲイザー〜オルタナに影響を受けたとしか思えないノイジーなギター、下手なボーカル、荒い演奏など全力でオルタナしてます。タイアップらしさを残してるのは歌メロのみという潔い姿勢も推せる。　(山)

スターチャイルド　KICA-387

体内時計都市オルロイ

プログレ

**東京混声合唱団、演劇実験室◎万有引力
TVA『少女革命ウテナ』IN**

1998　少女革命ウテナ 体内時計都市オルロイ

演劇実験室◎万有引力の創設者であるJ・A・シーザーが作詞作曲を務めた1曲。劇中では最後の戦いで使用され、鐘の音を模したイントロや荒々しいギターの音色が激闘を演出している。注目すべきはアングラ由来の異色さだろうか。彼の代名詞とも言える変拍子、そしてそれに乗った不思議な世界観の歌詞を、東京混声合唱団と万有引力が軽快に歌い上げる。プログレとアングラの魅力が融合した、オンリーワンな名曲だ。　(せ)

フューチャーランド　TYCY-5624

みなそこに眠れ

ジャズ・ロック

YUKARIE　OVA『青の6号』ED

1998　「青の6号」オリジナル サウンドトラック Part.1

小澤さとる氏による60年代のマンガ『青の6号』をベースに、村田蓮爾氏、草薙琢仁氏、河森正治氏、山下いくと氏らを交え大胆に再解釈したOVA。海洋浪漫を描くだけあって、THE THRILLによるサントラは、激しさから優しさまで海の多面性を表現しているが、なかでもED曲では深海を想起させる甘くムーディーな仕上がりとなっている。『カウボーイ・ビバップ』しかり、98年はジャズアニソンの当たり年と言えよう。(S)

ビクターエンタテインメント　VICL-60096

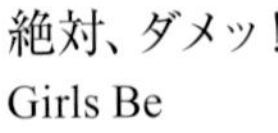

絶対、ダメッ！

サーフロック

Girls Be

1997　フレンチ大作戦

マンガ『BOYS BE…』から生まれた桑島法子と豊嶋真千子によるユニット・Girls Beの1stアルバム『フレンチ大作戦』に収録。作曲はザ・サーフコースターズの中シゲヲ。曲調は彼の十八番である疾走感溢れるサーフロックに仕上がっている。てけてけとしたギターと乙女の恋心を歌った歌詞が気持ち良い。アルバム全体もタイトルやジャケットから連想される通り、コンセプチュアルでアキシブの走りのような内容となっており必聴。（犬）

ポニーキャニオン　PCCG-00407

Love me

サーフロック

鬱瀬美浦（芝原チヤコ）
ラジオ『KEY THE METAL IDOL』IN

1997　KEY THE METAL IDOL VOCAL DATA DISC II for RADIO PROGRAM

ラジオドラマ版アルバムに収録されているが、アニメ本編でも使用。作中の絶対的アイドル・鬱瀬美浦が歌う弾丸のようなこの曲は、スピード感溢れるサーフロックとなっている。美浦を演じる芝原チヤコの特徴的なハスキーボイスと激情を駆り立てるリリック、そして鋭いエレキ・サウンドがアダルティーに絡み合い、聴くだけで火傷しそうだ。監督・佐藤博暉が作詞、劇伴・寺嶋民哉が作編曲を行った、キャラクターに実在性を感じることのできる1曲だ。（せ）

コナミ　KICA-7679

悩んだっていいじゃない

ダンスミュージック

椎名へきる　ラジオ『ツインビー PARADISE』IM

1995　アイドル伝説

ディスコティックなイントロのフォールストリングスからして最高、ハウスっぽいピアノのリフも魅力的。しかし最大の聴きどころは絶妙にレイドバックしている椎名へきるの歌唱だろう。少々ぶっきらぼうな歌い方によってマルカート的なニュアンスが生み出されており、バッキングにハマって有機的なグルーヴが完成している。"人生難しいよね"私もそう思います。作曲は『ときメモ』関連で多くの名曲を手がけた大内正徳。（キ）

日本コロムビア　COCC-12696

ヘビーなヘビ、ヘイ・ベイビー

ダンスミュージック

納谷六朗　TVA『十二戦支 爆烈エトレンジャー』CS

1995　十二戦支エトレンジャー ヒット曲集

90年代はNHK BSでもアニメが大量に放映されてたが、『十二戦支 爆烈エトレンジャー』もその1つ。干支をテーマとしている作品で、キャラクターに合わせたキャラクターソングが作成された。この曲もHerbie Hancock『Rock it』を想像させる安易な楽曲だが、プーンギでヘビが出てきそうな感じを演出したり、どことなく漂う子供向け番組臭さは、すでに『ひとりでできるもん！』で数々の楽曲を提供していた池毅による。（犬）

スターチャイルド　KIDA-96

LOVE DRUG

ダンスミュージック

アニタ・ブラニガン（渡辺久美子）
OVA『宇宙の騎士テッカマンブレードII』IM

1995 「宇宙の騎士テッカマンブレード2」
エル・サンク こいきな彼女（むすめ）たちIII ～アニタ・ブラニガン

エレピが特徴的なフュージョンテイストのニュージャックスウィング。アニタは気が強めな女性だが、歌声からは強さよりも艶やかさを感じられ、シリーズ全作に共通する大人びたアレンジによく映える。『エル・サンク』はOVAのSSにあたる短冊シングルCD5枚のシリーズで、1曲+1ドラマが収録されている。今でこそ当たり前だが、つまりドラマCD1枚よりシングル5枚を売るという発想。オタクに何をどう売るか真剣に考える時が来ていた。（u）

ビクターエンタテインメント　VICL-769

MYSTIC EYES

ダンスミュージック

和田弘樹　TVA『天空のエスカフローネ』ED

1996　天空のエスカフローネ ORIGINAL SOUNDTRACK

h-wonderの名で活動し続ける和田弘樹の3rdシングルとして発売された本曲は、当時定番となっていたいわゆる90年代アニソンとは一線を画すGROOVE感満載のサウンドでアニソンファンたちの度肝を抜いた。現在のA-POPシーンにおいても幾度となく取り上げられており、踊れるアニソンの最右翼であることに疑う余地はない。LDHや韓流グループの楽曲における編曲を数多く手がけている現在の活躍も納得の1曲である。（ヒ）

フューチャーランド　TYCY-5495

Maybe Baby

ダンスミュージック

関智一

1996　やってらんねェぜ！

ブックオフで声優楽曲を掘ると必ず行きあたる問題に「このBLCDに歌は入っているか」がある。勘で買っても大抵収録されておらず辛酸を嘗めさせられるのだが、こういうキラーチューンが入っていることもある。作曲は『テニプリ』や初期『プリキュア』楽曲も手がけた浅田直、編曲は米倉千尋や石原慎一の仕事で知られる見良津健雄。ベースが太いブラコンなトラックに関智一のかわいらしいラップと意外と巧みな歌唱に唸る、フロアユースな1曲だ。（カ）

DANTREX　BVDR-1162

Junk Boy

ダンスミュージック

KAORI 2 LUV　TVA『MAZE☆爆熱時空』ED

1997　Junk Boy

90年代を席巻したあかほりさとる旋風後期のアニメ『MAZE爆熱時空』。今から考えると異世界、女体化、両性具有と時代を先取りしまくった作品であったが、そのED曲は90年代後半屈指のアニソンダンスポップ。とにかくフロアで聴きたい、踊りたくなる1曲。じっくりとボトムアップし、だんだんとボーカルのトーンが高くなる展開は聴く者の高揚感を誘う。ED映像がこれまた良いので、機会があればぜひ観てほしい。（s）

ビクターエンタテインメント　VICL-60342

Groovy!

ダンスミュージック

広瀬香美　TVA『カードキャプターさくら』ED

1998　カードキャプターさくら オリジナルサウンドトラック2

低音域がいい仕事し過ぎていてタイトル通りまさに“Groovy”。キックとベースのそれぞれ違う重さに、爽やかな広瀬香美さんの歌声とパーカッション、ギターが絡んでいて踊りたくなる曲です。『カードキャプターさくら』楽曲はほとんどがダンサーにはたまらないなかで、この曲は特にたまらないですね。このレヴューを書きながらも聴いてますがずっとノリノリです。カッコイイ印象の曲ですがED映像はただただかわいい(笑)　(H)

ピンクパイナップル　KSCA-59134

Sea -月のあかり-

ダンスミュージック

菊地由美　TVA『下級生』ED

1999（初出：1998）　エルフ アニメーション ソング・ファイル

『季節を抱きしめて』で知られる天才的メロディメーカー・大藤史による1曲。曲調は穏やかなダンスナンバー。主旋律はもちろん、コーラスワークやギター・ベースのコードが単独でも美しいメロディを奏でており、それらが合わさることで、より多層的に感情を刺激される構造になっている。ピアノとボーカルだけに絞った落ちサビも非常に効果的で、タイトルにもなっている“月のあかり”をより神秘的に演出している。　（き）

パイオニア　PICW-5002

空と心と…

ダンスミュージック

門倉千紗都（水樹奈々）
ゲーム『NOëL ～ La neige ～』CS

1998　départ chisato × nana

98年にパイオニアLDCよりリリースされたゲーム『NOëL ～ La neige ～』のヒロイン・門倉千紗都のミニアルバム収録。『紅白』に出場するほどの歌姫となった水樹奈々による当時18歳のフレッシュな歌声が堪能できる。アーティスト名義でのリリースではないが、本作はデビューミニアルバムと銘打っていいほどのクオリティで手元に置いておきたい1枚。同盤に収録されている『テルミドール』という大名曲も併せて聴いていただきたい。　（ぐ）

ビクターエンタテインメント　VIDL30460

愛（忠誠心）

ダンスミュージック

エクセルガールズ　TVA『へっぽこ実験アニメーション エクセル♥サーガ』OP

1999　愛（忠誠心）

作中では死ぬほどいじられていた、今や国民的アニメのアレを演じる小林由美子とほとんど出番がなかった高橋美佳子が、メインどころを演じた三石琴乃と南央美に代わってなぜか歌うOP曲です。ファンク色の強い楽曲に2人のポンコツ気味なおうたが乗り、原作ガン無視の狂ったアニメ内容にピッタリ？一応は原作に沿ったような歌詞を取り繕う、クソを作ろうと思ってできたでっかいクソみたいな1曲です。褒めてます。(W)

エイベックスチューン　AVDT-20043

あなたがいてわたくしがいて

ダンスミュージック

オボッチャマン君（くまいもとこ）
TVA『ドクタースランプ』ED

1999　あなたがいてわたくしがいて

m.c.A.Tこと富樫明生氏によるプロデュースで、作詞はなんと視聴者からの公募という意欲的な企画から生まれた1曲。オボッチャマンはアラレのコピーのアンドロイドということで、くまいもとこさんは特徴的な声とは対照的に無機質な歌い方をしているが、そんなボーカルが乗っかるのはカッチカチのUKサウンドみのあるブレイクビーツで、衝撃的なコラボレーション。能天気なアラレに対して、ウブでロマンチストな側面が描かれているのも◎。　（ろ）

NECインターチャネル　NEDA-10002

いつでも逢えるから

ダンスミュージック

前田愛　TVA『デジモンアドベンチャー』CS

1999　I wish

90年代ジャパニーズ・ブギーの重要人物である障子久美はアニメ関連曲を手がけた実績が少ないが、彼女が作編曲を担当した本楽曲はハウス風の踊れるキラーチューンに仕上がっており大変貴重。本人のソロアルバムで聴けるようなブギー色は感じられないものの、印象的なメロディラインやコーラスワークは健在であり、マイカ出身の障子とはまったく異なる発声の前田愛の歌も綺麗な高音がスムースで印象に残る。（キ）

ポニーキャニオン　PCCG-502

君のために雨を降らそう

ダンスミュージック

桜井智

1999　Summer Holidays

女性の持つ力強さ、それは桜井智が放つ魅力の1つである。「恋に敗れたキミの心をボクが癒やしてあげたい」という内容を歌っているが、キミが女性なのか、ボクが男性なのかは明かされていない。性別がどうであれ、彼女が相手を元気づけようとする側に立っていることが格好良く映るのだ。ロックとジャズが融合した曲調がサバサバとした雰囲気を想像させ、桜井智の芯のある歌声が中性的魅力を添えている。　（き）

クラウド　XB-311

そよ風の行方

ダンスミュージック

片桐明日香　ゲーム『Xchange2』OP

2003（初出：1999）　CROWD Music Disc I'veSOUND SERIES

00年代に一大ブームを巻き起こす美少女ゲーム。特にKeyにおいてI've Soundの功績は計り知れない。代表取締役の高瀬一矢はトランスをメインにしつつも幅広い作風で、最初期のこの仕事ではきらびやかな打ち込みフュージョンポップスが聴ける。I'veの仕事では少ない声優歌唱もので、ドタバタ性転換ものゲームのOPとしてちょうど良い親しみやすさがある。同年のR.I.E『季節の雫』も踊れる名曲なのでこちらもぜひ。（カ）

コナミ　KMCA-39

ブラックダリア

ダンスミュージック

伊集院メイ（田村ゆかり）
ゲーム『ときめきメモリアル2』CS

1999　ときめきメモリアル2ボーカルトラックス

『ときめきメモリアル2』キャラクターソング。一見、お転婆で高慢ちきなお嬢様である伊集院メイだが、攻略していくうちに見えてくる彼女の内面がよく描かれている。幼い見た目に反したアダルトで色っぽい仕上がりなのがニクい。スムースなベースから始まり、サビへ向かうにつれブラスも加わり情熱的なサウンドになっていく。『ときメモ』の楽曲はどれもレベルが高く、楽曲のジャンル的な意味でも幅広いため、ぜひ手にとっていただきたい。　（ろ）

バップ　VPDG-20620

今日は昨日の明日

ソウル／ファンク

工藤亜紀 TVA『ヤンボウ ニンボウ トンボウ』OP

1995　今日は昨日の明日

NHK-BS2の衛星アニメ劇場で放送されていた、3兄弟が両親を探すために冒険に出るアニメ『ヤンボウ ニンボウ トンボウ』のOP曲。タイトなドラム、太く黒いベースの音、ギターのカッティング、鳴り響くホーンセクションと思わず横揺れしながらステップを踏んでしまう激FUNKYな隠れた名曲。彼女が歌っているアニメ楽曲はソウルフルな歌声を存分に活かしたものが多く、ぜひチェックしてほしい。　（リ）

ポニーキャニオン　MRDA-00065

とってもウマナミ

ソウル／ファンク

MENS'5 TVA『みどりのマキバオー』ED

1996　走れマキバオー

タマブクロス！ タマブクロスやないか！……A面曲はタマモクロスを巻き込んでウマ娘にカバーされたというのに、B面曲のこちらは一生カバーしてもらえないんだろうなぁ……と悲しい気分になるが、MEN'S5が演歌ちっくに歌いながら『君の瞳に恋してる』からなにからを大胆にパクっているものの、サビをつい口ずさんじゃう和製ファンクの大名曲なので、こちらもぜひ大空直美さんやMachicoや前田佳織里さんに歌ってほしいですね！　（W）

日本コロムビア　COCC-14459～64

とどかぬ想い -my friend's love-

ソウル／ファンク

スリーライツ TVA『美少女戦士セーラームーン セーラースターズ』IN

1997（初出：1996）　美少女戦士セーラームーン Memorial Song Box

男装アイドルグループでありボーイッシュなセーラー戦士として、すっかり主役を食ってしまう存在感のスリーライツ。その声優陣（新山志保、津野田なるみ、坂本千夏）による及川光博氏的な王子様ポジションの歌詞が絶妙な挿入歌。ムーディーなR&B『流れ星へ』も捨てがたいが、ファンクでアッパーなディスコ歌謡のこちらを推したい。PHSなど時代を感じさせるワードも含め、ぶっちゃけ『セラムン』にわかの私ですら虜にさせてしまった1曲。　（S）

セガ　GS-9129

Get it on! ～Doppelgängerにくちづけを～

ソウル／ファンク

宮村優子　ゲーム『新世紀エヴァンゲリオン 2nd Impression』IN

1997　新世紀エヴァンゲリオン 2nd Impression

セガサターン用ゲーム『新世紀エヴァンゲリオン 2nd Impression』の特典CDに収録。ゲーム内でシンジたちが組む地球防衛バンドのボーカルをアスカが務めたという設定のもと書き下ろされた、『エヴァ』には珍しいストレートなキャラクターソング。本格的なブラス演奏にアスカの強気なボーカルと歌詞が清々しい。間奏にはお馴染みの名セリフのシャウトもあり、まさしく「サービスサービスぅ！」な仕上がり。（I）

エアーズ　AYCM-590

Changing

ソウル／ファンク

ANGEL

1997　ANGEL Debut Album

アニメ『超者ライディーン』の主人公が所属するアイドルグループ・ANGELの1曲。作曲は角松敏生によるプロデュースでLight Mellow的評価も高いJADOESのメンバーで、のちにNUTSで平成初期のJ-POPシーンを彩ってきた平間あきひこ。平間はのちに『Cyber Nation Network』に接続することを考えても面白い。曲調はJADOES時代の『Stardust Night』系譜のファンクとなっている。（犬）

日本コロムビア　COCC-14381

Lost Summer

ソウル／ファンク

JH Street Band featuring 西村ちなみ

1997　Rhythm & Breeze ～風にはずむ～

西村ちなみがジョニー高橋率いるJH Street Bandにfeaturingされた作品。全編JH Street Bandによる演奏で、グルーヴ感たっぷりのリゾートファンクな楽曲たちはライトメロウ的解釈もできる。R&Bをもじったタイトルで、BluesではなくBreezeと変更しているように潮風を感じる楽曲たちのなかでもとびきりアーバンだ。作曲は横山剣も在籍した元ダックテールズの解良保哉。（犬）

エイベックスチューン　AVCT-30008

I WANT YOU BACK

ソウル／ファンク

Folder　TVA『小さな巨人 ミクロマン』ED

1999　I WANT YOU BACK

ご存知Jackson5の大ヒット・メジャーデビュー曲の日本語カバー。当時Folderでメインボーカルを務めた三浦大地（現：三浦大知）氏はこのとき若干12歳。ギリギリ変声期前のハリと透明感ある歌声と高い歌唱力は、和製Michael Jacksonそのものであり、ジュブナイル作品としての『ミクロマン』の世界観にもマッチしている。原曲から約30年の時を経てのカバーではあるが、キックとシンセを強調したアレンジにも嫌味がない。（S）

スターチャイルド　KICA-252

背中からI LOVE YOU

ディスコ

國府田マリ子　TVA『GS美神 極楽大作戦』CS

1995　GS美神 Gorgeous Songs

『ママレード・ボーイ』の小石川光希と並び、國府田の演じた代表キャラにして一時代を築いたと言える『GS美神』のおキヌちゃんのキャラクターソング。同名の西城秀樹の楽曲は妖艶で力強いが、こちらは幽霊が故に結ばれない恋心を唄った切ない楽曲になっている。シティポップ～70年代ディスコ調のアレンジはこの時代においては懐かしく温かい雰囲気を纏う結果となり、それゆえ普遍的な良さを携えている。　(I)

日本コロムビア　COCX-30158

Set Me Free

ディスコ

豊嶋真千子　ラジオ『TVゲームラジオンズR』ED

1998　STEEPLE ANGEL～とんがり天使～

80年代ディスコサウンドを彷彿とさせる、軽快なリズムに金管楽器を織り交ぜたビッグバンド風なスケールの大きいミュージックは、まさに佐橋俊彦の十八番と言える作風だ。間奏のエレクトリック・ピアノによるジャジーなアドリブもたまらない。豊嶋真千子のボーカルは繊細であり、アバンギャルドな雰囲気な楽曲にはミスマッチと思えるが、どうしてむしろ心を掴まされるのだ。声優楽曲における奇跡的な作品の1つである。　(き)

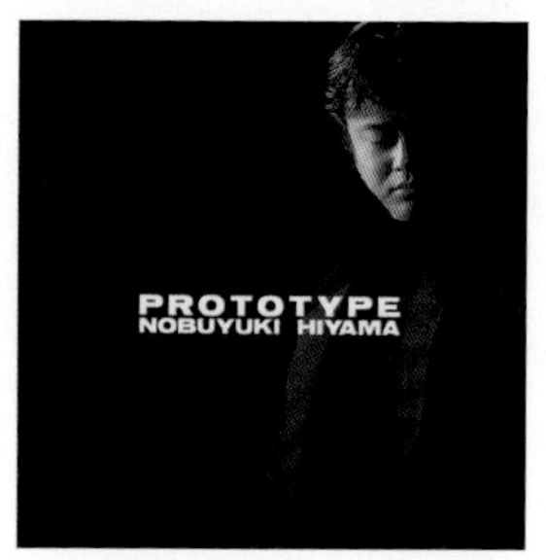

バップ　VPCG-84250

花の都

R&B

檜山修之

1995　PROTOTYPE

声優は声の演技は元より、舞台やラジオなどさまざまな職能を求められる。それらを音楽にも取り入れる試みは90年代から行われてきた。この曲では上京した瞬間にカツアゲされる青年の小芝居から始まり、ブラコン直球のトラックに乗せ、素っ頓狂なラップ、仰々しくもメロウな歌唱が楽しめる。アルバム全体も演技やラジオの要素が導入されており、文字通り「試作品」的に、檜山の色々な顔を覗ける意欲作になっている。　(カ)

スターチャイルド　KICS-640

魂のルフラン（Aqua Groove Mix）

R&B

林原めぐみ

1997　Irāvatī

ご存知、『新世紀エヴァンゲリオン劇場版 シト新生』主題歌の綾波レイ役・林原めぐみによるカバーであり、実質的キャラソン。冒頭のアンビエントから2バース目よりR&Bへと流れる大胆なアレンジが印象的だが、楽曲のテーマである輪廻、そして作品の持つ精神世界や綾波レイというキャラクターに差し迫るかのようなスポークンワードパートや水の音も取り入れた、瑞々しく妖艶かつスタイリッシュで荘厳さも感じさせる名RE-MIX。　(あ)

スターチャイルド　KICA 413

うちわからへん

R&B

泉岳寺かもめ（長沢美樹）
TVA『アキハバラ電脳組』CS

1998　アキハバラ電脳組 Rubification-C.T.i.A/C.I.S

アニメ『アキハバラ電脳組』ボーカルアルバムより、大阪から上京した泉岳寺かもめが東京に対して抱く感情をストレートに歌った1曲。G-Funkを彷彿とさせるようなグルーヴ感のあるメロウビートに、哀愁のあるギターフレーズが良いアクセントになっている。ボーカルmixの生っぽい質感がキャラの感情をより素直に伝えてくれる。何十年経っても東京に抱くイメージは変わらない。（ナ）

AMJ／eye's　ABCS-1

all or nothing

R&B

ゆかな

1998　all or nothing

ゆかなと言えばキュアホワイト役や七咲逢役が有名で、ご本人のキャラクターも相まってかわいらしい声のイメージがある。しかしゆかな名義での1stシングルでは真逆の"アンニュイの女王"と化した。トリップホップ的なトラックにねっとりした歌謡曲のメロを乗せ、未練がましく歌っている。ほぼ同時期リリースの椎名林檎『歌舞伎町の女王』と通じる世界観だ。その後、声優楽曲でアンニュイはほとんど流行らず、その意味でも貴重である。（カ）

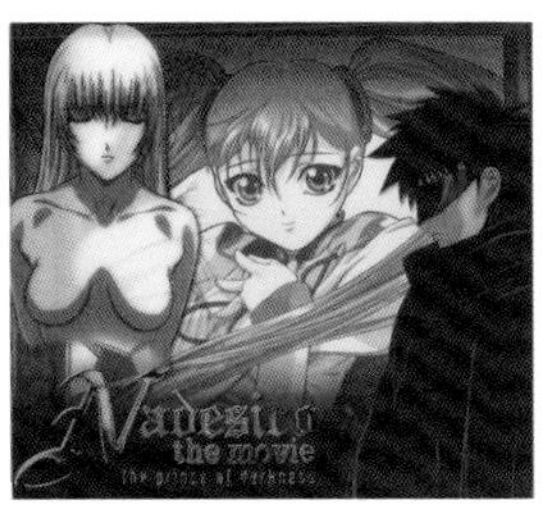

スターチャイルド　KICA-410

Dearest

R&B

松澤由美　劇場版『機動戦艦ナデシコ -The prince of darkness-』TM

1998　Nadesico the movie/The prince of darkness～機動戦艦ナデシコ

『YOU GET TO BURNING』でオリコントップ10入りし、強烈なデビューを果たした松澤由美の5枚目のシングルである本作品は、劇場版『機動戦艦ナデシコ』のメインテーマとして使用された。TV版と違いシリアスな内容である劇場版の、物悲しく寂寥感漂うEDで流れる本作品に涙した人も多いはず。同作で声優を務めた南央美がホシノ・ルリ名義でカバーしたバージョンも発売されているが、そちらも心揺さぶられる名曲。（ヒ）

アイノクス　PCDA-95028

デンワしてダーリン

R&B

石井ゆき　TVA『ああっ女神さまっ 小っちゃいって事は便利だねっ』OP

1998　デンワしてダーリン

SF要素のある人気ラブ＆コメディ作品の外伝的アニメシリーズのOP主題歌は、これまた当時話題であったオーディションTV番組『ASAYAN』で結成されたデビュー予備軍ユニット・AIS出身の石井ゆきによる4thシングルとしてリリース。当時のダンサーが好んでそうな、少し古めかしくもあるファンキーなベースがうねるクラブジャズ/R&Bサウンドに、あどけない女性ボーカルがアニソン的クロスオーバー感を増す文句なしの名曲。（あ）

ケイエスエス　KLDA-1005

Alive～私はここにいる～

R&B

池澤春菜　OVA『超神姫ダンガイザー3』ED

1999　Neo Evolution

ちょっぴりセクシーなロボット美少女バトルOVAのED。BPM88、ベースが重い簡素なR&Bで、中華そばの名店のような味わいだ。優しく丁寧な歌いぶりは、池澤の3rdアルバムで声優ブラックミュージックの名盤『caramel～きゃらめる～』にも通じる。作編曲の坂本昌之はOVA『この世の果てで恋を唄う少女YU-NO』でも、アダルトなR&B『VOICES』『FACES』を書いておりどちらも素晴らしい出来。（カ）

ファーストスマイル　FSCA-10112

いつだって大丈夫（B）

こおろぎさとみ、根谷美智子、高橋美紀
ゲーム『アイドル雀士をつくっちゃおう♡』ED

1999　アイドル雀士スーチーパイ ボーカルコレクション

作編曲は『けいおん！』のサントラなどで知られる百石元。ミディアムスローのR&B調だが、ゴツいベースのうえでスティールパンとクラビネットが鳴る独特のアレンジで、90年代ゲーム楽曲特有の雰囲気を堪能できる。3人の歌は若干舌足らずなものの、サビの歌い上げには「泣き」の要素を見ることができる。こういうのに弱い。元々はED曲として各キャラが違う歌詞で同曲を歌っており、別メンバーによる歌詞違いのAバージョンも同CDに収録。（キ）

東芝EMI　TOCT-24103

Close to me ～世界の果てまで～（シネマバージョン）

R-ORANGE　劇場版『ガンドレス』ED

R&B

1999　劇場公開アニメ ガンドレス オリジナルサウンドトラック

未完成状態で上映を開始した劇場アニメ『ガンドレス』の主題歌だが、曲自体は高クオリティ。R-ORANGEは『金田一少年の事件簿』のED主題歌でデビューしたユニットで、結成のきっかけは『ANN』のデモテープ応募コーナー「デジタルウッドストック」（当該アルバムより）。ラフなギターから始まり、スローテンポなデジタル和製R&Bが展開されるが、これに中田あきこが歌う薄暗いリリックがバッチリ噛み合っている。（せ）

マーベラス　MJCA-00052

ジーニー

Whoops!!

1999　P

Whoops!!は『アニメトピアR』で樋口智恵子と坂本真綾がパーソナリティを務めたことから結成されたユニット。クールな私が恋に落ちてしまうなんて……どうしてなのジーニー？ そんな少女の恋心が良質なR&Bに乗せて紡がれる。ウィスパーボイスなのに艶やかで中性的な魅力もある、坂本真綾ならではのボーカルがたまらない。MONACAを立ち上げる前の岡部啓一が作曲を担当しており、色々な面で現在の礎を感じさせるナンバーである。（き）

コナミ　KMCS-4

Dancin' in Moonlight

R&B

丹下桜

1999　Neo-Generation

低予算でも光る仕事を見つけた時の喜びは、声優楽曲探索における醍醐味の1つだ。声優ニュージャックスイングのなかでも屈指の名曲であるこちらはその代表格。イントロからデジタル味の強いシンセフルートが神秘的な月夜を演出する。曲全体を彩る90年代後半なデジタルシンセの音色だけでもうお腹いっぱい。ゆったりしたビートとブリブリシンセベースに支えられた、丹下の一切力みのない、焦点の合わない歌声がもはやスピリチュアルですらある。（カ）

エアー・リズム　PICL-1182

PURE SNOW

R&B

佐々木ゆう子　TVA『火魅子伝』OP

1999　PURE

モーニング娘などを輩出したTV番組『ASAYAN』出身の佐々木ゆう子による4thシングル。TM NETWORKの木根尚登が作曲したR&BでMISHAやBirdなど90年代後半の女性ボーカリストのトレンドのような楽曲。編曲は西脇辰弥でメロキュアの『Agape』を彷彿とさせる泣きメロディに仕上がっている。イントロのピアノと佐々木の透き通った歌声が瞬時にあのころにタイムトリップさせてくれる名曲。（犬）

ビクターエンタテインメント　VICL-61899～901

夢見たわたしのそばへ

R&B

aya　OVA『メルティランサー The Animation』ED

2005（初出：1999）　Reunion －GONZO Compilation 1998~2005－

レコードの針を落とすイントロの演出からアコギで静かに始まり、バラードかと思いきやムーディなR&Bのリズムが展開される。ayaのハスキーなボーカルも雰囲気満点。ホテル街に消える司令の姿が目に浮かぶような楽曲である。『銀ほえ』リスナーであれば『メルティランサー』はご存知であろう。だがOVAの存在はラジオ放送終了後ということもあり、知名度が低い。そんな作品にもスポットを当ててくれた本CDは良企画だ。（き）

ソニー　SRDL-4091

Beeper Love（Saurus Version）

NOW　TVA『ママはぽよぽよザウルスがお好き』OP

1995　Beeper Love

青沼貴子による子育て実録マンガを原作に制作されたアニメ『ママはぽよぽよザウルスがお好き』のOPとして使用された本楽曲は、子供目線で描かれたラップナンバーだ。歌詞に登場する“ママなーんて大嫌い”というフレーズは本タイアップならでは。担当したのはBABY SETSU率いるヒップホップユニットのNOW。アニメ主題歌として使用されたものとは歌詞が異なるバージョンも存在し、そちらでは当時の若者の日常が描かれている。（い）

KOEI　KECH-1087

Final Rain

ヒップホップ

平松晶子

1995　PAIN

Mary J. BligeやSWVなど90年代初頭から勃興したUSヒップホップソウルの流れに声優界でいち早く反応した平松晶子。アルバム全体でも同路線の曲を数曲にわたって展開しており、意識的にこの音楽性を選び取っていた様子。彼女の大らかな人柄が反映された親しみやすいボーカルと手堅い仕上がりのトラックによって、ヒップホップ〜ラップ文化が定着した現代だからこそ、音楽に込められた彼女の人間性がストレートに伝わってくる。(D)

ビクターエンタテインメント　VICL-40187〜8

We are POLICEWOMAN

Tokyo Policewoman Duo　TVA『逮捕しちゃうぞ』CS

1996　限定解除ソングコレクション

ドライブ中に聴くとノリノリになれること間違いなしな、墨東署の婦警コンビによるラップナンバーだが、曲中で2人が歌っているようにあくまでスピードの出し過ぎには要注意！所々にオールドスクールなHIPHOPの声ネタサンプリングが用いられてたりもして、90sの西海岸の雰囲気も感じられる。一度でも路上でお巡りさんに路肩に寄せられた経験のある人にとっては妙にドキリとする歌詞なのも◎(ろ)

日本コロムビア　COCX-30771

WAR WAR! STOP IT

下町兄弟　TVA『ビーストウォーズ 超生命体トランスフォーマー』OP

1999（初出：1996）　ビーストウォーズの世界〜ビーストウォーズ・ソング・バイブル〜

これまで数々のアニメソングにて作詞を手がけてきたBANANA ICE（工藤玄実）自らが歌唱を務めた本楽曲は、『ビーストウォーズ 超生命体トランスフォーマー』がアメリカ・カナダ制作であることに即するようにラップ主体の楽曲となっている。歌詞にはアニメタイトルを始め“サイバトロン”“デストロン”といった作品内のキーワードも登場するなど、オールドスクールアニメソングの空気も感じられる。(い)

東芝　TOCT-9469

試合後反省会

ヒップホップ

N体大附属高校バスケ部　ドラマCD『勝負は時の…運だろ?』IM

1996　勝負は時の…運だろ?

高口里純原作『勝負は時の…運だろ?』のドラマCDに収録。作曲は日本のHIPHOP黎明期を支えた近田春夫率いるビブラストーンのメンバー・渡辺貴浩。楽曲は試合後の反省会をモチーフにしたコミカルなラップになっている。サビ以外をセリフの掛け合いで構成されていてるところもビブラストーンらしさか。ビブラストーン関連では、今田太郎（岡田陽助の変名）が副編ブラザーズの『アニメ雑誌の編集は3日やったらやめられない』を作曲している。(犬)

パイオニア　PICA-1071

GAME・GAME・GAME

ラップ

RYUSEI&KOTONO
ラジオ『流星野郎のゲーム業界裏情報』IM

1995　流ゲー CHANNEL 夏の超特大合併号！

流星野郎ことアトラス社員（当時）の相原誠吾と三石琴乃によるラジオ番組の企画盤に収録。アルバムの流れや相原誠吾の立ち位置を考えると、いとうせいこうの『業界くん物語』のゲーム業界版を目指した可能性が見える。曲も『業界こんなもんだラップ』をマイルドにした感じのラップで、時折入るスクラッチの入り方やブレイクなど随所に参照元が垣間見える。歌詞はゲーム好きならあるあると頷いてしまう内容で、三石との掛け合いもコミカルだ。（犬）

徳間ジャパンコミュニケーションズ　TKCA-70730

Honey Honey Darlin'

ラップ

永島由子

1995　Fancy Girl

Audrey Hepburn風のジャケットに目がいく永島由子の1stアルバムに収録。彼女の出身が大阪のため関西弁で歌われた『Money Money Darlin'』と共に、宮崎美子の『だからDESIRE』のようなコミカルなラップとなっている。アルバム収録曲『スキャンダル』や『KNOCK ON ME』はHi-NRGとなっていたり、80年代のディスコ・ファンクの流れを汲んだ楽曲が多く収録されている名盤。（犬）

リボップ　BVCH-8014

RAP THE 801!! -SUKIYAKI RAP-

ラップ

久川綾、折笠愛、井上喜久子、野上ゆかな
OVA『青空少女隊』CS

1995　青空少女隊 RAP THE 801!! -SUKIYAKI RAP-

再生時間10分超。当時人気絶頂の声優4人組が、ビートに乗ったり乗らなかったり。ラップ、演歌、そして酔っ払い。強烈なインパクトを持ったこの曲は、メインキャラがすき焼きを囲むという妙なCDドラマとして発売された。キャラ同士の掛け合いも魅力だが、グルーヴィーなベースラインがこの曲の肝だろう。小気味良いビートと共に、長時間ながらしっかり聴かせるトラックを形作っている。作曲はなんと原田真二。どこをとっても規格外な曲だ。（せ）

ソニー　SRCL-3598

お姉さまとお呼び。(VOICE ACTRESS #2)

ラップ

草地章江

1996　FACES

それまでの80年代アイドル路線から大きく転換し、重心低めのR&Bにも挑戦した意欲的なアルバムから。ほぼ全曲を作詞の只野菜摘、作編曲のZAKIというタッグが手がけている。本曲では珍妙なポエトリーリーディングとスウィートなトラックが巧みに融合しており、SMAPに多くのラップ曲を提供したZAKIの手腕が垣間見える。ほかにもネオソウルなサウンドが出色の『しあわせな子供』『お願い、何か言って』など聴きどころの多い1枚。（キ）

ポリグラム　POCX-1022

ナナちゃん危機一髪

ラップ

ナナ（池澤春菜） ゲーム『メルティランサー』CS

1996 「メルティランサー」キャラクター・ソングコレクション

声優が歌う電話から始まる名曲の1つ。まるでHerbie Hancockの『Rock it』（さんま御殿の視聴者投稿のBGM）をサンプリングしたようなギターリフが特徴的な楽曲に、キュートでいなたいラップが乗り永遠に繰り返される“ナナちゃん危機一髪”の歌詞は一度聴けば頭から離れない。声優のラップは耳障りの良さからEAST END × YURIが参照されがち。作曲はツーファイブの取締役でもあったドン・マッコウこと溝口功。（犬）

マジックランド　ALCA-5140

NO EXIT

ラップ

岡本麻弥 TVA『ももいろシスターズ』IM

1996 ももいろシスターズ HIGH SCHOOL Version

天真爛漫なCDジャケットからは想像しにくい強烈なスラップベースとビートが印象的で、岡本は中間部で長尺のラップに挑戦するなど声優ラップ入門的な趣向を持った1曲。ちなみに原作はヤングアニマル連載だったためかお色気満載の内容であり、直前のドラマパートを併せて聴くと背伸びしたリリックの味わいがより深まる。なおリミックスCD『モモカン』には、よりアバンギャルドにアレンジされた別バージョンが収録されている。（キ）

スターチャイルド　KIDA-137

私らしく

ハウス

桑島法子 TVA『機動戦艦ナデシコ』ED

1996 YOU GET TO BURNING

桑島法子にとって初のヒロイン役を演じることとなった本作で、歌手デビューも果たした彼女の1曲目。初々しさや拙さも含めて、ミスマル・ユリカらしくも、等身大の当時の彼女らしくもあるのが本作最大の魅力だろう。マイペースな彼女らしくスローテンポで、要所要所に散りばめられたハープやウィンドチャイムの優しい音色に女性らしいかわいらしさも感じる。まさしくアニソン／声優楽曲界の乙女ハウスの決定版だと言えよう。（ろ）

ドリーム・ポケット　MVCH-30010

OHA OHA スターター

ハウス

やまちゃん&レイモンド 一般番組『おはスタ』OP

2000（初出：1997） おはスタベスト 〜 vol.1〜

97年よりスタートし現在も続く子供向けバラエティ番組『おはスタ』。初代OPであるこの曲は、朝を彩るにふさわしいアッパーなテンションを持つダンサブルなサンバハウスで、編曲の渡部チェルの持ち味である重心の低いグルーヴが印象的。山寺宏一の歌声は朗らかさや力強さと同時に、父のように包み込む懐の深さや兄のように見守る優しい響きも帯びていて、長く第一線で活躍を続ける彼が持つ声の魅力が存分に味わえる。（D）

リポップ　BVDR-1179

KISS^3

ハウス

chieco　TVA『ケロケロちゃいむ』ED

1997　KISS^3

パール兄弟やビブラトーンズの活動で知られる窪田晴男がアレンジを担当した、アニメ『ケロケロちゃいむ』のED曲。華やかなブラスで彩られた端正なソウルハウスナンバーでありながら、アニメのヒロイン役でもある樋口智恵子のファニーな歌声によって温かく親近感溢れる仕上がりになっている。弾むようなファンキーなグルーヴや音色のチョイスからは、窪田晴男がプロデュースを手がけた初期フィッシュマンズと共通する部分も見出だせる。　(D)

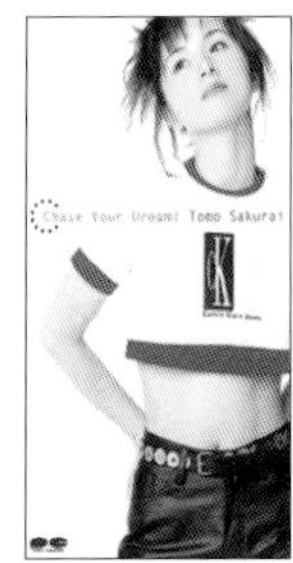

ポニーキャニオン　PCDA-01011

Silky Rain

ハウス

桜井智

1997　Chase Your Dream!

97年発売のシングル『Chase Your Dream!』に発売されたカップリング。ライブで盛り上がる表題曲ももちろんいいが、Royal Mirrorballこと松井寛ワークスのこちらを推したい。80～90年代初頭のユーロディスコ～ハウス調のトラックに載せた艶っぽい桜井のボーカルがたまらない。太いキックと初期ハウスを感じさせるシンセで踊れる1曲に仕上がっている。(I)

サイトロン　PCCB-00289

動物たちの夜

ハウス

子安武人　ラジオ『子安・氷上のゲムドラナイト』OP

1997　子安・氷上のゲムドラナイト on CD

ラジオ番組『子安・氷上のゲムドラナイト』初代OPテーマ。『SMAP × SMAP』のテーマ曲やSMAPの『涙のかけら』を作編曲した松浦恵によるハウスのトラックに子安の歌声が乗る甘いグルーヴは深い時間のダンスフロアのようだ。番組企画で子安はTVで流行っていた野猿を真似てスタッフと傘レ豚（トンブレラ）も結成。同様に氷上はBooingを結成した。ラジオのテーマソングは一瞬で当時を思い出させてくれる。　(犬)

パイオニア　PIDA-1044

パレード

ハウス

水野愛日
一般番組『キッズ天国～ AmusementX』TM

1998　パレード

2ndシングル表題曲。声優レアグルーヴとして声優楽曲界隈で再評価された『speed of love』と同じく編曲は長岡成貢。イントロのピアノからホーンセクション、ゴージャスなコーラス、うねりまくるベースラインなどかなりゴージャスなacid jazz、あるいはディスコハウス的な音像。アウトロの鍵盤までこだわった作りになっている。将来的な再評価のタイミングが来たら、ぜひとも12インチレコードをリリースしてほしい。　(I)

パイオニア　PICA-1199

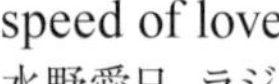

speed of love

ハウス

水野愛日　ラジオ『水野愛日のputi peco pie!』TM

1999　Joyful

2ndアルバム『Joyful』のリード曲。イントロのピアノから華やかなホーンセクション、しっかりと低音が出ているリズムセクションと、acid jazz以降のクラブミュージックをポップスに落とし込んだトラックは、SMAPなどの編曲を手がけた長岡成貢の手によるもの。それでいてボーカルは80年代のアイドルを志向したかわいさがあり、この時期では声優歌唱曲でしか聞けない組み合わせの楽曲に仕上がっている。（I）

ポリグラム　PODX-1041

REBIRTH～静寂からの余想～

ハウス

田村ゆかり　TVA『デビルマンレディー』IM

1999　REBIRTH～静寂からの余想～

2020年代になっても声優界を引っ張ってくれているゆかりん御大。実は、音楽活動当初にはかなり尖った楽曲群をリリースしている。その立役者はModern Greyの元ギタリスト・山口一久で、田村のポリグラム期の楽曲をすべて作編曲している。バンド時代からUK色の強い音楽性の山口だが、この曲ではUKなプログレッシブハウスを導入している。今では聴けないだろう、細くてダークな田村の歌声とアシッドなビートが相性抜群だ。（カ）

ビクターエンタテインメント　VICL-15037

INFORMATION HIGH

テクノ

シャロン・アップル　OVA『マクロスプラス』IN

1995　MACROSS PLUS～The Cream P·U·F

映像的にも音楽的にもあまりに鮮烈であった『マクロスプラス』の歌姫であるシャロン・アップル名義の楽曲である。このアルバムはシャロン・アップルの発売禁止になったアルバムから催眠暗示の要素を取り除いた曲を集めたものと設定されているが、中毒性は折り紙付き。この曲は当時テクノシーンで活躍していた佐藤大と渡辺健吾に加え、元電気グルーヴのCMJKがスタッフに名を連ねる。今聴いても鮮烈なグルーヴにより世界観に引きずり込まれる。（お）

スターチャイルド　KICA-261

Touch My Heart [Re-mix]

テクノ

久川綾　OVA『魔物ハンター妖子2』ED

1995　魔物ハンター妖子2 Touch My Heart [YOHKOSONGS & SOUND TRACKS]

アニメ、ゲーム、マンガなどさまざまなメディアで展開された『魔物ハンター妖子』シリーズにおける、アニメ最終作のボーカルアルバムから。イントロが2分くらいありデトロイトテクノのようなアレンジだが、間奏で思いっきりギターソロが入ってきて面白い。キックの鳴りが良く、ギターソロ以外はテクノらしく少ない展開で進行していく。歌ものというよりはテクノとして聴ける楽曲になっている。（ナ）

ポニーキャニオン　PCCG-00339

うたえる惑星があるなら行くの

テクノポップ

おさかなペンギン

1995　おさかなペンギンCD

井上喜久子と岩男潤子のユニット・おさかなペンギンのミニアルバムより。宇宙のように壮大なイントロから始まる王道のテクノポップはPLASTICSを彷彿とさせるアレンジになっている。随所のモジュラーサウンドから若干アバンギャルドな印象も受けつつも全体としてはポップにまとまっている。2人の特徴的な声が良い塩梅に浮遊感を与えている。ボーカルの深過ぎるリバーブから時代を感じる1曲。　（ナ）

パイオニア　PIDA-1020

恋愛の時空

テクノポップ

折笠愛　TVA『天地無用！』IN

1995　恋愛の時空

枯堂夏子による独特の恋愛観、藤原いくろうによる印象的なメロディ、長岡成貢によるポップで華やかなサウンドのすべてが完璧に融合した、当時のパイオニアLDCを象徴するような1曲。一度だけ挿入歌として流れた曲でありながら視聴者の印象に強く残ったことは、当時魔境とも呼べるようなアニソンランキングラジオ番組『ドリカン』で1位を取ったことからも窺える。さまざまなメディアに収録されているが、すべてバージョンが異なる。　(s)

ケイエスエス　JSCA29015

Cotton Boy

テクノ歌謡

井上喜久子　OVA『アイドルプロジェクト』IN

1995　First Present

PC-98用ゲームソフトを原作としたOVAの第1巻挿入歌。4つ打ちと16分の刻みを組み合わせたダンサブルなリズムに丸みを帯びたシンセ、そしてそれらに絡む井上喜久子の甘い歌声。劇中のキャラクターとばっちり合致した傑作だ。2コーラス目後のビートにも注目。気を抜いたら撃ち抜かれそう、そんな攻撃性も隙なく兼ね備えている。余談だが『アイプロ』の曲はほとんどが過去のアイドルのオマージュ。元ネタを探るのも楽しいかもしれない。　（せ）

ビクターエンタテインメント　VICL-40187～8

TUNED BY ME

テクノ歌謡

小早川美幸（平松晶子）TVA『逮捕しちゃうぞ』CS

1996　限定解除ソングコレクション

『逮捕しちゃうぞ』より小早川巡査のキャラソンは、愛機であるホンダ・トゥデイへの愛がこれでもかと滲み出ている。アニメ好きというより、むしろすべてのクルマ好きに聴いてもらいたい曲かもしれない。個人的には“キミにはハイオク 私ハムサンド”という歌詞は全クルマ好きが共感するフレーズなのではと思っている。作中で幾度となくトゥデイを整備しているシーンが出てくるが、その時のキャラの心情を完璧に深掘りできているキャラソンだ。　（ろ）

ファクトリーレコーズ　CD66001

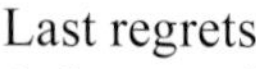

Last regrets

スローテクノ

彩菜　ゲーム『Kanon』OP

1999　regret

Leafが厨二路線から学園ラブコメに大きく舵を切り大ブームを起こしたのち、突如現れたTacticsから離脱したメンバーにより設立されたブランド・Keyからリリースされた『Kanon』のOP。今なら「こんな絵で誰がプレイするの……？」と誰しも思うでしょう。しかし当時の青年たちはこのOPに引き込まれ、そして涙したのです。すべての“葉鍵”の礎となった、透明感溢れる彩菜の歌う名曲。雪の降る通勤困難な朝にどうぞ。（W）

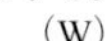

アポロン　APCM-5083

夢を見ていた

アンビエント

篠原恵美

1996　明日へ

ヤマハ系のエレピが深いリバーブのなかで泳ぐようなサウンドは国産ニューエイジ～アンビエントの響き。ビートを抑えたバラードながら、ディレイで飛ばしたボーカルやコーラス、シンセが幾重にも重なり合う音響作品のような広がりは、90年代の声優楽曲では珍しい音作りと言える。しかしこうした解釈ができるのは、2010年代に「KANKYO ONGAKU」を決定打とするジャパニーズアンビエントの再評価が進んだからこそだとも思う。（キ）

ビクターエンタテインメント　VICL-60090

彼と彼女のソネット

アンビエント

宮村優子

1997　不意打ち

80年代フレンチポップスのカバー。大貫妙子が日本語詞を書き原田知世が歌ったバージョンが有名だが、宮村版は保刈久明の編曲が冴え、まったく違う印象を与える。新居昭乃とのタッグで培ったアンビエントなアレンジとThe Cure直系のUKサイケポップの香りがたまらない。宮村のイノセントな歌唱との相性も抜群だ。同アルバムの『SKINDO-LE-LE』のカバーも保刈編曲。乾いたクラブジャズに仕上がっており痺れる。（カ）

パイオニア　PICA-1179

INFANity world

アンビエント

清水香里　TVA『serial experiments lain』IM

1998　serial experiments lain Cyberia Mix Soundtrack

今なお国内外でカルト的な人気を誇るアニメの楽曲。サントラの1枚目は仲井戸麗市作のロックテイストだったが、2枚目では作中のクラブ・Cyberiaをイメージしたクラブミュージックが中心で、当時の小箱の仄暗い空気感が伝わってくる。808風の4つ打ちに乗るポエトリーは、本作がデビューで当時15歳だった清水香里によるもの。たどたどしい英語と冷たいシンセのアンビエンスが心地良く、気付けば『lain』を好きになってしまう。（カ）

日本コロムビア　CODA-1600

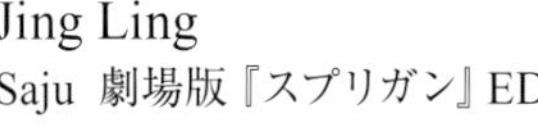

Jing Ling

アンビエント

Saju 劇場版『スプリガン』ED

1998　Jing Ling

『スプリガン』はマンガ原作の劇場版。大友克洋監修のためか原作から大きく改変されているが、気にならないくらいに圧倒的作画量によるセル画アニメーションの極致を楽しめる。中国山西省生まれの歌姫SAJUが歌い上げる本主題歌が物語を締め括るのだが、テクノ色の濃いビートに乗せた普語と合いの手を繰り出す英語の異文化交流や良し。あらゆる音楽性が国境を越えて調和している。これは蓜島邦明氏による、ロストテクノロジーへのアンセムか。　（け）

SPE・ビジュアルワークス　SVWC-7006

Door

アンビエント

小畑由香里　ゲーム『ダブルキャスト』TM

1998　ダブルキャスト オリジナル・サウンドトラック

静かに這い寄り一気に押し寄せるイントロと不穏さを感じるメロディラインは、本作のギャルゲーのようなメインビジュアルからは想像ができないエスノ系アンビエントテクノの雰囲気を漂わせている。しかし一度でもゲームをプレイすればその意図もわかるだろう。納得の作曲は梶浦由記氏によるもの。ゲームのイメージが要所に散りばめられた、テーマソングにふさわしい曲構成になっている。　（T）

ビクターエンタテインメント　VICL-35038

MESSAGE #9

アンビエント

種ともこ　TVA『ガサラキ』OP

1998　MESSAGE#9

ロボットものでありながら、超が付く硬派なストーリーで日曜の朝に異彩を放った『ガサラキ』は主題歌からエッジが効いている。神話的な歌詞、能の謡、骨嵬（クガイ）を想起させる鼓動音といったエッセンスを重低音に乗せた音作りには、作品の音楽担当・蓜島邦明氏のこだわりを強く感じ取ることができる。15話、16話（平安編）限定でオンエアされたリミックス版は、さらに音の空間性が増幅しており、ぜひ聴き比べていただきたい。　（S）

スターチャイルド　KICA-473

Moon

アンビエント

Gabriela Robin　TVA『∀ガンダム』IN

1999　∀ガンダム ― オリジナル・サウンドトラック 1

『機動戦士ガンダム』シリーズ生誕20周年作品として、シリーズの生みの親である富野由悠季によって制作された『∀ガンダム』。本作の第1話のラストで使用されたのが本楽曲だ。その美しくも寂しげなサウンドが涙を誘う。作詞と歌唱を担当するGabriela Robinは菅野よう子の別名義。のちに井荻麟（富野由悠季）によって日本語の歌詞が付けられ『月の繭』として生まれ変わり、本作の後期ED曲として使用される。　（い）

クラブ／ダンス

バップ　VPCG-84673

ロリータはジャングルの教会へ行ったか？

白鳥由里　アンビエント

1999　ニコル

90年代女性声優アルバムで筆者の一押しが白鳥由里の『ニコル』だ。2ndの『キャラメルポップ』も良盤だがこちらは先鋭的であった。なかでもこの曲はあまりにも鮮烈で印象深い。環境ノイズやアコースティックな民族楽器類に当時流行っていたジャングルのリズムが乗り、白鳥由里の歌声とセリフがまとめ上げる。作詞を手がける菊池成孔氏はかの小説家・菊地秀行氏の弟と聞いて納得。アルバムを通じて不思議な世界観ができあがっている。（お）

日本コロムビア　TODT-3734

恋のターゲットボーイ〜 Baby Boy

ユーロビート

THE PINK HOPS　TVA『爆走兄弟レッツ＆ゴー!!』ED

2004（初出：1996）　爆走兄弟レッツ＆ゴー!! テーマソング・コレクションPLUS!!

女性デュオ・Me&Myによる前年の大ヒット曲『Baby Boy』を日本人女性デュオでカバーしたもので、つい口ずさんでしまうキャッチーなフレーズのユーロダンスビート。セクシーな歌声の原曲に対して、ボーイッシュさのある歌声が作品ともよく合っている。シングルでのカップリングは、同じくMe&My『Dub-I-Dub』のカバー。なおメンバーの青木由美氏はソロ名義で『ママはぽよぽよザウルスがお好き』の主題歌担当。（S）

エイベックスチューン　AVCT-15000

around the world(D.Rodgers mix)

ユーロビート

三木眞一郎、川澄綾子　TVA『頭文字D』CS

1999　頭文字D:INITIAL D VOCAL BATTLE

90年代後半に流行したジャンルの1つであるユーロビート。そんなユーロビートのアニソンを紹介するうえで、やはりm.o.v.eが主題歌を手がける『頭文字D』の存在は外せない。そんな『イニD』の特異点と呼ぶべき楽曲が、藤原拓海役の三木眞一郎と茂木なつき役の川澄綾子が歌う主題歌カバー。特に三木のラップパートの完成度の高さは一聴に値すると言ってもいいだろう。今振り返ると男性声優×ラップの先駆け的存在と言えるかもしれない。（河）

SPE・ビジュアルワークス　SVWC-1001

Innocence-Drum'n' Bass Mix

ドラムンベース

瀬田宗次郎（日高のり子）TVA『るろうに剣心』CS

1998　るろうに剣心 - 明治剣客浪漫譚 - SONGS2

90年代音楽バブル期は、潤沢なリソースをヒットアニメの音楽に注ぎ込める環境が一部に存在し、それを象徴するのがこのキャラクターソング。Charaやhitomiの楽曲も手がけたプロデューサーである渡辺善太郎が、同時代的なインテリジェントドラムンベースを導入したこの曲。穏やかな歌声の裏で暴れまわるビートとベースは、物腰の柔らかさの裏に狂気を秘める瀬田宗次郎というキャラクターの特徴を的確に表現することに成功している。（D）

メディアレモラス　MRCA-20072

空と大地と風があればもう僕は何も怖くない

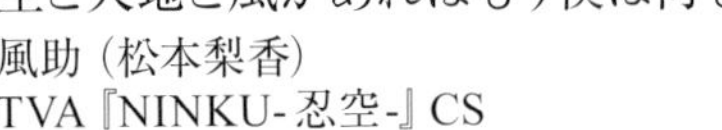

風助（松本梨香）　ジャングル

TVA『NINKU-忍空-』CS

1995　忍空 オリジナルアルバム

週刊少年ジャンプ連載作が原作のアニメ『NINKU-忍空-』の主人公・風助が歌うキャラクターソング。ボイスサンプルやスチールパンなど本格的なジャングル歌謡になっており、ビートの太い楽曲が並ぶ『忍空』のキャラソンのなかでも突出してダンサブルな楽曲である。作編曲はTV番組の劇伴を数多く手がける羽毛田丈史、作詞は『オードリーのオールナイトニッポン』など、数々のラジオ仕事で知られる放送作家の藤井青銅が担当。（I）

スターチャイルド　KICA-286

Fly Me To The Moon

ジャズ

CLAIRE　TVA『新世紀エヴァンゲリオン』ED

1995　NEON GENESIS EVANGELION

ジャズの名曲を大森俊之の手によって交響楽アレンジ。抑揚の強い歌唱の64年のFrank Sinatra版が有名ではあるが、こちらはむしろ54年のKaye Ballard版の柔らかい歌唱に近く、碇ユイの包み込む母の愛情といった趣もある。CLAIRE（Claire Littley）氏の本業はグラフィックデザイナーであり、近年でこそ音楽活動を盛んにしているが、当時メジャーリリースされた唯一となる音源。（S）

ソニー　SRCL-3193

いやよ！

スウィング・ジャズ

miyuki　OVA『不思議の国の美幸ちゃん』ED

1995　不思議の国の美幸ちゃん イメージ・アルバム

CLAMP原作のOVA主題歌。異界に迷い込んだ主人公・美幸が同性からセクハラを受けまくる、コミカルかつちょっぴりアダルティな作風にマッチした、アップテンポなスウィング・ジャズとなっている。コテコテなイントロを過ぎれば聴こえてくるのは伸びやかな少女声。予想外のコンビネーションが楽しい1曲だ。作曲と歌唱はmiyuki。実はコスモ石油のCMソングなど聞き覚えのある曲を多数手がけており、隠れたヒットメーカーである。（せ）

ビクターエンタテインメント　VICL-576

O-G Love

フュージョン

ミレーヌ・ジーナス（桜井智）TVA『マクロス7』CS

1995　マクロス7 MYLENE JENIUS SINGS LYNN MINMAY

『マクロス7』のミレーヌが初代『マクロス』のヒロインであるリン・ミンメイの楽曲をカバーする企画アルバムに収録された楽曲。アニメではミレーヌの声を桜井智（現・櫻井智）、歌をチエ・カジウラが担当していたが、本作では桜井が歌唱した。オリジナルにあったギターカッティングを拡大解釈し、元オリジナル・ラブの宮田繁男のドラムが小気味良いダンサブルなアレンジとなっている。全編で印象的なサックスは平原綾香の父・平原まことの演奏。（I）

スターチャイルド　KIDA-111

どうぞこのまま

ラテン

冨永みーな　ラジオ『Something Dreams 〜マルチメディア・カウントダウン』ED

1995　どうぞこのまま

90年代QRリスナーには『ドリカン』のEDとしてお馴染み。同番組パーソナリティの冨永みーなが丸山圭子の楽曲をカバー。マイナーコードで進行するボサノバ調の大人びた雰囲気を纏ったこの曲が聞こえると、土曜日の終わりを感じたリスナーも多いことだろう。本家にはないサックスを取り入れたアレンジがアーバンな色合いを付加し、当時30歳手前の冨永みーなによるアルトボーカルが乗って、しっとりとした魅力を醸し出している。（き）

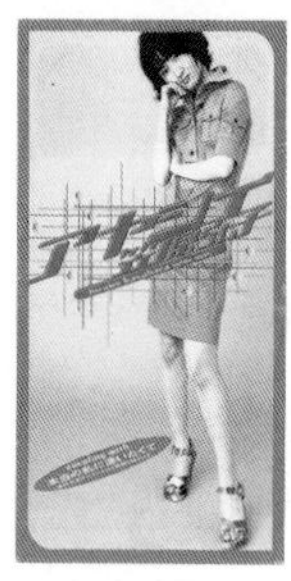

Wea　WPD6-9095

アヤシイ

ラテン

笠原弘子

1996　アヤシイ

アルバム『本当の私』からの先行シングル。プロデュースはアルバム全体も手がけた荒木真樹彦の手によるもの。ホーンセクションに米米CLUBのホーン隊としても知られるBIG HORNS BEEを迎えた渋谷系的おしゃれラテンボッサナンバー。ウィスパーボイスも◎。カップリングの『本当の私に逢いたくて』は代々木アニメーション学院のCMとして当時めちゃくちゃかかっていた記憶。本当の私には代アニで出会えるらしい。こちらも良曲。(I)

フューチャーランド　TYDY-2118

DIVE INTO CARNIVAL

ラテン

手塚ちはる　ラジオ『カーニバルだよ、ちはる組』OP

1998　DIVE INTO CARNIVAL

東海ラジオで放送された『カーニバルだよ、ちはる組』OPテーマ。声優の好盤を数多く排出したユーメックスFUTURE LANDレーベルからのリリース。ランバダをカーニバル風にしたようなアレンジで、明る過ぎない曲調が日本の蒸し暑い夏を連想させる。作編曲の大堀薫はベーシストとしてビーイング所属アーティストのレコーディングに多数参加している。歌メロがMi-Ke『想い出の九十九里浜』に似ているのもその縁からか。(I)

ポニーキャニオン　PCCG-00484

どうぞよろしくね。

ラテン

井上喜久子 ラジオ『かきくけ喜久子のさしすせSonata』OP

1999（初出：1998）　みずうみ

本誌レビュアーのおたっきぃ佐々木氏がディレクターを務めたラジオ番組のOP主題歌。アルバム『みずうみ』は岡崎律子＆井上喜久子の「なかよしプロデュース」であり（アルバム帯より）、全曲にわたって穏やかで爽やかな雰囲気を醸し出している。この曲は岡崎が作詞と作曲、コーラスを務めているが、フェビアン・レザ・パネの温かみのあるピアノと井上の安定感のあるヒーリングボーカルがバッチリとハマり、完成度の高いボサノバとなっている。（せ）

メディアファクトリー　ZMCZ-656

タイクツとユウウツ

ラテン

ターニャ・リピンスキー（坂本真綾）
ゲーム『北へ。White Illumination』CS

1999 「北へ。」WHITE ILLUMINATION PURE SONGS and PICTURES

坂本真綾が歌うキャラソンは、この世に数曲しか存在しない。大変貴重なこの楽曲は、小樽のガラス職人・ターニャの心細くもほんのり温かい心情を表現している。暖炉でぼんやりと揺れる火のような穏やかなボサノバが、ナチュラルボイスと見事にマッチし、キャラクターと声優の境界を曖昧にする。サビ後半のダイナミックな池毅節も聴きどころのうちの1つ。オルゴール音を使ったイントロ・アウトロも小樽ソングとして芸が細かい。（せ）

メルダック　MECP-30033

ダンスはうまく踊れない

レゲエ

関俊彦、佐久間レイ

1995　シャボン玉ヒッパレ'96

関俊彦と佐久間レイによるカバーアルバムの収録曲。過去でも現在でもデュエットでのアルバムリリースは珍しい。原曲の井上陽水バージョンからさらにダブ感を強化したアレンジと、佐久間レイによるアンニュイな歌唱で構成されている。同盤は声優が歌唱するカバー曲の面白さの引き出しを存分に楽しめる1枚。ほかに洋楽の『Flashdance... What a Feeling』がカバーされているのも要注目。（ぐ）

PiBi　PBCD-0001

ポジティブヴァイブレーション

レゲエ

シスターK　TVA『サイボーグクロちゃん』ED

1999　ぐるぐるクロちゃん

『サイボーグクロちゃん』のED曲。OP曲のハイテンションな曲調とは打って変わって、マイナー調の哀愁漂うルーツレゲエをベースとした楽曲で、作品の世界観を反映した"じーさんばーさん守るため"という歌詞も非常に心に沁みる。子供向けアニメにレゲエのリズムを取り入れた楽曲は多く、『クレヨンしんちゃん』のED曲『REGGAE』や劇場版『ちびまる子ちゃん』で使用された『ダンドゥット・レゲエ』などもチェックしてほしい。（リ）

パイオニア　PICA-1198

TO BE FREE

オーケストラ

Stella Furst　OVA『太陽の船 ソルビアンカ』OP

1999　SOL BIANCA ORIGINAL SOUND TRACK BARCO DEL SOL

『太陽の船 ソルビアンカ』は90年代前期にNECアベニューがリリースした女宇宙海賊冒険活劇OVAを、99年にパイオニアLDCがリメイクしたもの。旧作のJ-POP的音楽アプローチから一転し、長岡成貢氏とスロヴァキア・フィルハーモニー管弦楽団によるクラシカルかつコズミックなサウンドはアニソン屈指の立体感を誇り、作品をダイナミックに彩る。同曲は劇中でも使用され、アール・ヌーヴォー調の演出を経て放たれる砲撃シーンは圧巻。（S）

ポニーキャニオン　PCCG-00400

未完成協奏曲

クラシック

錦織健　TVA『ハーメルンのバイオリン弾き』OP

1997　ハーメルンのバイオリン弾き 魔曲全集Ⅱ

TVシリーズ前半の明るく楽しいOP曲から打って変わって、こちらは重厚なテノールが響く荘厳な1曲に。田中公平が指揮を執るフルオーケストラをバックに、一線級のテノール歌手・錦織健が気迫たっぷりに歌い上げる。歌詞の内容もキャラクターの愛憎、友情、復讐心をテーマにしており、シリアスな本編にバッチリハマっている。少々ピーキーでクセが強い1曲だが、90年代アニソンの自由度を感じるにはピッタリな楽曲だ。　（せ）

ポニーキャニオン　PCDA-1071

風の眠る島

民族音楽

宮村優子、住友優子、仙台エリ　TVA『南海奇皇』OP

1998　風の眠る島

『機動戦艦ナデシコ』などの脚本を手がける會川昇氏原作のSFアニメ『南海奇皇』のOP曲。この曲は民族音楽的で、何かの儀式を想像させられるような楽曲と宮村優子氏のあどけない歌声が、アニメのミステリアスな世界感をより際立たせている。『MASTERキートン』や『スプリガン』など多くのアニメの劇伴、楽曲を手がける蓜島邦明氏がシリーズを通して音楽制作を担当。彼は2022年よりDJとしての活動もスタートしている。　（リ）

バーボン　TKCA-71543

『I wish...』

民族音楽

吉田古奈美
イメージアルバム『ももいろシスターズ』IM

1999　オリジナルイメージボーカル集 ももいろシスターズ

アニメ『ももいろシスターズ』のイメージボーカルアルバムより。雄大なパッドサウンドにパーカッションがハマるオリエンタルなアレンジ。Bメロで倍のBPMで差し込まれるエコーのかかったプラックからはエレクトロニカ的な印象も受ける。劇伴っぽいアレンジだが本編中では流れない。曲が終わるようでなかなか終わりの来ない展開が、星空に向ける願いの強さを表しているようにも感じられる。　（ナ）

ビクターエンタテインメント　VICL-60386

ユメノカケラ

民族音楽

ウヨンタナ　TVA『ベターマン』OP

1999　ベターマン オリジナルサウンドトラック1

熱血王道ロボットアニメ『勇者王ガオガイガー』と世界観を共有している作品だが、深夜帯の放送ということもあってかオカルトやホラーな要素を押し出したカルト的人気を誇るSF作品。もちろんOP曲も真逆のテンションとなっている。モンゴル出身のウヨンタナによる神秘的ながら畏怖を感じさせる静かなボーカルと、連れ添うような繊細なピアノのハーモニーに立体音響がより美しさを引き立てる、オブスキュアポップの名曲。　（山）

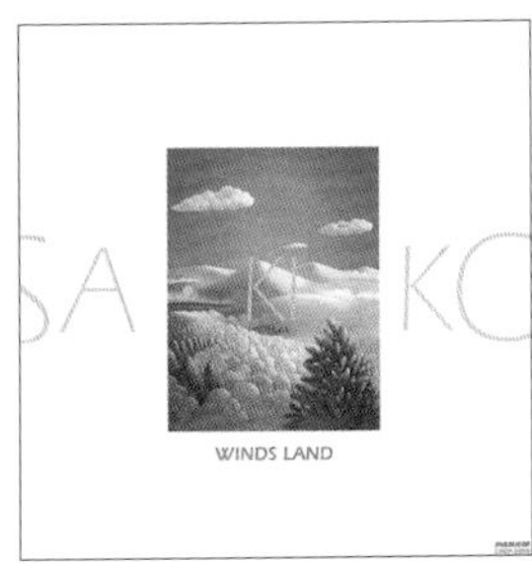

パナム　CRCP-20119

ゴーギャンの夢 〜 Dream Gogan's Dream 〜

SA・KI・KO　ニューエイジ

1996　WIND LAND

80年代の日本のニューエイジが世界的に再評価され早数年。まだ90年代後半には触手が伸びていなさそう。確かに商業的な胡散臭さが強いのは否めないが良い曲は散在している。どういう経緯か不明だが『逮捕しちゃうぞ』の辻本夏美役などで知られる玉川紗己子とニューエイジなパーカッション奏者の楯直己が結成したユニットがなかなかに良い。玉川の柔らかな声とサックス、民族音楽的パーカッションがエキゾチックな異国の港町を幻視させる。（カ）

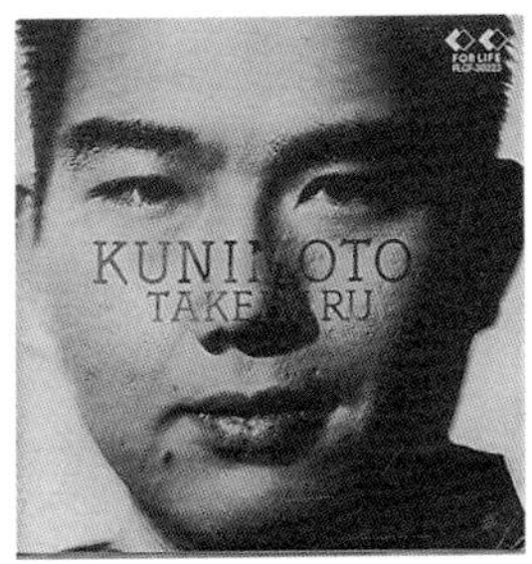

フォーライフミュージック　FLCF-3592

たいたいづくし

日本民謡

国本武春　TVA『くまのプー太郎』OP

1995　For Life

なぜかゴールデンタイムでアニメ化された『クマのプー太郎』のOPを飾る1曲。浪曲の革命児・国本武春が作詞、作曲、歌とこの時点で期待しかない。軽快な三味線をバックに大人のだらしなさをおおっ広げに歌い上げた、ゴールデンタイムのアニメのテーマ曲に似つかわしくない大胆な歌詞に度肝を抜かれるが、本当にすごいのはここでは到底書けない下ネタをさらりと含んだ2番の歌詞。おそらく再販はないと思われるので見つけたらぜひ。（山）

RCA　BVCR-729

謡Ⅲ -Reincarnation

日本民謡

川井憲次
劇場版『攻殻機動隊 GHOST IN THE SHELL』IN

1995　攻殻機動隊 GHOST IN THE SHELL

日本が誇るジャパニメーションと言えば『攻殻機動隊』シリーズを抜きには語れない。海外のSFファンも魅了する、緻密に構築されたそう遠くない未来の世界。西田和枝社中が歌うこの曲は、そんな物質的革新を遂げ、電脳化が当たり前になった近未来と相反する精神性、さらにはそれらの融合を表しているように思える。肉体の意義、魂の所在を問い掛ける。ただ1つ確かなのは、ここに納められた歌には魂が籠っているということ。（け）

おたっきぃ佐々木

INTERVIEW BY あらにゃん　TEXT BY 一野大悟

90年代に爆発的に増加したアニメ関連のラジオ番組、通称“アニラジ”にディレクターやパーソナリティとして多数関ったおたっきぃ佐々木。ブーム真っ只中にいた彼はアニラジの変遷、90年代の声優ブームをどう感じていたのだろうか。

最新情報が手に入るのがラジオだった

――まず佐々木さんの学生時代の話からお聞きします。元々アニメはお好きだったのでしょうか？

好きでした。ただ自分がアニメに詳しいという自覚はなかったです。中高一貫の男子校に通っていたためか僕よりアニメに詳しい人が学校内にたくさんいて、自分は人並みだと思っていたんです。自分はアニメに詳しいほうなんだと自覚したのは大学に入ってからでした。

――中高の環境が特殊だったんですね。当時、佐々木さんはどういった媒体からアニメの情報を仕入れていましたか？

雑誌が多かったです。当時すでにアニメ雑誌が複数あって、それなりの数を読んでいました。なかでも好きだったのは月刊OUT。アウシタンというやつです。投稿コーナーが大好きで、高校の時からそこで知り合った大学生と遊んだりしていて、さらにアニメの知識が磨かれていきました。

――当時、アニメ・ゲーム関連のラジオ番組を聴くことはありましたか？

もちろんです。僕が中高生だった80年代は『ペアペアアニメージュ』や『アニメトピア』『アニメシティ』といった、アニメ雑誌が関わるラジオ番組があったのでチェックしていました。あとアニメ・ゲーム関連のラジオではありませんが、大橋照子さんがパーソナリティを務めていた『ラジオはアメリカン』も好きで聴いていました。あの番組はナムコの一社提供だったので、番組の途中でジングルとしてゲーム音楽が流れていたんです。それが楽しみで。

――アニメやゲームを作品単位で扱うラジオ番組は当時からあったのでしょうか？

ありましたよ。僕が好きだったところだとアダルトアニメ『くりいむレモン』を扱った『今夜はそっとくりいむレモン』とか。作中キャラクターである亜美がパーソナリティを務めている設定の番組で、今で言うバーチャルアイドルみたいな試みがなされていました。あれは実に斬新でした。

――お話を伺っていると、当時からラジオ番組にも造詣が深かったと感じます。

いや、そんなことはないです。僕らが中高生の時は、これくらいラジオを聴いているのは普通のことで。いや、またそれも特殊な環境だったのかもしれませんが（笑）。まだインターネットも発達してないし、自分の部屋にテレビもない時代だから部屋でラジオを聴くのは日常のことでした。『オールナイトニッポン』は聴いていて当たり前、みたいな感じでしたからね。

――今よりラジオが身近な時代だったんですね。

今の人がインターネットを使うのと同じように、若い頃の我々はラジオを聴いていたんです。たとえば音楽を聴くということだけ考えても、ラジオは重要でした。当時は音楽を聴くならラジオかレコード、あとはその2つからダビングしたカセットテープくらいしか選択肢がなかったんです。でもレコードはすごく高価で、レンタルするにもそれなりにお金が必要だった。だからラジオをカセットテープに録音するのがメインになってくるんですよ。

――音楽を録音するためにもラジオのチェックは必須だったと。

はい。それで好きな曲を詰め込んだカセットテープを作ったりして。僕なんかはアニメが好きだから、アニメソングがかかるラジオを必死になって探していたので、必然的に多くのラジオ番組を聴くことになりました。好きな曲をできるだけ長尺で録音したくて、仲間内で「あの番組、2番が流れるからいいよ！」なんて情報交換もしていました。

――音楽だけでなく、情報を得るためにもラジオ番組は重要だったのでは？

その通りです。もっとも早く情報が発信されていたのがラジオでしたから。当時はインターネットが普及していなかったから文字情報は印刷が必要で手間もコストもかかるし、テレビも収録と編集の手間を考えると時間がかかる。その点、ラジオは喋ったものを編集するだけなので一晩もあれば放送に乗せられる。このスピード感で動ける媒体はほかになかったので、最新情報はラジオに集まっていたんです。だからみんなラジオに齧り付いていたし、電波を拾うために屋根に登ってまで聴いていたなんて人もいた。みんな情報に飢えていた時代でした。
——ちなみに、アニメ情報やアニメソングが発信されるラジオ番組はいつ頃から始まったのでしょうか？
本当の最初がいつになるのかは僕もわかりませんが、少なくとも60年代には声優さんがパーソナリティを務めるラジオ番組があって人気を博していたのは確かです。「ナッチャコ」と言われた、野沢那智さんと白石冬美さんが『パックインミュージック』という番組のパーソナリティを担当し始めたのが1967年。そこから流行り廃りはありますけど、つねに何かしらの番組はやっていたと思います。

先輩の誘いで飛び込んだラジオの世界

——佐々木さんがラジオ局で働くことになったきっかけは何だったのでしょうか？
ラジオ局に勤めていた先輩にアルバイトに誘われたんです。特に志望していたわけでもないんですが、いろいろと偶然が重なってお世話になることになったというか……。
——それはいつ頃のことでしょう？
誘いを受けたのは大学4年生の学園祭の時です。声をかけてくれたのはサークルの先輩で、その時は文化放送の番組制作会社・セントラルミュージックで働いていました。それで「ADを探しているからバイトしないか？」と言われて。
——大学4年の学園祭ということは、卒業を間近に控えていたのでは？
そうなんです、その時はすでにセガに就職も決まっていたし、ラジオの仕事にそこまで興味があったわけでもないので、わりと軽く話を聞いていました。ただ実はその時まだ卒業するのに必要な単位が足りていなかったんです。大学時代は酒ばっかり飲んでまともに大学に行ってなかったから万年単位不足で……。
——無事卒業はできたのでしょうか？
できませんでした（笑）。1年留年しています。卒業に必要だった最後の単位が米文学史だったんですけど、テストを受けたら問題文の意味すら理解できなくて。泣く泣くほぼ白紙のまま提出し、就職先に辞退と謝罪の電話を入れて、先ほどの先輩にお願いして1年間アルバイトとして雇ってもらうことになりました。
——最初はどういった仕事をしていたのでしょうか？
最初に配属されたのが『走れ歌謡曲』と『さと子の5時ですよ』という番組だったんですが……何してたんだろう？（笑）とにかくアルバイトとして働いていた最初の1年間は、ラジオ局に遊びに行っている感覚でした。僕が最初に仕事をしていたのが深夜番組を作る制作二部というところだったんですが、その隣がアニメ関係の仕事をしている企画室でした。で、その奥の倉庫にオープンリールデッキが置いてあって自由に使えたので、暇を見つけてはそこに行って、今で言うところの音MADのようなものを作っていました。

——本当に遊んでいたんですね（笑）
そうして出入りしているうちに企画室の人からも顔を覚えられて、ある日、そこの偉い人から「佐々木、『ガンダム』詳しいか？」と聞かれて。「いえ、『ガンダム』と一口に言われてもシリーズいろいろあるので詳しいまではいきませんけど『Z』のフォウ・ムラサメが……」なんておたくの饒舌になっちゃって、そこそこ詳しいんだなとバレて（笑）。それで『機動戦士ガンダム』の富野由悠季監督が書いた小説『ガイア・ギア』のラジオドラマを今やっているんだという富野さんの手書きの手紙を見せられたんです。「やべえ。この人は富野監督から手紙をもらう人なんだ、すげえ」と（笑）。これが僕がアニメ関連のラジオに携わることになるきっかけです。
——企画室の方は佐々木さんがアニメに詳しいことを知っていたのでしょうか？
どうなんでしょうね？　たぶんいろんな人に同じ質問をしていたんじゃないかと思うのですが……局内でアニメに詳しい人が見つからない、なんて話はしていましたから。
——アニメに詳しい人を探すのに難航していたと。
当時はアニメが今よりもっとマイナーなものだったので、好きな人を探すのも簡単ではなかったんだと思います。正直、文化的にもちょっと下に見られていましたし。で、まずは『魍魎戦記MADARA転生編』のADをやることになったんです。
――アニメ関係のラジオのお話が舞い込んだ時のお気持ちは？
それはもう、とにかく嬉しかったです。まさか自分が好きなアニメと、仕事で関われることになるなんて思っていませんでしたから。まさに水を得た魚、でした。「仕事で声優さんに会えたりするなんてなんてラッキーだ」、そう思ったのを憶えています。

緩い空気が流れる番組を作ろうと思った

――そして翌年には無事大学を卒業され、セントラルミュージックに入社したと。
1年間アルバイトをして、この仕事を楽しいと思うようになったんです。それで、そのまま入社させてもらいました。
――入社された頃は、アニメ・ゲーム関連のラジオ番組はどういったものがトレンドだったのでしょうか？
『ペアペアアニメージュ』のようなアニメ情報誌が関わるラジオ番組は下火になり、それと入れ替わるように声優さんの名前を冠したラジオ番組が勢いをつけている時期だったと記憶しています。代表的なところでは林原めぐみさんの『林原めぐみのTokyo Boogie Night』や日高のり子さんの『ノン子とのび太のアニメスクランブル』辺りが人気でした。
――今、名前が挙がった2つの番組への印象は？
本当にすごい番組でした。お二人ともすごく声が良いうえに、話に無駄がなくて進行も上手い。人気にならないほうがおかしいと思っていました。それらの番組を筆頭に声優さんがパーソナリティを務める番組が流行していたし、そこにゲーム音楽のブームもあった。その波に乗ろうということで企画がスタートしたのが、コナミのシューティングゲーム『ツインビー』を原作とするラジオ番組『ツインビーPARADISE』です。
――ゲーム音楽のブームも来ていたんですね。
はい。『ツインビーPARADISE』のメインテーマを作ってくれたコナミ矩形波倶楽部を始め、ゲーム音楽のクリエイターに注目が集まっていました。その人気が加熱して、ゲーム音楽のバンドが集まった武道館ライブが開催されたりしていたくらいです。『ツインビーPARADISE』にはそういったファンも取り込めるんじゃないかという算段もコナミ側にはあったかもしれません。
――『ツインビーPARADISE』を企画する際に、先行する番組との差別化は考えられましたか？
大いに考えました。特に林原さんや日高さんの番組は完璧なので同じことをやったら絶対に負けるし、ただの劣化版になることはわかっていました。そこで僕が方向性をずらして、あえて緩い空気の流れる番組にしようと考えました。アニメ雑誌で例えるなら林原さん、日高さんのラジオがアニメージュなら、僕たちが作るのは月刊OUTみたいな。パーソナリティが中心にいて、リスナーがその周りで横のつながりを作りながらワイワイ楽しむイメージですね。
――ここでも月刊OUTの名前が出てきますか。
あの雑誌が持つ独特の緩い空気を、そのまま音声メディアに置き換えることを意識していました。一方的に発信する番組ではなく、交流の場として使ってもらう。そういった仕掛けが月刊OUTは本当に上手かったですから。
――そして放送された番組はかなりの反響を呼びました。
すごかったですね。僕らもコナミさんも、ここまでのヒットは想定していなかった。1994年に開催された東京おもちゃショーのなかで番組のイベントを予定していましたが、人が集まり過ぎて危険だと判断され中止になったんです。そんな事態になると誰も想像できなかった。あの1件で、コアファン向けのコンテンツでも深く刺さるものを作れば多くのファンを獲得できることが証明されたし、ラジオ局内のアニメに対する視線は変わったと思います。

抜群に良かった声優とラジオの相性

——『ツインビーPARADISE』を契機に、『ツインビー』関連の商品が多数リリースされました。
番組を開始した時点で、新作ゲームのリリースは決まっていたんですよ。その販促も兼ねた番組でしたから。まずはドラマCDからということで。それが驚くほど売れて、ドラマCDにも関わらずオリコンチャートにランクインするほどでした。その結果、ラジオ番組で話題を集めて、その後にドラマCDを売るという収益モデルが確立された。そしてコナミさんの別コンテンツの番組も作ることにになります。

——それで95年にはラジオ番組『もっと！ときめきメモリアル』が始まったと。
そうです。あの番組の話を最初にもらった時のことは今でも覚えています。『ツインビーPARADISE』の収録後にコナミの担当者がスタジオに来て、僕に企画書を見せてこう言ったんですよ、「『ときメモ』のあのキュンキュンした感じの番組にしたいんです」と。まあ、すごいコンセプトですよね。あの瞬間、一緒に来ていた代理店のかたがキョトンとしていたのが今でも忘れられません（笑）
——佐々木さんはそのコンセプトをすぐに飲み込めたのでしょうか？
僕はその前からPCエンジン版の『ときめきメモリアル』をプレイしていたので、その一言で番組の方向性は見えました。「んじゃ、番組の最初に甘いポエムが入るとかそういうことでしょ」みたいな。『今夜はそっとくりいむレモン』を聴いてた経験が活きました（笑）
——コナミが新番組の題材に『ときめきメモリアル』を選んだのはなぜだったのでしょうか？
ちょうどギャルゲーブームが来ていたタイミングでした。当時はPCエンジンの周辺機器・CD-ROM²が発売されて、ゲーム内のキャラクターのセリフを高音質でボイス再生できるようになり、ギャルゲーの出演者として認知される声優さんも出てきた。そういった声優さんたちが出演するラジオ番組があったら人気が出るだろうと判断するコナミさんの気持ちはよくわかります。

番組が増え、"アニラジ"の言葉が一般化

——その頃にはアニメ化する前にラジオ番組となるコンテンツもありましたよね。
ラジオ番組を使ってコンテンツの人気を測るということが行われるようになったんです。アニメを作るのには大量のお金が必要なので、その前にこのコンテンツはどれくらいの人気が取れるものなのか探るため、低予算で作れるラジオ番組やドラマCDをリトマス試験紙に使うという理屈です。ラジオ番組やドラマCDは人気が出なくても、アニメほどの損害は被らなくて済むので。
——そうした試みもあって、当時は多くのラジオ番組が放送されて盛り上がっていたイメージがあります。
ブームと言ってもいいほど大いに盛り上がっていましたね。当時、多いときは100番組以上あったんじゃないかな？　その結果、1995年には専門誌のアニラジグランプリが創刊され、それをきっかけに「アニラジ」という言葉が多くの人に使われ始めました。放送されている番組には良いものが多かったですしね。
——アニラジという言葉はこのタイミングで生まれたものでしたか。
少なくとも一般的になったのはアニラジグランプリの創刊からでしょう。それまでは局内でも「アニメ系のラジオ」のような感じで呼んでいて、きちんとジャンルとして確立されている感じはありませんでした。「ラジメーション」という言葉を使っている人はいましたけど、あまりメジャーではなかったはずです。
——先ほど良い番組が多かったという話がありましたが、なぜアニラジにそうした番組が多かったのでしょう？
何と言っても、ラジオというメディアと声優さんの相性の良さが大きいでしょう。みなさん声のプロなわけで、当然ですが良い声をしているんですよ。それがラジオから聞こえてくるんだから、その時点で番組がある程度良いものであ

ることは約束される。あとは僕らディレクターが面白いコンテンツを用意できれば、人気番組として必要なものは揃います。

――佐々木さんは番組制作時にどういったコンテンツを提供しようと考えていましたか？

声優さんの素の表情や隙を見られるコンテンツは用意するようにしていました。声優さんが普段アニメやゲームで届けているのは演技なので、本来は素の状態を見せることがない。だからファンはラジオにそうしたものを求めるだろうと考えたんです。しかもラジオってパーソナリティと視聴者の距離を近くに感じられるメディアじゃないですか。そこで好きな声優さんの素を見られたら、ファンにとってたまらないものなのは間違いない。それにこの作りかたならアニメとコンテンツで食い合うということも起きないし、ラジオで独自のものを提供できるという考えもありました。

――アニラジ人気の過熱と共にラジオにおける声優さんの扱いも変わったのではないでしょうか？

変わりました。声優さんは人気がある、声優さんに出演してもらうと番組を聴いてくれる人も増えるということにラジオ局側も気づき始めたんです。その結果、アニメと関係のない一般層向けのラジオ番組にも声優さんが出演するようになり、さらに「聴取率調査週間（ラジオ番組の聴取率を測定する期間）だから声優さんを呼ぼう」みたいな流れもできました。1アニメファンとして、声優さんがそんな風に扱われるようになった時は嬉しかったです。

第3次声優ブームとアイドル冬の時代

――90年代は、アニラジだけでなく声優さん自体への注目が集まる第3次声優ブームも訪れました。

ブームのきっかけになったのは、88年から放送されたアニメ『鎧伝サムライトルーパー』のキャストによって結成されたNG5ですよね。あれが男性声優さん関連の最初のムーブメントだった。

――その後、90年代には女性声優さんのブームも訪れました。

ちょうど『ツインビーPARADISE』に出演してくださっていた國府田マリ子さんや椎名へきるさんはそのブームの真っ只中にいました。一緒にラジオを作っていく傍ら、雑誌に取り上げられたりライブで全国を回ったり、本当に活動が多岐にわたっていて。その活動の多彩さにブームのすさまじさを感じていました。

――男性声優さんのブームとの違いはありましたか？

1つの作品に紐づいたブームじゃないのは大きな違いだったように思います。NG5を中心としたムーブメントはあくまで作品ありきだった。それに対して女性声優ブームのきっかけとなる作品が何だったか、間近で一緒に仕事をしていた僕にもわからなかった。國府田マリ子さんなら『GS美神』のおキヌや『ママレード・ボーイ』の小石川光希、椎名へきるさんなら『アイドル防衛隊ハミングバード』の取石水無や『魔法騎士レイアース』の獅堂光が代表作として挙げられますが、どれも「この作品がきっかけで有名になった」という感じはしないですよね？

――言われてみればそうですね。その違いはどうして生まれたのでしょうか？

ファン層が違ったんじゃないでしょうか。男性声優さんのブームは、あくまでアニメファンが中心にいた。でも女性声優さんのブームは元々アニメファンではない人たちも巻き込んで盛り上がっていた印象があります。あの時、女性声優を追いかけていたのはアイドルファンの人たちだったのではないかと僕は思っているんです。90年代はアイドル冬の時代と言われますが、追いかけるアイドルを失ったアイドルファンが、今で言う“推し”としての価値を声優さんに見出したんじゃないかと。

――となると男性声優ブーム時にもアイドルファンが流れ込んでもおかしくないような気もします。

ゼロではないでしょうけど、あまり大規模ではないのでは。男性アイドルは90年代以降もジャニーズのグループがずっと台頭し続けたから、

“推し”が見出せないということはなかったでしょうから。
――確かに。ではアイドルファンが女性声優に興味を持ったきっかけは何だったのでしょうか？
三石琴乃さんの登場が大きいと思います。彼女のおかげで、声優という職業を認識した人は多かった。そもそもアニメファン以外から声優ってあまりポピュラーな職業ではありませんが、『美少女戦士セーラームーン』のような大ヒット作で三石さんのあの特徴的な演技を聞くことで、アニメキャラクターの背後に声優という人がいることを意識する人が増えた。その気づきが、第3次声優ブームの引き金になったんじゃないでしょうか。
――そうした第3次声優ブームが、その後の声優さんの活動に大きな影響を与えたように感じます。
それはありますよね。これまでアニメやゲームに出演するのがメインの仕事だった声優さんが、もっと幅広いフィールドで活躍し始める。特にレコード会社と契約してのアーティスト活動はこの頃からで、CDをリリースし、その歌を披露しに全国をツアーで回る。当時に作られた活動の雛形をなぞって、今の声優さんも活動し続けていますよね。

多様な楽曲がアニメと馴染んだ90年代

――そんな声優さんのアーティスト活動も活発になった90年代ですが、佐々木さんは当時のアニメソング全般をどう捉えていますか？
王道のアニメソングのありかたが崩れ、再構成されていった時期だと思います。ただ、その変革は80年代からスタートしていたと思いますけど。そのきっかけとなったのは83年放送の『CAT'S EYE』の主題歌で、アニメソングらしさを持ちながらJ-POPとしての人気も獲得した。あの曲をきっかけにこれまで王道とされていたのとは違ったアプローチが模索されるようになり、新しい形のアニメソングが芽吹き始めたと思うんです。もちろんそれ以前からあがた森魚さんがボーカルを務めた『星空サイクリング』が使用された『うる星やつら』主題歌など攻めた曲はところどころありました。ただ『CAT'S EYE』の影響は特に大きかったと思います。
――それが90年代にはどう変化していったのでしょうか？
そういった新しい形のアニメソングが加速度的に増えていきました。80年代におけるアニメソングの変化を見て認識を改めたミュージシャンが多かったんでしょう。そしてアニメソングを作りたいというミュージシャンが増え、多様なジャンルの音楽が流入してきた。それが驚くべきスピードで行われたのが90年代だと思います。同時に、流入した楽曲がシーンに馴染んでいったことも90年代の特徴として挙げておきたいです。新しい音楽が入ってきたのに、リスナーはそれほど拒否せずに受け入れたんです。ほかの音楽シーンと比較してこれは珍しいケースです。
――J-POPのタイアップ曲もすごく増えましたしね。
はい。ただアニメソングにフォーカスしたラジオ番組『SOMETHING DREAMS マルチメディアカウントダウン』なんかはそれで苦労があったと聞きました。あれはアニメソングをランキング形式で紹介する番組でしたが、急激にアニメとタイアップしたJ-POPが増えたため、アニメソングとJ-POPの線引きが難しかったそうで。J-POPとして人気がある曲でアニメともタイアップしているけど、アニメファンから支持されているわけではないものってあるじゃないですか（笑）。そういった曲の扱いで結構気を遣ったようです。J-POPとして売れているからって「人気アニメソングです！」というのもおかしいし、だからと言って番組で扱わないのも変な話ですから。ただ、個人的にはそんな風にさまざまな音楽が共存するアニメソングシーンは、秋葉原に似ていて面白いなと感じていました。
――と、言いますと？
秋葉原って本当にいろんなお店や施設が混在していて、その混沌とした雰囲気が逆に1つの街の特徴となっているじゃないですか。それがアニメソングシーンと似ていません？　オタクはそういうゴチャッとしたものに惹かれるのかもしれませんね。

おたっきぃ佐々木

おたっきぃささき／ラジオディレクターおよびラジオパーソナリティ。ディレクターとして『ツインビー PARADISE』『もっと！ときめきメモリアル』、パーソナリティとして『超機動放送アニゲマスター』に関わる。

作詞家・枯堂夏子(かれどうなつこ)作品に見るアニソン歌詞の演出効果

TEXT BY ISHII

アニソンの多くはアニメやゲームの世界観を体現するように作られている。作曲や編曲などの音楽面だけでなく、歌詞と作品の関係にも注目すると、アニソンをより深く楽しむことができるだろう。

作詞家・枯堂夏子のキャリアと作風

本稿では90年代に印象的なアニソン、キャラソン、声優ソングの数々を手がけた作詞家・枯堂夏子の作品を参照しながら、アニメにおいてキャラクターソングの歌詞が果たしている演出効果を考察していきたい。

まずは枯堂のキャリアを簡単に説明しよう。大阪府大阪市天王寺区出身、88年に声優・笠原弘子のアルバム『スローガラスの輝き』に収録されたリード曲『スローガラスの輝き』ほか4曲で作詞家としてデビュー。その後『天地無用！』シリーズや『神秘の世界エルハザード』シリーズなど、パイオニアLDCのフラッグシップと言える重要作で数多くの傑作を発表している。ほかにも声優の横山智佐『恋愛の才能』や折笠愛『淑女超特級』などのアルバムの全曲で作詞を手がけ、アニメ・声優領域以外では少年隊やC.C.ガールズにも歌詞を提供している。

パイオニアLDCでの代表作以降、多くの作品で彼女と伴走していた音楽プロデューサーの川瀬朗は、98年にリリースされた枯堂の自選作品コンピレーション『漫謡集〜枯堂夏子作詞集』のブックレットで、「90年代に下火になった歌謡曲はアニメというくくりのなかで静かに生きており、枯堂こそが絶滅寸前の"新作"歌謡曲の担い手なのだ」と語っている。

折笠愛『人生は間違いのオンパレード』や横山智佐『男が好きなのよ』などに見られる、阿久悠のようなインパクトのある言葉選びと、恋愛や男女関係に対してブレない美意識や哲学を歌詞のなかで表現してみせるのが枯堂の大きな特徴だ。TVアニメ版『天地無用！』主題歌のSONIA『天地無用！』では、冒頭から"あんたのせいじゃないわ 知らん顔してればいい いつでも 男だけが 痛い目に会わされてる さあ 早く逃げるのよ"と記し、強い女と弱い男という図式を強烈に印象づける。これは旧来の歌謡曲の時代に歌われた、強い男と待つ女というイメージと真逆の世界観であるが、個性的なヒロインたちに翻弄される『天地無用！』の作品イメージと合致している。

彼女は『天地無用！』のキャラクターブックのインタビューで、ピンク・レディー『S・O・S』の歌詞"男は狼なのよ 気をつけなさい"を引用しながら「今本気で歌謡曲をやるのであれば、その先をいかないといけない。そしてそのポリシーは『天地無用！』という作品に絶対に合っているはずだと思った」「歌謡曲の歴史は既成概念を解体する歴史でしかない」と語っている。つまり川瀬が言うように、彼女は自覚的に歌謡曲の歌詞を時代に合わせてアップデートすることを試みていることが伺えるのだ。

アニソン歌詞の歴史

ここで90年代より前のアニソンにおける歌詞はどういったものだったか、簡単にまとめておく。

近代のアニソンビジネスの興りとされる60年代からしばらくは、違うフィールドから谷川俊太郎などの作家を呼び込んだ手塚治虫アニメ、原作者が作詞を手がけた藤子・F・不二雄アニメ、はたまたアニメ制作会社の文芸部員が作詞した作品など、職業作詞家以外が手がけていたものが多く、メインのターゲットであった子供が歌いやすい、作品や主人公の名前、必殺技を織り込んだものが一般的であった。

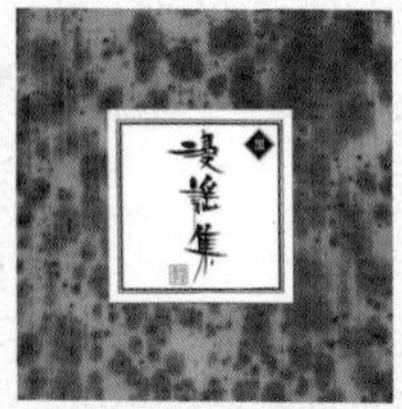

天地無用！
SONIA

1998年リリース
『漫謡集〜枯堂夏子作詞集 黒』
(パイオニアLDC PICA-1163)
収録

月のTRAGEDAY
(JAZZ VERSION)
折笠愛

1995年リリース
『淑女超特級』
(パイオニアLDC PICA-1058)
収録

70年代後半に入りアニメ視聴者が子供だけでなくなってくると、富野由悠季による『機動戦士ガンダム』の『飛べ！ガンダム』や『哀・戦士』のように、作り手側の監督やプロデューサーが変名で作品の世界観をより広げるような歌詞が見られるようになってくる。

アニメビジネスの規模が拡大した80年代は、『うる星やつら』『シティーハンター』に代表される"番組内容と歌詞がまったく関係ないアニソン"が勢力を増し、新人アーティストの売り出し先としてアニソンが使用されることが増加してきた。

90年代はその流れが加速。『SLUM DUNK』『名探偵コナン』のビーイングや『るろうに剣心』のソニーなど、アニメタイアップによってJ-POP歌手やバンドを売り出そうというレコード会社の姿勢が顕著になっていった。一方で、所謂"オタク市場"に向けて、ゲームやラジオなどのマルチメディア戦略のもと、キャラクターソングのリリースが増えていく。『サクラ大戦』や『ときめきメモリアル』、『アンジェリーク』などにおけるキャラクターソングの歌詞では、ストーリー内で描き切れなかったキャラクターの一面を表現して見せ、作品の世界観に厚みを持たせる機能を果たしている。

『恋愛の時空』に見る歌詞がもたらす演出効果

話を枯堂作品に戻そう。初期『天地無用！』シリーズの楽曲のほとんどで枯堂は作詞を手がけており、歌詞内でキャラクターの心理や立場、感情を表現していった。メインヒロインの1人である魎呼のキャラクターソング『第一発見者ブルース』では"私はもうあなたのものよ"と、『いまさらセキツイ動物』では"惚れたのはあんただけさ"と、洒落者（枯堂曰く「恋愛の達人」）として主人公の天地を翻弄する姿を表現する。その一方で、OVA版で魎呼が歌うEDテーマ『月のTRAGEDY』では、2人の関係を地球と月になぞらえ、いつもそばにいるはずなのに決して距離が縮まらないという切ない感情を表現している。

このように作品とともに、歌詞で魎呼というキャラクターの人格の厚みを演出していった集大成が、TV版最終話の天地と魎呼が再会するクライマックスで挿入歌として流れる『恋愛の時空』だ。

"桜が散るころに 偶然会いましょう 見馴れない服を着て 他人の顔をして もう一度はじまる いつだって戻れる 長い時間をかけた 最高の恋だもの"

枯堂は「恋愛とは関係ではなく状態のことだ」ということを繰り返し自作のなかで語っており、「2人の長かった時間と空間を表現した」というこの曲でも、結ばれるのではなく、今のこの"最高の恋"の状態をまたいつでも始めましょうという言い回しでその哲学を表現している。この歌詞が本編でははっきりと語られない"魎呼の本音"ともとれる演出としてセリフの代わりに機能し、劇中一度しか流れなかった『恋愛の時空』を多くのアニメファンに印象づけた。

劇中歌が効果的に使われることは当時からあった。そのなかでも本曲は、（作品内で流れないキャラクターソングも含め）脚本と一体となって積み重ねていったキャラ造形における演出の結末として、最良の1つと言えるのではないだろうか。キャラソンのリリース量が各段に増え、演出の肉付けとして一般化した00年代以降の先鞭をつけたと言っても過言ではないように思う。

00年代以降の枯堂夏子

枯堂は90年代にパイオニアLDC作品で活躍したのち、00年代初頭にベラ・ボーエンタテインメント関連で笠原弘子『おかわり自由』や小桜エツ子『みなまでゆーな』などの声優アルバムの作詞を手がけた。キャラクターソングへの歌詞の提供は06年のTVアニメ『無敵看板娘』のアルバム内の楽曲が最後。その後、作詞家としても長らく沈黙していたが、2020年に元H2Oの赤塩正樹に『夢が叶うまえに』という曲で歌詞を提供している。

ただ、本稿で挙げたようなアニメの重要演出になるようなキャラクターソングをまた聴いてみたいと願うのは筆者だけではないはずだ。残された作品を聴きながら、いつかまた彼女が手がける新しいキャラソンが聴ける日を心待ちにしたい。

恋愛の時空
折笠愛

1995年リリース
『恋愛の時空』
（パイオニアLDC PIDA-1020）
収録

死にたくなったら
麺すすれ
茅原智香（峯香織）

2006年リリース
『無敵看板娘
無敵なキャラクターソング集』
（ジェネオン・エンタテイメント
GNCA-1101）収録

今の"アニソンライブ"が生まれるまで

INTERVIEW & TEXT BYはるのおと

アニソンの楽しみ方としてすっかりメジャーとなったライブ。しかしアニソンアーティストはコンサート形式で歌うことばかりの時代があった。それが近年の主流であるライブスタイルに移行し始めたのは、90年代後半のことだった。

アニソンアーティストが
ライブスタイルで歌うまで

"アニメがなんだ 声優人気がなんだ スラップスティック なかなかカッコイイじゃん まあねまけたね ペンライトは強い"

山本正之の『アニメがなんだ』にこんなフレーズがある。本書でも何度か触れられているユニット・スラップスティックが活躍していた70年代から80年代には客席でペンライトが振られており、生バンドの存在やスタンディングスタイルの客席も獣戦機隊のライブ映像で確認できる（これは本書に収録した株式会社フライングドッグの佐々木史朗のインタビューでも触れられている）。ライブ活動が積極的に行われた『くりいむレモン』のレモンエンジェルや『アイドル防衛隊ハミングバード』のハミングバードのファンは、PPPHをしながらコールしていた。

いずれも今のアニソン系のライブでは定番となっている要素だ。だがそれらの多くは作品を軸としたもののため演者として登場していたのは声優であり、作品を超えてアニソン全般を楽しむような催しではなかった。現在、全国各地で行われているアニソンライブのスタイル——とりわけアニソンアーティストが生バンドを背負ってパフォーマンスし、ファンは総立ちでコールを入れまくる——が確立されたのは90年代のこと。その大きな礎となったイベントである「ANIME JAPAN FES」（以下「AJF」）などを運営する、株式会社バースデーソング音楽出版の山岸達治と山岸かおりの2人に、当時を振り返ってもらった。

「僕らはロックやポップスの
ライブしかしてこなかったから（笑）」

バースデーソング音楽出版が手がけるアニメソングや特撮ソングのライブイベントは、98年から現在まで、さまざまなテーマで年10回程度開催され続けている。その初回となったのは「スーパーロボット魂'98"春の陣"」と「ANI-ME JAPAN FES '98 IN SHIBUYA」。その前年には、これらの公演の伏線となるイベントが開催されていた。ゲーム『スーパーロボット大戦』シリーズの10作目『スーパーロボット大戦F』発売記念企画の一環として開催された「ROBO-NATION SUPER LIVE」だ。

会場は赤坂BLITZ。故・水木一郎はのちに堀江美都子との対談で「最初に話が来たときは、とても会場をいっぱいにする自信なんてなかった」と振り返っていたが、会場には多くの客が詰めかけ大盛況に。この「現役のアニソン・シンガーが一堂に会して熱く盛り上がるスタンディングのライブっていう（中略）これまでにない新しいスタイル」（水木一郎）が好評だった結果、スタッフの一員として携わったバースデーソング音楽出版にある話が舞い込む。

「当時、弊社には音楽プロダクション機能があって影山ヒロノブや遠藤正明が所属していました。それで水木一郎さんの当時のマネージャーさんがリーダーシップを取って企画された『ROBONATION SUPER LIVE』に協力してほしいと言われ、ステージ周りを含めて手伝うことになりました。そのイベント自体は1回こっきりでしたがとても盛り上がり、レコード会社やいろんな関係者から『バースデーはライブがお手の物なんだから、今後もぜひやってくれ』と言われたんです。そうした声を受けて翌年、ロボットアニメの曲だけ歌う『スーパーロボット魂』を東名阪で、いろんなイベントを集めた夏のお祭り的な『AJF』を渋谷で連日行いました」（山岸達治）

声優人気に頼らない、アニソン自体の力を目の当たりにした人々の思いを背負って始まった「スーパーロボット魂」と「AJF」。その盛り上がりの背景には、当時のアニソンアーティストによるコンサートのスタイルにもあった。

「アニソンアーティストが出演する大規模なイベントは、それ以前も日本コロムビアが主催していたものやアニメ雑誌のアニメージュが武道館でやっていた『アニメグランプリ』なんかはありました。ただ多くはカラオケでステージ演出もあまりなく、古い芸能界のスタイルのものだったんです。だからバンドを入れて派手な演出もあり、お客さんもオールスタンディングで声と拳をあげて熱狂するライブスタイルの『スーパーロボット魂』や『AJF』は珍しかったんでしょうね。とは言え、あえてそれまでの逆をいこうとしたわけではなく、うちはロックやポップスのステージをずっと作ってきていたので、バンドを入れるようなものしかやったことがなかっただけですけど(笑)。でもロックやポップスだとバンドでやる……まあアコギ1本でもそうですけど、それがアーティストにとっては一番力を発揮できるスタイルだと思うんですよね。そこには強いこだわりがあります」(山岸達治)

「私たちはつねに身近にバンドやスタッフがいるので、ロックスタイルのライブをすることはまったく無理がなく、自然なことでした。それに対してお客さんも盛り上がってくれて、『アニソンがこんな風に受け入れられるんだ』と驚いたことは今も覚えています。私たちのイベントでは毎回アンケートを取っていますが、『このムーブメントを見続けたい』『1年に1回、このライブに参加するために仕事を頑張っています』なんて人もいて。それに参加してくれたアーティストも喜んでくれたし。関わったみんなが喜ぶのが一番いいことなので、それからもイベントを続けていきました」(山岸かおり)

「ANIME JAPAN FES '98 in Shibuya」チラシ(表面)

「ANIME JAPAN FES '98 in Shibuya」チラシ(裏面)

「本物」を見せるため、世界規模で東奔西走

99年に特撮ソングをフィーチャーした「スーパーヒーロー魂 '99」も行われるなどイベント内容のバリエーションが増えていき、00年初頭からは東名阪だけでなく北海道や福岡などでも開催され始める。「スーパーロボット魂」を含めた「AJF」シリーズは、飛躍的に拡大していった。

「『スーパーロボット魂』だとどうしてもロボットアニメだけに限定されて、ほかのジャンルの曲を披露できません。だからヒーローソングや戦隊もの、女性アーティストだけのもの、そしてオールジャンルを謳ったものなどイベントの種類を増やしていきました。そのたびにファンの人たちは『待ってました!』『よくぞやってくれた!』と喜んでくれて嬉しかったです。地方に進出していったのは、自分たちにとってそれほど難しいことではなくって。影山が売れていなかった時代は、もうひたすら全国のライブハウスをまわっていたんです。それこそ北海道から沖縄まで。だから地方のライブハウスのオーナーやライブシアターのオーナーとは懇意になっていて、そのころの人間関係やノウハウが役に立ちました」(山岸達治)

また規模の拡大に従って、幅広いアーティストが起用されていく。それはイベント内容のバリエーション増加に伴ったものだけでなく、同内容のイベントでもアーティストの掘り下げが行われていったのだ。

「それまで、あまりステージに立っていなかったような方に『一緒にやりましょう』と声をかけてきたのは『AJF』の特徴だと思います。その方針はずっと変わらず、だから今でも毎回初参加という方がいるんです」(山岸かおり)

「MoJoさんとか串田アキラさんとかね。普通は売れた人や人気がある人を出すのかもしれないけど、うちは知名度などに関係なくライブのコンセプトに合う人にはどんどんオファーしてきました」(山岸達治)

そして00年代に入るとアニソン人気は国内だけに留まらず海外でも高まっていく。

「最初の海外公演は01年に影山ヒロノブが呼ばれた『バルセロナ・ジャパン・エキスポ』で

―― 永い沈黙から甦った日 ――

99年11月14日渋谷 ON AIR EAST。
いよいよ自分の出番が来た！
79年にバトルフィーバーJ をレコーディングしてから
既に20年も経っていたし、その間俺は一度も ☆MoJoとして
ステージに立ったことが無かったから不安だった。
心臓の鼓動が速くなってゆくのを感じながら舞台袖で控えていた。
司会のショッカーO野氏が会場に向かって
"エム、オー、ジェイ、オー MoJo！"ってコールしてくれた瞬間、
目の前で起こっている状況が信じられなかった。
ウォ～～～って唸りを上げる皆さんの声援が!
こんなに暖かく迎えてくれるなんて全く想像も
していなかった俺は身体中、一気に戦慄が走った!!
そして無我夢中で唄った.....
あの日、皆が ☆MoJo を永い沈黙から甦らせてくれたんだ!
これからも AJFの素晴らしい出演者の方々とともに、
ライブに参加して下さる皆さんと熱く、
楽しい時間が共有出来るように、イタチの最後屁よろしく
末席にて頑張っていくので、どうぞよろしく！
ヒーローは永遠なり。　☆MoJo

「ANIME JAPAN FES 2006」パンフレットに寄せられたMoJo氏のメッセージ

した。これは現地の日本人の方から『書道やお茶、お花など日本文化をいろいろ紹介するイベントでアニソンライブをやってほしい』という連絡が来て行ったんですけど、カラオケでのライブだったんです」（山岸達治）

そして02年には串田アキラがフランスへ。いずれも少人数で向かって歌唱していたが、バースデーソング音楽出版も05年から本格的に海外展開を始める。2人は揃って、これを活動の転機として挙げた。

「05年にスペインで開催された『グラナダ国際コミックフェスティバル』はそれから毎年開催されて、多くのアニソン歌手を連れて行きましたが、これもカラオケでの歌唱でした。だからスペインで別のライブをオファーされた時は『どうしてもバンドでやらせてくれ』とお願いして、翌年は影山らアニソン歌手を5、6人連れて行って現地のプロモーターやバンドと組んでライブさせていただきました。それで現地でリハーサルとかもしたけど、あまり上手くいかなかった（笑）。でも現地はすごい盛り上がりでしたよ。考えてみれば、海外の人からすれば本物を見る機会ってないんですよね」（山岸達治）

「その後も香港やフランスにアニソン歌手だけでなくバンドを連れて行ったり、台湾や『スパロボ』人気が高い中国の上海や広州でライブをしたり。それらもアーティストだけでなくバンドやコーラス、音響や照明、マニピュレーターなんかも全部連れて30人くらいで乗り込んだんです。中国はコロナ渦の前までは毎年公演をやっていました」（山岸かおり）

「今は日中関係の問題やコロナもあって休止していますが、現地の人とは『またやりたいね』という話はしています」（山岸達治）

アニソンライブは「30年後」も続く？

こうして活動の幅とフィールドを拡げていった「AJF」。2022年にも「スーパーロボット魂2022 ～ 25th Anniversary ～」や「ANIME JAPAN FES 2022」「スーパー戦隊"魂"2022」の8公演が開催された。またバースデーソング音楽出版が11月27日に行った「水木一郎・堀江美都子 ふたりのアニソン#19」は、「生涯現役」を目標に活動していたアニソン界の帝王・水木一郎にとって最後のステージとなった。彼は、5年目を迎え初めてパンフレットが作成された「ANIME JAPAN FES 2002」で、アニソンブームの萌芽を踏まえてこうしたメッセージを寄せている。

「俺たちが作り上げてきたこのムーブメントの精神を、次の世代のシンガーたちにも受け継いでいってほしい。今の子供たちが大きくなっても口ずさめるようなアニメソングが次々生まれていけば、30年後の未来にもAJFは健在だろう」

ここまで振り返ってきた「AJF」関連以外にも、00年代初頭は現代のアニソンライブシーンに連なるイベントが行われた。02年には、テレビ東京とJOQR文化放送がタッグを組んでライブイベント「TOKYO ANIME SONG STATION」を開催。このイベントで司会を務めたおたっきぃ佐々木によると、これがステージ演出としてアニメ映像を使用した最初期のものだという。05年にはドワンゴが奥井雅美らアニソン関係者の協力を得て、「Animelo Summer Live」をスタート。レーベルの枠を超えて多くのアーティストが出演する同イベントは毎年夏に3日間にわたって開催され、8万人以上を動員するアニソン界の一大イベントとなっている。

現在、アニメソングや特撮ソング、ゲームソングのアーティストが集うライブイベントが全国各地で多数開催されているのはご存知のとおり。複数アーティストが集うフェス形式のものだけでも、近年はレコード会社の所属アーティストが一堂に会するイベント（「KING SUPER LIVE」「ランティス祭り」「犬フェス！」など）や地方でのイベント（「みちのくアニソンフェス」「京Premium Live」「りなメロ♪」など）も珍しくなくなり、「ナガノアニエラフェスタ」のような野外会場のものも生まれた。90年代末から本格化したアニソンライブは、00年代を経て多様化と拡大が進み、多くのファンを熱狂させているのだ。この隆盛を眺めていると、水木一郎が展望していた「30年後の未来（＝2032年）」には「AJF」もさることながら、アニソンライブシーンは健在……どころかさらなる盛り上がりを見せている可能性も大いに感じられるだろう。

00s

～萌えソングの台頭、そして現代アニソンへ～

00年代 イントロダクション ～萌えソングの台頭、そして現代アニソンへ～

TEXT BY あらにゃん

00年初頭のIT革命によってもたらされたネットワークの高速化や大容量化、低額による通信サービスの提供が開始され、社会全体にインターネットが普及。この時期にそれまでのアニソンよりオタク向けに特化した電波ソング／萌えソングが誕生した背景には、成人向けPCゲーム（以下、エロゲ）の存在が欠かせない。

99年に、Keyよりリリースされた『Kanon』のOPテーマを手がけた音楽制作集団・I've Soundの台頭により、以降、彼らが関わる作品が爆発的に増える。当初、音楽的にはトランスやテクノといったクールなイメージのものが多かったが、01年に『恋愛CHU! -彼女のヒミツはオトコのコ?-』の主題歌『恋愛CHU!』をI've Soundを代表するボーカリスト・KOTOKO（当時はKOTOKO TO AKI名義）が歌唱。90年代にも局地的に見られたものの、この曲のキャラクターや作品の萌え要素を表現したカラフルでハイテンションな打ち込みサウンドは、以降のエロゲやアニメ派生の曲にも影響を及ぼし、現代に通じる電波ソングの元祖的な存在として認知されることになる。

また、萌えソングというワードは、02年に『いちごGO!GO!』を生み出した桃井はること小池雅也によるユニット・UNDER17が提唱したもの。彼らもまた新しい時代を切り拓いていった。ほかにも佐藤ひろ美に楽曲を提供した音楽制作ブランド・Elements Gardenの台頭、yozuca*や橋本みゆき、美郷あき、CooRieなどエロゲや美少女系アニメには欠かせないアーティストを擁したレーベル・ランティスの存在も見逃せない。一方で90年代に盛り上がった声優ブーム自体は00年代に入ると失速する。しかし声優による作品が完全に停滞したわけではなく、90年代後半にデビューしていた田村ゆかり、水樹奈々、堀江由衣といった新世代を中心に徐々に人気を博していく。

そして、90年代に流行した渋谷系の要素を含むアニソンもこの時代から次第に見られるようになり、当時の渋谷系アーティスト自らがアニメの音楽制作にも直接関わるようになる。そういったポップなアニソンもさらに洗練された00年代から、特に印象的な曲をこの章では取り上げる。

ビクターエンタテインメント　VICL-61001

キングゲイナー・オーバー！

昭和王道アニソン

福山芳樹　TVA『OVERMAN キングゲイナー』OP

2002　オーバーマン キングゲイナー ORIGINAL SOUNDTRACK Ⅰ ハラショー！

力強い歌声でタイアップ作品のタイトルをシャウトする、そんなアニメソングの原点回帰とすら言えることをやり遂げたのが本楽曲。OP映像では本作の登場キャラクターやロボット（オーバーマン）がモンキーダンスを披露。その独特な映像は見る者の記憶にはっきりと刻みつけられた。現在までアニメソングを始め、多くの楽曲を歌ってきた福山芳樹だが、本楽曲がソロ名義として初のシングルとなっている。（い）

ポニーキャニオン　PCCG-540

明日の笑顔のために

00s アニソン

松澤由美　TVA『ゲートキーパーズ』OP

2000　ゲートキーパーズ TV Soundtrack Vol.1

楽曲タイトルでもあるサビのフレーズで始まるこの曲は、お馴染みの田中公平節と惹きつけるような松澤由美氏の声もさることながら、アニメ総監督の佐藤順一氏によって生み出された歌詞が大変素晴らしい。作品が持つ明るくポジティブでイキイキとした世界観と、困難に立ち向かう勇気が湧くようなエールが込められている。90年代アニソンのノリを残しつつ、鮮やかでキレの良いリズムは昨今のアニソンに通じるものがあるだろう。（T）

ファクトリーレコーズ　ICD-66002

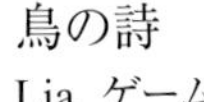

鳥の詩

00s アニソン

Lia　ゲーム『AIR』OP

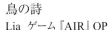

2000　verge

リリース当時より20年以上過ぎてなお多くのファンから愛され続け、その人気による広い知名度と完成度の高さから「国歌」と評される。夏の青空のようにどこまでも広がる澄んだ美しさを持つ旋律と、高く伸び上がり優しく響いて包み込んでくれる歌声には、男女問わず心を打たれた者がいるのではないだろうか。ボーカルのLia氏はこの歌によって歌唱力の高さを見出され天高く羽ばたいた。そして今も、鳥のように飛び続けている。（T）

ZAZOU Records　TKCU-77082

コッペリアの柩（Noir Ver.）

00s アニソン

ALI PROJECT　TVA『ノワール』OP

2001　Aristocracy

これまでおもにハッピーな楽曲をリリースしてきたALI PROJECTだが、9枚目のシングルとしてリリースした本楽曲はゴシックかつダークな楽曲となった。意味深なワードが散りばめられた歌詞は聴くものの耳を奪うと同時に、タイアップ作品のミステリアスさをさらに盛り立てる。同楽曲のリミックス『コッペリアの柩 Hyper Remix version』も存在しており、こちらはパラパラの振り付けも存在する。（い）

ビクターエンタテインメント　VICL-35314

ビーグル

00s アニソン

山野裕子　TVA『ココロ図書館』OP

2001　ビーグル

髙木信孝がコミック電撃大王に連載していたマンガ『ココロ図書館』のアニメ版OP曲。ゆったりとした雰囲気と優しい声に心が温かくなる癒し系の1曲である。もちろんこの曲自体も素晴らしい神曲だが、ここでDJ SHARPNELによるRemix版の『Co・Co・Ro』にも触れたい。原曲の雰囲気を捉えながらもハッピーハードコアに仕上がっている。90年代から自主リミックスの流れは存在したがここで一気に花開く。そのセンスに脱帽。（お）

スターチャイルド　KICA-619

明日へのbrilliant road

00s アニソン

angela　TVA『宇宙のステルヴィア』OP

2003　ソラノコエ

音楽ユニット・angelaがスターチャイルドから最初にリリースしたシングル曲である本作は、パワー溢れるロックチューン。ボーカル・atsukoの歌声は開幕早々から力強く、聴く者を惹きつけると同時にどこか不穏な空気感も漂わせる。シングルB面にはタイアップ作品『宇宙のステルヴィア』ED曲の『綺麗な夜空』も収録。こちらは宇宙に想いを馳せる歌詞が綴られたピースフルなナンバーになっている。（い）

smart　STM1

しあわせのみつけかた

00sゲーソン

Blueberry & Yogurt
ゲーム『フォーチュンクッキー』OP

2004　しあわせのみつけかた

Blueberry & Yogurtの初期の名曲で、『フォーチュンクッキー』のOP曲。タイトル通りふんわりした幸福感溢れる曲調にRita（園田まひる）が優しく歌い上げる、聴いていて口角が勝手に上がってくるような気持ちになる超良曲。入手困難タイトルではあるが、オリジナルのゲームヴァージョンとぶるよぐのアルバムに収録されているヴァージョンでは歌詞が若干異なるので、ぜひ聴き比べて楽しんでいただきたい。（W）

Triumphal Records　TURC0006

任意ラヂヲ エンディングテーマ Radio Mix

さくら、ねここ　ラジオ『任意ラヂヲ』ED

電波ソング

2002　任意ラヂヲ Cd Edition -Phase 02-

『任意ラヂヲ』最終回の際に、CDのみに収録されたEDテーマ。コンテンツ自体が色々と黒歴史を抱えているために、終わり方は今までのハイテンションラジオからは想像もつかないお通夜のような最終回を迎え、バラード調の悲しいED曲が最後のCDに収録されました。相当なガチ曲だったようで、のちにRemixされてBlueberry&Yogurtのアルバムに収録もされました。（W）

Triumphal Records　TURC0005

任意ラヂヲ オープニングテーマ Radio Mix

さくら、ねここ　ラジオ『任意ラヂヲ』OP

電波ソング

2002　任意ラヂヲ Cd Edition -Phase 01-

00年代初頭は今のように配信サービスなどがないなか、草の根のラジオ番組は細い回線にイラつきながら聴くかmp3でアップされたものをダウンロードして聴くかでした。これは当時流行したデスクトップマスコット・任意のWebラジオのCDに収録された、とてもかわいいOP曲。中の人は近年も『リトバス』主題歌を歌ったりと活躍中のRitaこと園田まひる、そしてエロゲ主題歌などを多くリリースしているBlueberry&Yogurt。（W）

再生ハイパーべるーヴ　HYBR003

ぱんださんようちえん

電波ソング

園田まひる

2002　ぱんださんようちえん

あのころのアキバを歩けば……なんて書くと老害っぽさがすごい出ちゃうので嫌ですが、今のまんだらけ辺りを歩いたら必ずどこかの店でこの曲が流れていたのを思い出します。まだ電波ソングというカテゴライズがおそらくなかったころ、HARDCOREPUNKでいうDischargeのような存在として先陣を切った、狂っているが才能溢れる内容の楽曲でCDを埋め尽くした同人サークル・再生ハイパーべるーヴに敬意を払います。狂ってます。（W）

I've　ICD66009

さくらんぼキッス ～爆発だも～ん～

電波ソング

KOTOKO
ゲーム『カラフルキッス ～12コの胸キュン！～』OP

2003　SHORT CIRCUIT

多くの人がKOTOKOを認識し出したのはこの曲からではないでしょうか。電波ソングとして大きな影響を残した『カラフルキッス～12コの胸キュン！～』のOP曲です。硬派（?）なI'veファンのなかには強い拒否感を出すリスナーも当時は見受けられましたが、それまでのダークでクールなI'veのイメージを覆してキッチュでポップでなんだかよくわからないけどトニカクカワイイな世界観だけを抽出した、まさにHARDCO-REな1曲。　（W）

パイオニア　PICA1236

かえりみち

バラード

川澄綾子　TVA『まほろまてぃっく』OP

2001　「まほろまてぃっく」音楽編1

ぢたま（某）原作のとんでもないかわいい絵で動く、「えっちなのはいけないと思います！」で一世を風靡した『まほろまてぃっく』1期のOP曲。かわいいかわいいまほろさんの雰囲気にぴったりの、かわいらしく爽やかな1曲。特別編の『ただいまの風』と、そして重要な原作と一緒に合わせて楽しんでいただきたい。名曲ながらシングルでのリリースがなく、サントラで聴くしかないのが当時非常に残念でした。　（W）

Key Sounds Label　TODT-3490

青空

バラード

Lia　ゲーム『AIR』IN

2002　AIR ORIGINAL SOUNDTRACK

Keyの歴史的名作『AIR』のLiaが歌う挿入歌。もはやネタバレも何も語り尽くされてしまった作品ではあるが、作中の超重要シーンで流れる1曲で、Liaの独唱から入るスローバラード。雰囲気が世界観にマッチし過ぎていて、涙腺を破壊するための暴力性は非常に高い。BGMにおいても1曲1曲が非常に完成度の高い作品なので、楽曲はもちろんであるが作品自体もぜひ楽しんでほしい1作です。『鳥の詩』の裏アンセム。　（W）

I've　ICD66005

王子よ -月の裏から-

島みやえい子

2002　Disintegration

I'veコンピレーション中でも屈指の名盤『Disintegration』に収録されているタイアップなしの1曲。MELLが作詞し、島みやえい子が歌い上げる。しっとりとしたピアノとストリングスが印象的な曲調と、島みやえい子のドロっとした念の籠った歌声と黒い歌詞によって世界観に引き込まれる良曲です。MELLが歌うまた違う念の籠ったヴァージョンも併せてぜひ聴いていただきたいです。　（W）

Blueberry & Yogurt　BRYG0002

end of misery

バラード

Blueberry & Yogurt　ゲーム『Mind+Reaper』ED

2003　monologue

Rita（園田まひる）本人も出演している『Mind+Reaper』ED曲。浮遊感と虚無感溢れる切ない曲調にRitaの声が優しく乗る、胸がキュッと締め付けられるエモさ溢れる超良曲。アンプラグドのライブ音源もあり、そちらもかなり胸キュン。このアルバムに『任意ラヂヲ』のED別ヴァージョンも収録されています。オリジナル盤はRitaのアー写が使用されているが、ジャケデータ紛失のためオリジナル仕様では再発できないとか。（W）

アリスソフト　ASS001

Over Beat ～明日へのエスカレーション～

J-POP

E-mi　ゲーム『超昂天使エスカレイヤー』OP

2002　Alicesoft Sound Album Vol.01 超昂天使エスカレイヤー

老舗メーカーでクオリティの高いソフトをリリースし続けるアリスソフトによる名作ヒーローガールシミュレーションゲーム『超昂天使エスカレイヤー』のOP曲。ちょっとビーイングっぽさがある歌謡ポップに仕上がっていてなかなかの良曲です。ゲームは発売から12年を経てリメイクされたのですが、そちらにも当曲のリメイクがかなりのクオリティで再録されるという胸熱の展開になっているので、ぜひゲーム自体も両方楽しんでいただきたい内容。（W）

スターチャイルド　KICA-599

Destiny

ポップス／声優

堀江由衣

TVA『人造人間キカイダー THE ANIMATION』ED

2000　ほっ?

スローテンポのLo-Fiサウンドと、揺れのあるドラム音が実に耳心地の良い本楽曲は、タイアップしたアニメ『人造人間キカイダー THE ANIMATION』でヒロイン・光明寺ミツ子を演じた堀江由衣が歌ったもの。その優しく語りかけるような歌声には神秘的な魅力も感じさせられる。本楽曲を制作した見岳章は、同作の劇伴も担当しており、そこには音楽演出の一貫性を見ることができる。（い）

ユニバーサルシグマ　UMCK-5147

なないろなでしこ

ポップス／声優

SISTER×SISTERS

TVA『ラブゲッChu～ミラクル声優白書～』OP

2006　なないろなでしこ

新旧問わず多数存在するThe Supremes『You Can't Hurry Love』風アレンジ。女性声優のユニゾン歌唱で歌われるとかわいさの過剰さにヤラれてしまう。作詞と作曲を手がける井手コウジのユニット、チャーミースマイル&グリーンヘッドの自主製作アルバムに収録の『BAD MORNING CALL』が原曲と言っていいほど似ているのだが、自分を含め気付いた人は世の中にどれほど存在するのだろうか。（I）

スターチャイルド　KICS-834

洗濯機の中から

シティポップ

堀江由衣

2000　水たまりに映るセカイ

90年代後半から現在まで長いキャリアを誇る堀江由衣の1stアルバムには柔らかい歌声を活かした佳曲が多く収録されている。R&Bのフィーリングもありつつホーンで温かみを出している本曲はシティ・ソウル的でもあり、10年代シティポップ的な質感も感じることができる。花澤香菜や駒形友梨などの現行の声優ポップスと並べても遜色ない名曲。なお、作詞作曲でクレジットされている雲子はシンガーソングライター、イズミカワソラの別名義。 (I)

ビクターエンタテインメント　VICL-60643

ヒヲウのテーマ

ロック

山口洋　TVA『機巧奇傳ヒヲウ戦記』OP

2000　機巧奇傳ヒヲウ戦記 オリジナル・サウンドトラック1

『機巧奇傳ヒヲウ戦記』はBONES初のTVアニメ。OP曲の「ヒヲウ」の連呼、力強いリズム楽器、邦楽的アプローチは、アニメ映画『カムイの剣』の劇伴『カムイ無拍子』を彷彿とさせ、ネオロカビリーのエッセンスも感じられる。シンプルな構成ながら、キャラの躍動感や悲哀が表現され、聴くたびに心が震える。本作品の音楽担当・山口洋氏は、福岡を代表するバンド・ヒートウェイブとして80年代より活躍。めんたいロックの系譜も色濃く感じる。 (S)

キングレコード　KICS-931

TRANSMIGRATION

ロック

水樹奈々

2001　supersonic girl

『ESアワー ラジヲのおじかん』というラジオ番組の企画で水樹奈々が奥井雅美に直接依頼したことで制作された、輪廻転生をテーマにしたゴリゴリのロックチューン。のちにプロデューサーとなる矢吹俊郎との出会いの楽曲でもあり、厨二感のある迂遠な言い回しやパワフルなボーカルなど、現在の水樹奈々のスタイルを形作ったオリジンとも呼べる1曲だ。ライブでは所々で自由に歌われるフェイクも聴きどころ。 (河)

ジャパンレコード　TKCA-72389

remember

ロック

飯塚雅弓

2002　虹の咲く場所

97年のデビューから00年代にかけて、徐々に安定感も増し、音楽性も確立されていくなか、その結晶となったような質の高い6枚目のアルバムから。今ではよく耳にするストリングス+ロック的なアニソンの源流とも言えるエヴァーグリーンなサウンドは、飯塚雅弓のキュートな歌声にも絶妙にマッチしていた。ベクトルは違えど後続の花澤香菜や豊崎愛生にも通ずる、優しく響く至高のロックは単純にもっと評価されるべき。作曲は堂島孝平によるもの。 (あ)

ソニーレコード　SRCL-4987

裸のプリンセスマーメイド

ハードロック

椎名へきる

2001　PRECIOUS GARDEN

声優初となった伝説の97年武道館ライブ後、ソロアーティスト活動において、より主体性を持ってハードロックサウンドへ傾倒していった椎名へきる。その契機となった要素の1つに明石昌夫によるプロデュースが挙げられるが、彼が全面的に関わったのがこのアルバム。当ナンバーには、椎名がフェイバリットに挙げていたデヴィッド・カバーデル在籍時のディープパープルを思わせる王道ハードロックテイストもふんだんに盛り込まれている。　(あ)

ビーフェアリー　BRCF-3079

ウインターガーデン

ギターポップ

デ・ジ・キャラット（真田アサミ）
TVA『ウィンターガーデン』ED

2006　Winter Garden Sound Complete

『デ・ジ・キャラット』シリーズのなかでも異端的な恋愛ものである前後編のアニメ『ウィンターガーデン』のED曲。松田聖子のクリスマスソング『ウィンターガーデン』のカバーで、原曲にある冬らしさは残しながら、抑え目かつスタイリッシュに編曲している。アレンジは作品全体の音楽を手がけたinstant cytronが担当。秋葉原のでじこが渋谷系の系譜であるシトロンと組む、まさに"アキシブ系"という言葉に相応しい楽曲。　(I)

キングレコード　KICA-692

Candy Holiday

ネオアコ

茶ノ畑珠実（堀江由衣）TVA『まほらば』CS

2005　まほらば 鳴滝荘へ、いらっしゃい

00年代に入り渋谷系のアニソンが出現し始めたが、こちらもその一角を担う。当キャラクターソングアルバムでは、アニソン界隈でもお馴染み、元Cymbalsの沖井礼二がベース、元Electric Glass Balloonの筒井朋哉がギター、ZEPPET STOREの柳田英輝がドラムで参加。本楽曲も90年代渋谷系ネオアコ／ギターポップ直系で、キャラクターを演じる堀江由衣の歌唱もハマった絶好の出来となっている。　(あ)

PSYCHO

愛のメイドホテル物語

ビートパンク

園田まひる　ゲーム『愛のメイドホテル物語
〜愛しのスク水・メイド〜』OP

2004　愛のメイドホテル物語〜愛しのスク水・メイド〜通販特典CD

ゲームブランド・PSYCHOからのリリース作。OPはまるで有頂天のようなピコピコROCK（生演奏ではない）をバックに、園田まひるがやけくそ気味にバカみたいな歌詞を超真面目に歌っていて最強のクオリティ。同ブランドの『巫女みこナース』のような電波要素が薄いですが、バンドブーム期のビートパンクバンドたちが思い浮かぶ内容でこちらのほうがおすすめ。しかしながらおまけCD-Rにしか正式収録されていない入手困難曲です。　(W)

マリン　MMCM-1002

Image Song -Spiritualized-

インダストリアル・ロック

緑川光　TVA『Weiβ kreuz』CS

2000　Weiβ kreuz Dramatic Image Album IV SCHWARZ II

初期はヴィジュアル系的意匠を表層に纏っていた『Weiβ』プロジェクトも、徐々に原作の子安武人と全楽曲を手がける西岡和也のロック趣味が顕になっていき、タイトルやサウンドに洋楽ロックオマージュが施された楽曲を続々リリースしていく。この楽曲もタイトルとは裏腹にサウンドではNine Inch Nails的インダストリアルロックを展開しており、プロジェクトを通じて同時代ロックサウンドを再構築しようとする意欲を感じさせる。（D）

エイベックスモード　AVCA-14890

ミステリアス

クラブミュージック

メル・レゾン（小島幸子）、シー・カプリス（かないみか）
ゲーム『サクラ大戦物語 ミステリアス巴里』IN

2004　シャノワール

名曲の多い『サクラ大戦』関連楽曲のなかでも隠れた名曲が収録されているのが、このゲーム『サクラ大戦物語 ミステリアス巴里』のテーマ曲シングル。ゲームの出来はさておき、B面収録の本曲は田中公平の良質な歌謡曲メロディと、2step調のアーバンなトラック、そしてかないみかと小島幸子のユニゾン歌唱がベストマッチ。表題曲『シャノワール』も巴里歌劇団の5人が歌うビックバンド調の多幸感溢れる仕上がりの好曲。（I）

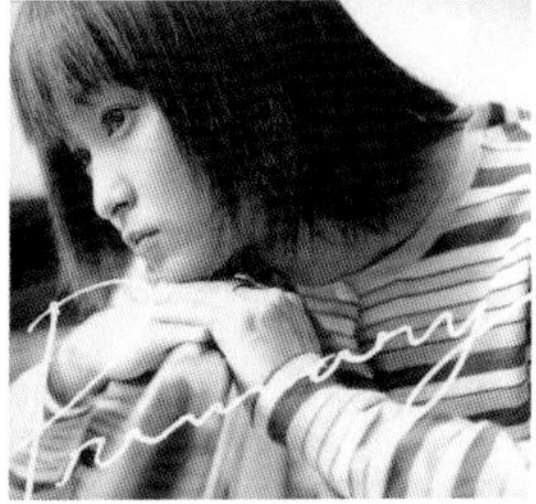

ビクターエンタテインメント　VICL-60853

Day's Angel

ダンスミュージック

川澄綾子
ラジオ『.hack//Radio 綾子・真澄のすみすみナイト』ED

2002　Primary

01年リリースのm-flo『Come Again』以降、J-POPの文脈で2stepが取り入れられる機会が増えた。アニソン・声優楽曲で最初期の2stepと言っていいだろうこの曲では、岩崎琢の編曲が光る。ド直球な2stepではなく、BメロでR&Bに寄ってからサビで戻る構成や、至って平板でJ-POPな歌メロとの組み合わせが面白い。音楽的な造詣も深い川澄さんには、もっと歌う機会を作ってもらいたい……。（カ）

ビクターエンタテインメント　VICL-61106

Let Me Be With You

ダンスミュージック

ROUND TABLE featuring Nino
TVA『ちょびっツ』OP

2003（初出：2002）　APRIL

渋谷系楽曲の流れを汲む音楽ユニット・ROUND TABLEがボーカルにNinoを迎えて結成したROUND TABLE featuring Nino。本名義による1stシングルとなる本楽曲は、かわいらしいフレーズから始まるダンサブルなナンバーとなっている。タイアップ作『ちょびっツ』にて主人公・ちぃを演じた田中理恵によるカヴァー版は『ちょびっツ オリジナルサウンドトラック 002』に収録。（い）

スターチャイルド　KICS-1037

Candy Lie

ダンスミュージック

r.o.r/s

2003　dazzle

奥井雅美と米倉千尋による03年後半限定ユニットのr.o.r/s。このユニットは『カレイドスター』主題歌が有名だが、デビューシングルとして発売されたこの曲もr.o.r/sのやりたいことがすべて詰まった最高の1曲だった。力強くかっこいいビートが聴く者の心まで躍らせ、2人の抜群の歌唱力が楽曲の完成度を押し上げている。ちなみにこのユニット、22年のあるライブで限定復活したとのこと。観たかった……。　(s)

ジュピター　WPCV-10098

REACH OUT

ソウル／ファンク

和田アキ子　TVA『勝負師伝説 哲也』OP

2000　DYNAMITE PARADE

和田アキ子の数少ないアニソン。麻雀作品ということで彼女が抜擢されたと思われるが、これが実にダンサブルでお洒落な楽曲なのである。軽快なジャズのビートにリズム・アンド・ブルースの女王のコピーにふさわしいボーカルが合わさり、大人の雰囲気プンプンの和製ファンクに仕上がっている。ブラックミュージックの要素を取り入れてきた90年代アニソンの延長として生み出された楽曲の1つである。　(き)

ビクターエンタテインメント　VICL-60760

bitter sweet

R&B

坂本真綾

2001　イージーリスニング

いまだにファンから名盤の呼び声が高いミニアルバム『イージーリスニング』から本曲をレコメンドしたい。アンビエントやドラムンベースなど多彩な要素を含んだ実験的なアルバムだが、本曲はR&Bテイストを孕んだ怪しげにうごめくベースラインから始まり、ファルセットやウィスパーとさまざまな表情を見せる坂本真綾の歌声を堪能できる点が魅力。タイアップ曲からは窺い知れない、彼女のディープな魅力に触れるキッカケとしていかがだろうか？　(ろ)

エイベックスモード　AVCA-14394

月夜の森へ

ヒップホップ

ロベリア・カルリーニ（井上喜久子）、北大路花火（鷹森淑乃）
ドラマCD『サクラ大戦』IN

2002
サクラ大戦第四期ドラマCDシリーズ 歌のアルバム 帝都編・巴里編（ボーカル集）

『サクラ大戦』の第4期ドラマシリーズより。ロベリア、花火の巴里歌劇団メンバー2名によるデュエット曲は、De La Soulの元ネタとしても有名なガラージ・クラシックのInstant Funk『I Got My Mind Made Up』のフレーズを引用したブレイクビーツ・ボッサ。キャラソンとして華もありつつ、ダンスフロア映えするというDJユースに理想的な1曲に仕上がっている。　(I)

JANIS TH2

涙の誓い

トランス

KOTOKO ゲーム『とらいあんぐるハート3 〜 Sweet Songs Forever 〜』OP

2000 Triangle Heart 3 OPENING THEME COLLECTION

今となってはレジェンドとなった彼女の、KOTOKO名義での最初期の楽曲。タイアップはご存じ『なのは』シリーズの大元『とらは3』で、KOTOKOとI'veによる、爽やかな1曲に仕上がっておりいくら聴いても飽きない内容です。のちに英詞ミックスやカヴァーもリリースされ、さまざまなヴァージョンを楽しむことができます。簡単に聴くのであれば、I'veのメジャーコンピ『Disintegration』に収録されています。 (W)

I've ICD66003

prime

トランス

KOTOKO TO AKI

2000 Dear Feeling

レジェンドKOTOKOと、彼女の盟友であり当時惜しまれながらも引退してしまった初期I'veのシンガー・AKIとのノンタイアップデュエット。2人のキャッチーで力強くも爽やかでエモい歌声にガツンと持っていかれる1曲に仕上がっています。なかなかのレア盤ではありましたが、ベスト盤で入手しやすくなったり、KOTOKOがソロで歌ったりもした超名曲。NYで撮られたPVも存在するのが驚き。 (W)

ブルーゲイル BGCD-032

L.A.M -laze and meditation-

トランス

Outer ゲーム『懲らしめ 〜狂育的指導〜』ED

2002 ブルーゲイルOP&EDマキシシングル Vol.2 carnaval

デジタルカメラで女生徒の弱みを握ってゴニョゴニョ……ブルーゲイルから発売されたインモラルな18禁PCゲームの主題歌は、初期I've Soundのハイテンポ・トランスだ。歌詞とサウンドはダークな雰囲気でまとまっており、同じく初期の名曲『FUCK ME』とセットで聴きたくなる。両曲ともサビのメロディラインがキャッチーだが、こちらはシャウトじみたボーカルがミソ。暗い地下道を駆け抜けていくような、魂の叫びがそこにある。 (せ)

APPLE Project APL-004

Stay.

トランス

園田まひる

2002 Stay.

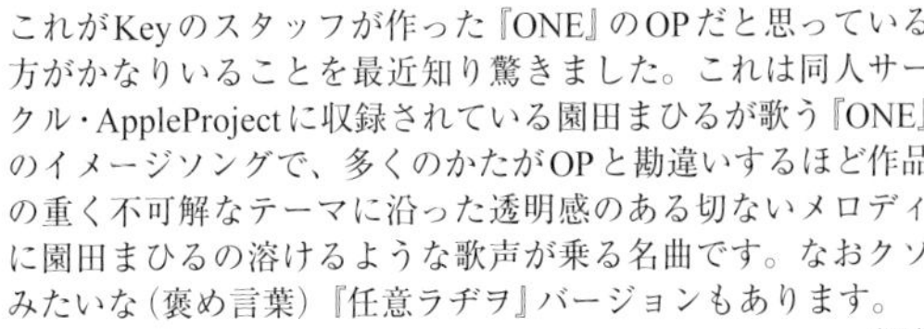

これがKeyのスタッフが作った『ONE』のOPだと思っている方がかなりいることを最近知り驚きました。これは同人サークル・AppleProjectに収録されている園田まひるが歌う『ONE』のイメージソングで、多くのかたがOPと勘違いするほど作品の重く不可解なテーマに沿った透明感のある切ないメロディに園田まひるの溶けるような歌声が乗る名曲です。なおクソみたいな（褒め言葉）『任意ラヂヲ』バージョンもあります。 (W)

クラブ／ダンス

I've　ICD-66015

DROWNING -Ghetto blaster style-

トランス

MOMO　ゲーム『新人看護婦 美帆〜十九歳の屈辱日記〜』IM

2007（初出：2002）　I've MANIA Tracks Vol.I

原曲はゲーム『凌辱痴漢地獄』EDとして制作されており、こちらはシリーズ後継作品のイメージソングとしてリミックスされた楽曲。鋭いまでに美しいピアノの旋律が印象的でクール・トランスなアレンジが中沢伴行により施され、原曲に繊細な雰囲気を纏わせている。I've歌姫のなかでも一際オルタナティブな色合いを持つMOMOによる凛としたボーカルが、背徳的な芸術性を演出する。出自とは裏腹に硬派な楽曲を求める諸氏におすすめしたい。（き）

スタジオメビウス　SMCD0001

SNOW

スローテクノ

松澤由美　ゲーム『SNOW』OP

2003　SNOW ORIGINAL SOUNDTRACK

スタジオメビウスは女性の尊厳を以下略なゲームばかりリリースされていたメーカーですが、発売延期を幾度も繰り返して、待っている間にこういうゲームをプレイされなくなった方もいるんじゃないかな……というくらいに待ってリリースされた正統派ゲームのOP曲。いわゆる葉鍵の世界観を踏襲する切ない内容にぴったりの、I'veが手がけ松澤由美がしっとりと歌い上げる超強力な1曲。降っていないのに雪が舞い散るような気分になります。（W）

エイベックスモード　AVCA-14267

劇場版・すべては海へ

カンタータ

真宮寺さくら（横山智佐）、ラチェット・アルタイル（久野綾希子）
劇場版『サクラ大戦活動写真』IN

2001　サクラ大戦活動写真 全曲集

シリーズ初の劇場アニメのクライマックスを飾る、田中公平渾身の1曲。本楽曲を含めほぼすべての劇伴はオーケストラによる公開録音が行われ、スタッフの念願だった劇場版の特別感を味わえる。また、横山智佐とのデュオに元劇団四季トップスタァ・久野綾希子を迎え、気合の入りようがひしひしと伝わる。力と優しさ、夢と誇りを存分に表現した彼女らの歌声の絡みに、思わず背筋が伸びる。歌劇をテーマにしてきた作品だからこそ生み出せた傑作だ。（せ）

ケイエスエス　KSCA-59143

Cruel Moon（International Edit）

ケルト・フォーク

Brid Ni Churain　OVA『顔のない月』ED

2002　顔のない月 音楽集 月下楽人

オービットのPCゲームを原作とした18禁OVAの主題歌。当時は海外展開もあり、それを意識してのことか、バンマスの五十嵐洋以外のレコーディングメンバーはすべて海外勢。一見ただのケルト風3拍子楽曲かと思いきや、聴き込んでいくと感覚が北欧から遠ざかっていく。作品の設定を聴覚から感じさせる、独特の陰気が心地良い日本伝奇ミュージックだ。また、本楽曲が収録されているサウンドトラックもアルバム志向で聴き応えのある名盤。（せ）

桃井はるこ's レコメンド

陽春のパッセージ
田中陽子
(TVアニメ『アイドル天使ようこそようこ』OP)
1990年リリース
『Invitation』
(ポニーキャニオン PCCA-00121)収録

ベートーベンだね Rock'n'Roll
テンテン
TVアニメ『21エモン』ED
2011年リリース
『藤子・F・不二雄 アニメ主題歌・挿入歌集』
(日本コロムビア COCX-37007-8)収録

負けるもんか！
ブカブカ
(TVアニメ『飛べ！イサミ』ED)
1995年リリース
『『飛べ！イサミ』サウンドトラック』
(ソニー・ミュージックレコーズ SRCL-3436)収録

この時代には『おどるポンポコリン』(『ちびまる子ちゃん』ED)の大ヒットもあり明るく覚えやすく歌いやすい曲がたくさん流れていました。2人組アイドル・こんぺいとうの『ニッポンチャ！チャ！チャ！』(『コボちゃん』OP)や田村英里子の『まかせて！チン・トン・シャン』(『少年アシベ』OP)もそのカテゴリだと思います。固有名詞やオノマトペが多用された楽しい歌詞、アクセントの効いた踊れるサウンド、そこにスイートな歌声が合わさるというバランス。私が作詞と作曲する時にはこの時代のアニソンに受けた多大な影響を自覚することがよくあります。

今回選んだ3曲には"アイドルが歌うアニソン"という共通点があります。執筆するに辺り久々に8cmCDを手に取ると、中学生のころにお小遣いを握りしめ秋葉原の石丸電気、ヤマギワ、シントクで買った長細いCDを、透明なNAGAO-KAのプラケースに移し替えた時の独特な幸福感が呼び起こされました。『陽春のパッセージ』はアニメの主人公と同名(厳密にはキャラクターのほうの名は平仮名)のアイドルのデビュー曲でもあります。爽やかなイントロには何かが始まる予感がいっぱい。2拍4拍で打ち鳴らされるタムにファンはジャンプせざるを得ません。この曲が好き過ぎて、私も声優としての初主演作『ナースウィッチ小麦ちゃんマジカルて』の中原小麦のキャラクターCDでカバーもいたしました。アニメの記憶とアイドルのライブの想い出、そして自分が歌ったステージの想い出までもが入り混じる特別な1曲です。

桃井はるこ
声優、作詞・作曲・編曲・歌唱をこなすシンガーソングライター。自身が高校生だった1990年代から秋葉原を拠点に路上ライブを始め、ゲームコンピュータ系ライターとしても活動していたため『元祖アキバ系女王』と称される。パワフルな歌唱にも定評があり、自身のライブ活動・CDリリースの他、作詞作曲家としてゲーム、アニメ、アイドルやアーティストに多数提供。

アニソンクラブイベントはどこからきたのか？

TEXT BY WAN

90年代のアニメソングを楽しみ方の1つであり、また現在のアニソンクラブカルチャーの先駆けでもあるコスプレダンパ。その歴史を当時からの参加者でもあるアニソンDJのWANが紐解いていきます。

アニソンで遊ぶ文化

近代のアニクラ（アニソンクラブイベント）文化が定着して約15年、アニソンだけでDJプレイし、コスプレした参加者が楽しむパーティーはいったいいつごろから始まったのでしょうか？　この素朴な疑問に対して、コスプレ文化研究の第一人者・牛島えっさい氏であれば、より詳細な文化的源流を遡ることが可能でしょうが、自身の体験を元に自分が知る範囲での話をしていこうと思います。申し遅れました、アニソンで関東を中心に約30年ほどDJ活動をしているWANです。

アニソンクラブイベントは一体どこからきたのか？　これは、まず90年代初頭に区民館や公民館などの公共施設を利用した同人誌即売会まで遡ることになります。その同人誌即売会終了後、コスプレしたスタッフや一般参加者が残り、アフターパーティーとしてみんなでアニソンを楽しんでいたのです。当時自分がよくコスプレして一般参加していたのは豊洲文化センター、パルシティ江東、森下文化センターなど江東区の公共施設のレクリエーションホールや多目的ホールを借りて開催されているイベントでした。

まだDJ機材などは使用しておらず、あらかじめカセットテープに準備したアニソンを流すだけのシンプルなもので、基本的にはフルコーラスで流れていたように覚えています。また、カセットテープという仕様上、当日に選曲が変えられないため、参加入場証に流れる曲（セットリスト）が載っていることもあり、参加者が聴きたい、楽しみたい楽曲を逃さないというメリットがある反面、人気の曲以外はわかりやすく人が離れるなど、今のアニソンイベントのような継続したグルーヴはありませんでした。

CDでDJをするという技術革新

カセットテープがアニソンの再生機器として主流だった状況が、音響機器メーカー・DENONがDNシリーズを発売したことと、これを当時の主催団体がいち早く導入したことによって大きく変化しました。DNシリーズとは現在多くのDJが使用し、ほぼすべての現場で採用されているPioneer DJのCDJシリーズに先駆けてリリースされたCDプレイヤーのこと。こうしてカセットテープを使用したアフターイベントが、アニソンDJイベントへ本格的進化を始めました。決して安い機器ではありませんでしたが、20万弱という価格は個人でも購入できる程度で、何よりCDを使ってDJができるという衝撃は本当に大きかったのです。

また同人誌即売会に付随して開催されていたものが、コスプレしてアニソンを楽しむイベントとして単独開催されるようになったのもこのころから。参加人数もどんどんと増えていくことになります。

コスプレ文化の大躍進と熱気

アニソン、コスプレ、パーティーの3要素がようやく揃ったところで、継続しなければ文化として成熟することはないですし、続かないものは歴史の隅に消えていく運命です。しかし、のちに「コスプレダンパ」と呼ばれるようになるこの遊びの規模は拡大していくことになるのですが、これには同時期にブームを迎えたコスプレの勢いも大きく寄与しました。90年代初頭、格闘ゲームブームと同時にコスプレ人口が爆発的に増加し、それに合わせるかのようにイベントに参加するコスプレイヤーの人数も大きく増えていきました。

そしてもう1つ、このコスプレダンパ文化に欠かせなかったものがあります。C☆NETというイベント情報誌（最初のころは冊子ではなく、B4用紙1～数枚折り）の誕生です。まだインターネットはまったく一般的ではなく、イベントの情報源はアニメ雑誌などやコスプレ仲間の口コミが主流でしたが、増加したイベントをまとめた情報が各会場で配布されることで、集客に大きく影響しました。

このころ、先述した江東区を中心に多く開催されていたコスプレパーティーは複数の主催者が群雄割拠し、イベント参加者数を延ばしながら続々とコスプレパーティーが誕生した90年代前半の時期を、当時の参加者は中心的会場となった豊洲文化センターから「豊洲時代」もしくは単純に「豊洲」と呼んでいます。そしていつのころからかイベントのことを「コスプレダンパ」、もしくは単に「ダンパ」と呼ぶようになっていました。なお、当時すでにDJ機材を使用しプロ用の音響・照明機材を持込む団体もあり、コスプレダンパの雰囲気の形成に少なくない影響があったと思います。

ダンパの進化と企業参入

コスプレダンパは規模を拡大し続けましたが、入場者数と会場使用頻度の上昇による予約困難、イベント開催に伴う苦情やトラブルの増加などさまざまな要因が重なり、主軸としていた豊洲文化センターから新しい場所に移るしかありませんでした。そしておもな開催場所は、高島平区民館へと移ることになります。なおコスプレダンパを主催する各団体は高島平以外の会場も次々と開拓して、ほぼ毎週どこかでダンパが開催されていました。

また同じころに画期的なCDプレイヤーであり、今現在世界中で使用されているCDJ-2000シリーズの元祖となるCDJ-500がPioneerからリリースされ、DJプレイに多大な影響を与えることになります。そしてDJ機材だけではなく、スピーカーや照明などの持ち込み機材も大型化・本格化していきました。

そしてアマチュア団体ではなく企業のブロッコリーがコスプレ音楽イベントとして大規模なコスプレダンパ「コスパ」をディスコ(クラブ)の芝浦GOLDにて初開催したのが94年10月のこと。コスプレの流行に合わせてコスプレ雑誌の刊行やTVメディアでの取り扱いが増えていき、いよいよコスプレダンパが本格的な成長期に入ることになります。使いやすいDJ機器でのイージーオペレーションによるDJクオリティの底上げ、プロ用音響・照明機器の標準化、コスプレ人口増加に伴うディスコカルチャーとのクロスオーバーによる振り付けとユーロビート/ディスコテクノの定番化……現在も開催されているコスプレダンパの基礎ができあがったと言えるのはこの時期だと思います。この時期のダンパを、先述の「豊洲時代」に対して「高島平時代」「高島平」と呼びます。

余談ですが、今でも忘れられないくらいインパクトのある思い出があります。当時出演していたイベントの主催団体が高さ1.2m、重さ60kgくらいある超大型スピーカーを持ち込んでいて、そのJBLスピーカーを「ジャンボビッグラージ」と呼んで毎度楽しく愚痴りながら設営していました。

プロアマのボーダーレス化と
アニクラの片鱗

コスプレダンパは企業とアマチュアが入り乱れる百花繚乱の時代を迎え、「コスパ」が芝浦GOLDで開催されて以降、六本木ヴェルファーレや渋谷ON AIR EAST、新宿LIQUIDROOM、六本木Space Lab YELLOW、神楽坂TwinStarなど都心にある大型ディスコやライブハウスで開催されるようになります。またアマチュア開催の主軸は晴海ターミナルホール、蒲田PiOなど1000人規模の会場に移っていきました。

ここで重要なポイントがあります。これまではコスプレをして踊ることが遊びの中心で、写真は記念撮影的なものというがわりと多く、企業系のダンパは変わらずそのスタンスでした。しかし広い会場を使用するアマチュア系では、ダンパと本格的なコスプレ撮影という2つのコンテンツを併設する総合コスプレイベントが現れます。つまりダンパ+撮影の総合系の大規模なものと、ダンパのみの小規模なものに二極化し、前者は「東京ドームシティコスプレフェスタ」が名前を変えながらも代表的なイベント開催形態として2023年現在も継続しており、後者はクラブを使用したオールナイト開催という現在のアニクラ文化に近いものになっていきます。

またDJ環境もさらなる進化を迎えます。パソコンの低価格、高性能化によってCD-Rが普及してそれに使用するアニソンをまとめることができるようになりました。このため原盤CDを数百枚も持ち歩かなくてよくなり、劇的に身軽かつ便利になったのです。そしてアニクラ文化につながる最後のピース、映像導入によるVJの参加も90年代末に始まります。当初はDVDデッキを使用していましたが、パソコンの進化がとてもすさまじく、比較的早い段階で機材がそちらにシフトしました。これにより、00年代初頭には今も開催されているコスプレダンパとほぼ同じスタイルが確立されたと言っていいのではないでしょうか。

コスプレダンパとアニクラをつなぐもの

これが90年代初頭から約10年という時間をかけ、「アニソン×DJ×コスプレ×パーティー」という現在のアニソンクラブイベントを構成する大きな要素に影響するコスプレダンパのスタンダードが完成することになるまでの、私が知る大きな流れです。そして00年以降、企業によるダンパイベント事業の撤退、コスプレブームの落ち着きに伴い、コスプレダンパはメディアから姿を消していきました。コスプレイヤーの参加形態の変化、より本格的な衣装と写真撮影を目的とする層の増加と振り付けの定着による新規参加者の敷居の高さもコスプレダンパが独自のカルチャーを形成していくことになる要因だったように思います。

08年に近代アニクラの始祖である「ヲタリズム」が始まるまでの約8年間、このミッシングリンクを解説するのはまた別の機会にでも。

現代のアニメ&声優ソングとして蘇る90年代ヒット曲

TEXT BY あらにゃん

プレ90年代から00年代初頭のJ-POP名カバーを紹介。普段、アニソンアーティストや声優に触れてないかたにも、彼らならではの独特の味わい深さを感じていただきたい。

80〜90年代サウンドへの回帰

世に星の数ほど存在するカバー曲。いつの時代も、どのシーンにおいても、カバーを通じてオリジナルとはまた違った味わいが生まれ、ヒットソングも続々と登場している。筆者は、時を経て過去の楽曲が生まれ変わる、あるいは時代を越えて名曲が受け継がれるというリバイバル的側面にカバーの魅力を感じるが、この流れは近年のアニメ&声優ソングも例外ではない。そう、あの青春の名曲たちがアニソンアーティストや声優というフィルターを通して蘇っているのである。

もちろん、アニソンを含めたJ-POPの音楽性は時代の流れと共に進化し続けているが、そのカウンターとして、過去の音楽への回帰の流れがあるのも事実だ。近年のアニメ主題歌だと、『武装神姫』(11年)のOP主題歌『Install x Dream』や挿入歌を手がけたのは織田哲郎であった。アニソン的なアレンジが加えられてはいるものの、いずれも90年代ビーイング系へのノスタルジーを感じさせるサウンドと御大自らの作編曲によるとてつもなく質の高いメロディラインがそこにはあった。『寄宿学校のジュリエット』(18年)のED主題歌『いつか世界が変わるまで』でも園田健太郎によるアレンジ、特にその特徴的なギターワークからDEENやZARDといった90年代ビーイング系の強い影響を感じ取ることができる。

また『Aチャンネル』(11年)は毎話キャラクターソングが挿入されるスタイルが画期的であったが、そのなかの1曲『Summer breeze』は曲構成や展開、メロディーラインにおいて、松田聖子の『青い珊瑚礁』の要素を強く感じざるを得ない。こちらは80年代的な例だが、そういった演出を通してアニメ好きにキャラクターの昭和的アイドル性を提示することで、回帰を誘導したというのは言い過ぎだろうか。ほかには10年代に一世を風靡したアイドルアニメ『ラブライブ!』シリーズのユニット・lily whiteの楽曲に一貫して見られた昭和アイドル/歌謡曲性は同シリーズ内では例外的なもので、非常にコンセプチュアルな仕掛けであった。恋愛シュミレーションゲームにおいても『ドリームクラブ』シリーズ内の1作『Gogo.』(14年)に登場するキャラクターソング『Uchujiんぽい』は、タイトルこそ工藤静香の『MUGO・ん…色っぽい』のパロディだが、サウンドは80年代テクノ歌謡やWinkの『淋しい熱帯魚』を想起させるものとなっている。

現代的カバー作品のススメ

そういった80年代〜90年代の音楽的リバイバルが見られるなか、アニソンを消費する高い年代の懐古心を徹底的に刺激するカバー作品が続々と登場する。声優によるカバーアルバムとしても、著名男性声優たちによる工藤静香カバーアルバム『Shizuka Kudo Tribute』(17年)、はっぴぃえんどなどの昭和の名曲が蘇る豊崎愛生『AT living』(18年)、80年代アイドル楽曲の現代的クラブアレンジが印象的な中島愛『ラブリー・タイム・トラベル』(19年)、男性声優盤と女性声優盤が別々にリリースされた『VOICE〜声優たちが歌う松田聖子ソング〜』(20年)、八神純子、中森明菜、大橋純子らによる80年代歌謡曲からの本物志向な選曲が渋い雨宮天『COVERS -Sora Amamiya favorite songs』(21年)、1986オメガトライブ、角松敏生や二名敦子など和モノ再興中心の降幡愛『Memo-ries of Romance in Summer』『Memories of Romance in Driving』(22年)……以上は80年代の楽曲が中心だが、10年代後半辺りから増加しているオールドアニメリメイクの傾向とも相まって、カバー曲の盛り上がりは現在も肌で感じ取ることができる。90〜00年代J-POP楽曲中心のカバーアルバムだと豊永利行『T's』(17年)があり、アニメ主題歌では『八月のシンデレラナイン』(19年)のEDにおける槇原敬之『どんなときも』のカバーが記憶に新しい。ほかにはアイドルゲーム『アイドルマスター』シリーズによるカバーソング集も80〜90年代における名J-POPのカバーが多く、見逃すことができない。

では、アニメ作品や声優を通じて90年代の名曲がどのように蘇っているのか。色褪せない原曲の良さをそのまま伝えるものや、現代的なアレンジなどで変貌を遂げているものなどその手法は多岐にわたる。ここからは数多いアニソン&声優ソングカバーのなかでも、単純に良いものから意外性の高いものまで、筆者が厳選したナンバーを紹介させていただく。

ビクターエンタテインメント　VIZL-1625

浪漫飛行

アニソン

有原翼（西田望見）、東雲龍（近藤玲奈）、野崎夕姫（南早紀）、河北智恵（井上ほの花）　TVA『八月のシンデレラナイン』CS

2019　あの夏の記録

90年代の幕開けと共にCMソングとしても記憶に残る米米CLUBを代表する大ヒットナンバーを、19年にアニメ化された『八月のシンデレラナイン』でキャラを演じる女性声優陣で合唱カバー。ド派手に現代アニソン風なアレンジに様変わりしているものの、原曲の雰囲気そのままにアップデートされたようなバランス感が秀逸！ 90年代に青春を過ごされた園田健太郎氏ならではの高い編曲センスが光る痛快&極上カバー曲　（あ）

ランティス　LACA-15396

夏の日の1993

J-POP

飛蘭

2014　FAYvorite

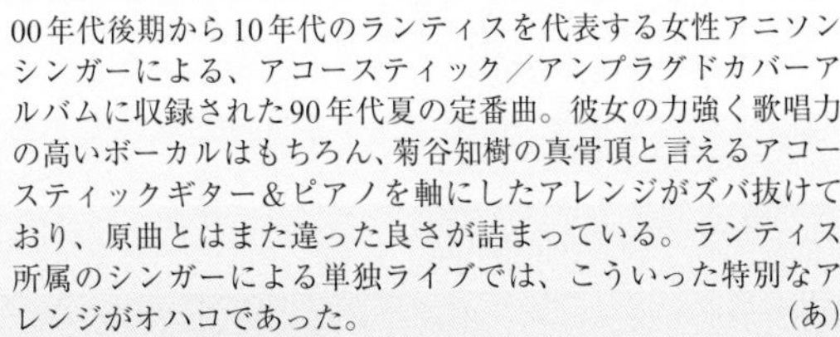

00年代後期から10年代のランティスを代表する女性アニソンシンガーによる、アコースティック／アンプラグドカバーアルバムに収録された90年代夏の定番曲。彼女の力強く歌唱力の高いボーカルはもちろん、菊谷知樹の真骨頂と言えるアコースティックギター&ピアノを軸にしたアレンジがズバ抜けており、原曲とはまた違った良さが詰まっている。ランティス所属のシンガーによる単独ライブでは、こういった特別なアレンジがオハコであった。　（あ）

ポニーキャニオン　PCCG-70453

Swallowtail Butterfly~あいのうた~

J-POP

ユキ（花澤香菜）TVA『消滅都市』ED

2019　TVアニメ「消滅都市」ユキ（CV：花澤香菜）カバーソングシングル

96年に公開された映画『スワロウテイル』の主人公を演じるChara擁する劇中バンド・YEN TOWN BANDによる大ヒット曲を、19年に放送されたTVアニメ『消滅都市』のEDとして、これまた主人公を演じる花澤香菜がカバー。原曲とアレンジはほぼ変わらず、Charaの個性やイメージが付いたものに対して、ベクトルは違えど異なるキュートさで勝負を挑んだような潔さとハマり具合が絶妙。　（あ）

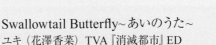

エイベックス・エンタテインメント　AVCA-29861

Virgin Snow

ポップス／声優

野川さくら

2010　WINTER SONG COVER BEST

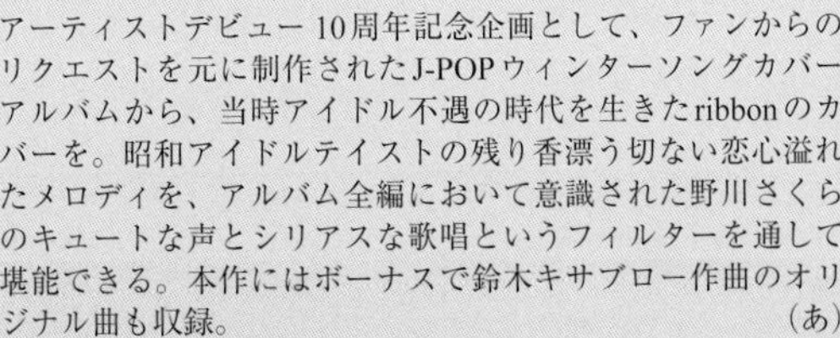

アーティストデビュー10周年記念企画として、ファンからのリクエストを元に制作されたJ-POPウィンターソングカバーアルバムから、当時アイドル不遇の時代を生きたribbonのカバーを。昭和アイドルテイストの残り香漂う切ない恋心溢れたメロディを、アルバム全編において意識された野川さくらのキュートな声とシリアスな歌唱というフィルターを通して堪能できる。本作にはボーナスで鈴木キサブロー作曲のオリジナル曲も収録。　（あ）

アニプレックス　SVWC-70254

うたたね

ポップス／声優

豊永利行

2017　T's

声優のみならずシンガーソングライターとしてインディーズでも活動する豊永。そんな音楽に対しての精力的な姿勢が実ってか、全編を通してアコースティックギター弾き語りによるJ-POPカバーアルバムを17年にリリース。槇原敬之好きを公言する彼らしいアルバム曲のチョイスと、声とギターだけで表現される赤裸々で生々しい歌がダイレクトに胸を打つ。その高い歌唱力だけでなく、息遣いと魂を感じることができる名カバー。（あ）

ポニーキャニオン　PCCA-04601

嵐の素顔

ポップス／声優

鈴村健一

2017　Shizuka Kudo Tribute

工藤静香30周年記念企画として17年にリリースされた、豪華男性声優7人によるトリビュートミニアルバムより。収録曲は全体的に別物になっている印象が強いが、こちらも冒頭から歌が入らず、ホーンセクションを全面的にフィーチャーした大胆かつ、どこか懐かしくもファンキーなアレンジにより変貌を遂げている。男性ボーカルというまた違った趣きにマッチしたサウンドに自然と合点がいくし、鈴村健一の色気のある歌唱も流石の一言。（あ）

アニプレックス　SVWC-7837

すばらしい日々

ロック

折原臨也（神谷浩史）TVA『デュラララ!!』CS

2012　デュラララッピング!!-デュラララ!!キャラクターソングコレクション

原曲は93年に発表されたユニコーンの9thシングル曲。本曲は10年に放送されたアニメ『デュラララ!!』1期のキャラソンとしてリリースされたもので、折原臨也というキャラを通した神谷浩史によるカバーであるが、こちらは特に再現性の高さが突出しているタイプ。アレンジもほぼ原曲通り、奥田民生と神谷浩史の声質は違って癖もあるはずなのに、脱力感のあるボーカルが不思議とシンクロして、違和感のないものとなって蘇っている希有な例。（あ）

日本コロムビア　COCX-39153

Diamonds

ロック

秋月律子（若林直美）
ゲーム『アイドルマスター ワンフォーオール』CS

2015　THE IDOLM@STER MASTER ARTIST 3 13

90年代のみならず、さまざまなJ-POPの名曲カバーと言えば『アイドルマスター』シリーズを外すことはできないであろう。こちらは秋月律子という765プロ所属のアイドルによるカバーであるが、ある意味プリンセス プリンセスのキラキラしたアイドル性の部分を象徴したような曲が、現代の二次元アイドルにより忠実に再現されているところに意義深さを感じる。何度でも言うが、名曲はこうして語り継がれていくべきなのである。（あ）

エイベックストラックス　AVCD-23728

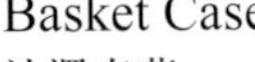

Basket Case

パンクロック

池澤春菜

2009　パンコレ〜 voice actresses' legendary punk songs collection〜

某ハードコアバンドのギタリストも関わったという（笑）人気女性声優らによる、パンクロック／オルタナクラシック曲カバー集より。こちらは90年代にUS POP PUNKをメジャーシーンに伸し上げた代表的な曲を池澤春菜がカバー。アルバム全体を通して謎過ぎるアレンジが一部で話題を呼んでいたが、本曲でも怪しい電子音が飛び交っており、アニソンというよりはまた別の新しいものとなっている。気になる方はアルバムまるごとご一聴を。（あ）

ポニーキャニオン　PCCG-01450

月の爆撃機

パンクロック

THE ROLLING GIRLS
TVA『ローリング☆ガールズ』ED

2015　人にやさしく

15年に放送されたTVアニメ『ローリング☆ガールズ』のEDテーマとして使用された、ヒロインを演じる4人の女性声優によるキュートなカバー。当作品では特にブルーハーツにスポットを当て、『人にやさしく』や『TRAIN-TRAIN』などの超有名曲もアニソンを通して蘇っているが、そうしたなかで後期のアルバム曲もチョイスされている点が特に評価できる。名曲が、アニソンを通して継承されていくところに絶大な価値があるのです。（あ）

ポニーキャニオン　PCCG-01672

小さな恋のうた

パンクロック

山田結衣（高橋美奈美）、加瀬友香（佐倉綾音）
OVA『あさがおと加瀬さん。』CS

2018　「あさがおと加瀬さん」カバーソング＆オーディオドラマアルバム

女性同士の爽やかな恋愛を描いた、青春映画のような劇場アニメ『あさがおと加瀬さん』のヒロイン2人によるデュエットカバー。00年代初頭にメロコア第二世代として流行したこの曲はほかのアニメ作品でも取り扱われているが、そのなかでもこのバージョンの特筆すべき点は原曲よりローファイに、より疾走感に溢れているところ。カラオケで仲良く歌っている微笑ましい雰囲気だが、なぜかオケが限りなくメロディックハードコアパンクなのである。（あ）

フライングドッグ　VTCL-60479

雨にキッスの花束を

ハウス

中島愛

2019　ラブリー・タイム・トラベル

歌謡曲やアイドルを敬愛する中島が自ら選曲、プロデュースした、アーティストデビュー10周年を記念してのリリースとなったカバーミニアルバムより。『YAWARA!』のOPとしても知られる今井美樹の原曲にあくまでも準拠しつつ、Rasmus Faberによる現代風ハウスビートアレンジが嫌味なく絶妙にマッチした丁寧な仕上がり。同じ傾向として、06年発表の下川みくにによる同曲のラテンハウスカバーも必聴。（あ）

電波ソング・萌えソングの成り立ち
ヲタクのヲタクによるヲタクのための音楽ができるまで

TEXT BY 桃井はるこ

00年前後から増加していく萌えソング(電波ソング)。このジャンルの第一人者であるミュージシャン・桃井はるこは、どんな歩みを経てその音楽性に至ったのか。彼女に半生を振り返ってもらった。

ヲタクによる ヲタクのための音楽を作りたい!

00年リリースのデビュー曲『Mail Me』のCDの帯に、私はこう書いた。

「21世紀へのBGMはこれで決まり! “アキバ系”桃井はるこの自作詞作曲1stシングル。」

このころは今のように「自分はすっごいヲタで〜」という自己紹介をする人はいなかった。その理由は2パターンあって、1つは自分たちの親世代に向けたメディアによるイメージ作りにより、ヲタクが犯罪者予備軍扱いされていたことへの警戒。もう1つは造詣が深いが故に上には上がいることを悟ってしまい、「自分がヲタクと名乗るなんておこがましい」と本気で思っている場合。とにかく「ヲタク」という言葉はジメジメと悪い印象しかない取り扱い注意ワードで、自虐で言うことすら許されなかった(そう言えば『ラブライブ!』の流行あたりから「オタク」と「ファン」の呼称が逆転してきているのも面白い。今では現場で推すアクティブなほうがオタクで、在宅で楽しむのがファンという印象だ)。

20世紀末、私はヲタク向けの音楽を作りたいと思った。そもそも音楽はライフスタイルと共にあるもの。でも、当時ヲタクにはそれがなかった。趣味でコンピュータガジェットを操ったりアニメのなかの人に恋したり、軸足が現実じゃないところにある人の気持ちにフィットする歌がなかったのだ。「アニソンがそうじゃないか」と思われるかもしれないが、それは違う。アニソンはアニメのなかの世界を歌っている曲だが、その外側でそれを楽しんでいる聴き手のことを歌ってはいなかったのだ。当時は。

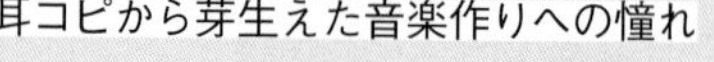

耳コピから芽生えた音楽作りへの憧れ

話は、私がどうやってヲタクだと自覚したかに遡る。小学生のころ、休み時間に私は『ドラゴンクエスト』『ゼルダの伝説』『忍者じゃじゃ丸くん』などのゲームミュージックを耳コピして、音楽室のピアノや電子オルガンで弾いていた。物心ついたころから、覚えている曲は大体ならピアノでどこを押せばいいかわかったのだ。すると周りに輪ができ、「次は『たけしの挑戦状』弾いて」「『パオパオチャンネル』の曲弾いて」などとリクエストが来る。なぜゲームミュージックだったのか。アニメの曲は楽譜が出ているが、ゲームのものはあまりなかったのでほかに弾ける人がいなかったためだ。そのうち、私から次々とイントロを弾いてクイズのようにして遊ぶようにもなった。ピアノを弾くとクラスメイトたちの顔は見たことがないくらいぱあっと明るくなり、満面の笑みのまま心からの拍手をくれた。ピアノを習っている友人も「譜面がないのに弾けるの? すごいね」と褒めてくれた。私はクラスで目立つほうではなかったけど、音楽の力ってすごいと素直に思い始める。そしていつからか、コピーするだけじゃなくて、みんなに親しまれるアニメやアイドルの曲を作る人になりたいというふうに思いが変わっていった。

90年代、私は引き続きアイドルやアニソンが好きだった。地元にはないマニアックなゲームやCDを求めて、中学の帰り道、電車を乗り継いでは秋葉原に通っていた。ある時『伊集院光のOh!デカナイト』の替えラップコンテストに応募し、優勝したことを誰かにチクられ問題行動扱いされてから面倒になってしまい、学校では趣味の話を一切しなくなった。でも秋葉原に行くと、石丸レコード館はアニメやアイドルのCDを買う人で会計1時間待ちが“ざら”だった

し、メッセサンオーにはお店にゲーム会社の人が出入りしていて、裏話を聞かせてくれる。アキバに行くと、ここには私と同じものが好きな人が集まっているという嬉しさがあったのだ。その反面、自分が興味を持つものは『スーパー戦隊』やミニ四駆など男性向けのホビーが多く、性別の違いから冷やかしだと思われているかもしれないという違和感が歯痒かった。当時、「オタサーの姫」という言葉がなくて本当に良かった！

一方で学校は高校受験戦争モードに突入し、マンガや音楽への周囲の理解は得られなくなっていった。私はシンガーソングライター部という部活に所属していたが、ロックや歌謡曲のコピーは駄目、学校に持ち込んでいいのはフォークギターだけで「エレキギターがこの学校の校門をくぐること自体が問題だ」とまで言われた。今思うと、そのような環境への反発心から歌詞や曲を書いたり、シンセサイザーについているシーケンサーで自分で各パートを打ち込んだMIDIデータを作って保存するようになったので、いいきっかけだったのかもしれない。

また当時の音楽シーンにも違和感を覚えていた。アイドルやアニメの曲は子供向けで、洋楽やロックのほうが上という雰囲気（この感覚はもう思い出せないくらいになった、すごいことだ！）。私はどちらも「好きなものは好き」だったのだが、そんななか『おどるポンポコリン』が出現し、実力派のスタジオミュージシャンが楽しい曲を作って『ちびまる子ちゃん』の曲として大ヒット。何とも痛快だった。

このころにはラジオやぴあで情報を仕入れ、週末に日清パワーステーション、渋谷ON AIRなどのライブハウスや中野サンプラザ、横浜アリーナなどのホールに通うようになる。タイムマシンで戻ってもう一度聴きたいと思うのはたまのライブ。ライブでは音源より激しくロックしていて、メンバー4人とも曲を作りボーカルを取り、ほかに例えようがない、日本でしか生まれない音楽という感じだった。それからスチャダラパーが『ウルトラマン』をサンプリングしたり『新オバケのQ太郎』のイントロでスクラッチしたり、テレビやゲームといった自らが子供の頃から親しんできたものに素直な言葉をラップする作風も好きだった。そして渋谷のDJ's Choiceという店でECDや脱線3のカセットやアナログ盤を買い、メジャー・フォースのイベントにも1人で行って、楽器を持つだけが音楽じゃないんだと知る。だから音楽が好きだけどバンドは組まなかった。

好きでたまらない思い、というロック魂

そんな私は、高校に入学すると深夜ラジオの投稿仲間に誘われてパソコン通信を始める。私が入ったパソ通は会員制の草の根ネットというやつで、パソコンからモデムを通じてシスオペの自宅に電話をかけるというシステムの、インターネットではないものだ。アイドル系のBBSだったがアニメを好きな人も多く、性別や年齢といった先入観なしに、テキストだけで会話ができることが居心地良くてたまらなかった。そのころから「○○ちゃんぢゅ〜よ〜」（推しという意味に近い）、「○○ちゃんがプライマリ」（最推し）、「○○ちゃんは神棚」（原点といったニュアンス）というようなパソ通用語、今で言うネットスラングがあり、それをリアルで会った時にも多用していた。「萌え」もこのような流れで使うようになった言葉だ。

まだ作詞家・作曲家に憧れつつも自分がパフォーマーの側になるという意識はなかったが、パソ通仲間とのオフ会の際に「はるちゃんは若いし女性だし、自分の理想のライブを自分でやることができるんじゃないの」と言われることが多くなった。そしてその言葉に絆され、アイドルの現場に行くことをぱったりと止め、プロになることを決意。そこで「自分が本当にやりたい音楽って何だ!?」と自問自答しているうちに「アキバ系」というキーワードが浮上した。

90年代のアキバは、アニメイトは電気街側になかったし、とらのあなも神林ビルの一室だった。今思えば「二次元の女にハマるなんて恥ずかしい」という気分がまだあった。そういう奴は本当に身を滅ぼすヤバイ奴っていう感じ。私はそんなヲタクの姿に自分を重ね、その刹那的な愛やピュアな瞳に、リアルにSFを生きているかっこよささえ感じていた。たとえば『ときめきメモリアル』がじわじわとヒットしだしたころ、周りの男性シューティングゲームファンの多くは「コナミがこんな軟弱なゲームを出すとは」と本気で嘆いていた（でもその数週間後に会うとどっぷりハマっていた）。また当時のファミ通やコンプティークなどのゲーム雑誌の表紙は、実写のアイドルの写真が多かった。今で言う、萌えっぽい絵の表紙だと買うのが恥ずかしいからだ。そういう時代だったのだ。

でも、周りには理解されないかもしれないけど好きでたまらないっていう情熱みたいなこれって、ロックなんじゃないの!?　大人には理解されない、私たちしか知らない新しい感覚なんじゃないの？　そういう気持ちをベースにした音楽をやって、同じようなマインドを持っている人と共有したい。00年にソロでデビュー曲をリリースしてから、このコンセプトを全面に打ち出したユニット・UNDER17を準備するまでに時間はかからなかった。

桃井流萌えソングの原点となった山本正之

アンセブは02年に結成し、より二次元の世界に特化するため「美少女ゲームソングに愛を！」「萌えソングをきわめるゾ！」というスローガンを掲げた。「ヲタクのヲタクによる音楽」をビジュアルでもわかりやすくするべく、私はメガネを掛け、衣装はつねに何かのコスプレ。自作曲であることが一見してわかるように、インディーズ時代から編曲をしてもらっていたギターの小池雅也にもステージに立ってもらった。「立ち上がって声を出して盛り上がってもいいんだ」ということを感覚で理解してもらうために、私の左右には盛り上げ隊のアンセブダンサーズもいた。

東京ビッグサイトの特設ステージでライブを行った「コミックマーケット62」。そこから見た地平線の彼方の人々まで「天罰！　天罰！」と拳を突き上げている風景と、「私がやりたかったことはこれだー！」という喜びは忘れられない。今でも当時のことを覚えている人がいると、「ヲタクの想い出のしおりになる音楽をやりたい」という願望が達成された気がして嬉しい。

いつからか、アンセブの曲や主題歌を歌った同時期の『ナースウィッチ小麦ちゃんマジカルて』の楽曲は「電波ソング」と呼ばれるようになっていた。しかし私はこの呼び方があまり好きではなかった。「どうやって電波ソングを作るんですか？」という質問をされても、作ろうと思って作っているわけではないから答えようがなかった。そう答えるとメンドい女になっちゃうけど、そうだから仕方がないのである。

しかし自己分析すると、私の電波ソングの根源は山本正之作品にあるのだろう。合いの手のようなコーラスや繰り返される印象的なフレーズは『オタスケマンの歌』の影響だ。シュプレヒコール的な掛け声は、子供のころから好きだったプロ野球の選手別応援歌の楽しさがベースになっている。同じ場所に集まった同士が、温度差や表現方法の違いはあるなか、大勢で叫んだり叫ばなかったりする面白さよ。『燃えよ！ドラゴンズ 命の限り』のタイトルが映画のパロディになっているところや、野球チームの球団歌なのに個別の選手を応援する歌詞になっているというファン目線の斬新さ。そうかと思えば4番の歌詞では突然、父さんとホームランボールを待つ少年というキュンとさせられる描写もあり、キャッチーな遊び心とじっくり聴くのにふさわしい魅力が同居している職人技には惚れ惚れしてしまう。またそれがみんなの曲になっているところにも、大変に憧れる。まあ、私はヤクルトファンなのだが。

そんな私の声優初主演作が、山本氏もタイアップ楽曲を多数提供したタツノコプロの40周年記念作品だというところにまた不思議なループを感じるし、声優デビュー作のオープニングテーマとなったJAM Projectの『SOUL TAKER』は、今思えば「アニソンが子供向けのもの」という時代に完全にトドメを刺した1曲だと思っている。「燃えと萌え」、それが00年代の私の両輪となる。

場所や時を越えてつながるアニソン

こうした活動を続けるなかで、台湾のFancy FrontierやドイツのConnichi、アメリカのAnime Expoを始め、カナダ、メキシコ、イングランド、フィンランド、デンマーク、広州、コスタリカ、ロシア、オーストラリア、ペルー……いろんな国で歌う機会をいただき、世界中の“俺ら”に会いに行くことになるとは。

ライブやサイン会での楽しかった記憶は、すぐに思い出せる。『ぽぽたん』のコスプレで、女児用パンツにサインをお願いしてくれたチリの親子。「俺は戦車に乗ってるけど、訓練の時には『小麦ちゃん』の曲をかけてるんだ」と伝えてくれたカリフォルニアの兄貴。あの時会ったみんなに、また会いたい。

そして最近は、私が携わった作品に親しんで育ったと仰る次世代のアーティストたち……純情のアフィリアを始め、声優の上坂すみれさんやVTuberの名取さなさん、loveちゃんたちに曲を提供させてもらったりして、やっと自分も暗黒の90年代に落とし前がつけられたような気がしている。齢45歳となった今でも、自分の声で歌いつつ、これからもモモイストと一緒に「俺らの音楽」の輪がつながっていったらいいな～って、夢想するのだ。

2023年なんて、90年代からしたら気が遠くなるような未来の年だった。そんな令和に、改めて後ろを振り返って思うこと。すべてのアニソンは、聴かれているから残っていく。音源を大切に保存してくれている老舗メーカーの方には頭が下がるが、暗所保存されているアーカイブが日の目を見るのは、リスナーの声があってこそだ。

だからアニソンや萌えソングの未来は、聴き手であるあなたのお耳にもかかっている。音楽を聴くのって、とってもクリエイティブなことなのだ。ちょっとでも何かを感じたら、作り手やスタッフに言葉で想いを伝えてくれたら嬉しい。今はSNSもあるしね。でも義務になったとたんに面白くなくなるから、あくまでも、気が向いた時に。そんななかで気が向きまくってしまった人は、溢れ出す愛を、自分でも音楽を作ったり、歌ったりすることでどんどん表現してほしいと願う。

私はこれからも、自分の音楽という便箋に声というペンで、90年代へのラブレターを綴っていくつもりです。

曲名INDEX

お

か

き

く

ふ

へ

ほ

ま

み

む

め

人名INDEX

し

す

せ

そ

た

ち

つ

ライター一覧

あらにゃん

ハードコア／パンクバンドのベーシストを務める傍ら、2014年よりアニソンDJ活動を開始。2018年には自主制作ファンジン「SeiyuOnesongReviewZine～声優さんのこの曲聴いてみて！～」を発行。

いっちょ

一野大悟。アニメライター兼アニメソングDJ。2013年にアニメソングDJイベント「げんちょうけん」を立ち上げ、DJ活動をスタート。近年は文章書いたりご飯作ったりしながら穏やかな生活を送っている。

犬重

声優レアグルーヴを提唱しユニバーサルミュージックよりリリースした『声優レアグルーヴvol1,vol2』をDJのISHIIとのユニット・Sweet Sling Singaporeにて選曲監修。

おたっきぃ佐々木

ラジオディレクターとして『ツインビーPARADISE』や『もっと！ときめきメモリアル』、『銀河にほえろ』、『ラジオビッグバン』など担当。文化放送アニラジ黄金期を作った1人。でも名前の通り中身はただのおたく。

カルト

遊びに行った声優楽曲DJイベント「声優レアグルーヴ」で衝撃を受け、声優楽曲蒐集を本格化。2020年よりDJ活動開始。声優楽曲とアンビエントと広義のインターネット。上田麗奈さんを応援しています。

河瀬タツヤ

リスアニ！やサブスクのAWAなどで活動するアニソンライター。AWAで毎週月・水にラジオを配信。アニソン評論同人サークル・アニソン ア・ラ・カルトとしても活動中。

きもと

「P.A.WORKS ジョイントフェス」Blu-ray特典主題歌合唱アレンジCD歌唱参加。DJ活動のほかに、Lantisやリスアニ！などへの楽曲レビュー寄稿など、さまざまなカタチでアニソンを楽しむべく活動中。

キュアにゃんにゃんパラダイス

90年代～00年代のCD収集が趣味。良い曲は良い音するから良いよね、くらいの軽いスタンスで活動している。東北在住。

ぐり

2011年から秋葉原mograにて声優楽曲オンリーイベント「声クラ！」を主催。のちにDJイベント「声優レアグルーヴ」にレジデントDJとして参加。声優さんの活動を応援する声優ファンです。

けいにょー a.k.a KTMB

『ビックリマン』と『聖闘士星矢』でアニメに目醒め、『ガンダム』とミニ四駆で育ったバンドマン。都内で音楽活動をする傍らYouTubeチャンネル・ツカーサさんの記録の「アニメOPを雑に実写再現」に度々出演している。

坂本技師長

1969年東京生まれ。パンクとオタク界隈で活動。近年の執筆参加は『オリジナルビデオアニメ 80's テープヘッドが絡まる前に』（出版ワークス）、『アニメディスクガイド 80's レコード針の音が聴こえる』（河出書房新社）など。

せら・とうえつ

1996年、広島県生まれ。東京西部を拠点に、マイナーな良曲を提供するDJとして活動中。アニメソングで四季を巡るイベント「立川四季折々」を立川Gluck Zweiにて主催。

出口博之

ロックバンド・モノブライトのベーシストとして2007年メジャーデビュー。多数のアーティストのライブ・レコーディングに参加するほか、DJとして全国のイベント、ロックフェスに出演。

ナーディウス

仙台を中心に活動し、A-POP・インターネット系のDJを中心にプレイする。トラックメイクも行っており、昨年は『Blue Bird EP』をリリースした。

はるのおと

アニメやマンガ、ゲーム、デジタルガジェットに関するライター・編集。週に65本くらいTVアニメを楽しみながら、アニメ関係のメディアや雑誌やムックや公式サイトなどでテキストを書いています。いつでもお仕事募集中。

ヒロキチ

1999年の活動開始よりアナログプレイにこだわり続け、ターンテーブリストと呼ばれることをもっとも嫌うアニメソングDJ界では数少ない生粋のヴァイナリスト。2011年原曲系アニメソングイベント「アニカフェスタ」を立ち上げ現在に至る。

桃井はるこ

声優、作詞・作曲・編曲・歌唱をこなすシンガーソングライター。自身が高校生だった1990年代から秋葉原を拠点に路上ライブを始め、ゲームコンピュータ系ライターとしても活動していたため「元祖アキバ系女王」と称される。

山口

某レコード屋でバイヤーを担当。今春から店舗のほうへ。ご来店をお待ちしております。

リズマニ

2002年よりDJ/SKAバンドのリーダーとして活動開始、2013年よりアニメ楽曲を中心としたDJパーティ「リズアニ!!」を主催。アニソンの8cm CD、レコードコレクター。

ろーるすこー

1993年、神奈川県出身。自動車雑誌の編集部員の傍ら、アニソンDJとしてのキャリアをスタートさせ、現在に至る。クルマ・音楽・アニメを中心にフリーランスで活動中。

DJ声優パラダイス

名古屋の声優楽曲DJパーティー「聴覚彼女」レギュラー、「声優レアグルーヴ」準レギュラー。声と音の響きの可能性を追求しています。雑誌じゃないです。

HANAI

大阪を拠点に世界各国で活動(コロナ前)しているプロダンサーで、アニソンDJとしての顔も持つ。『ガンダム』とジャンプアニメに育てられ、気が付けばOVAの沼の中だった少年時代の昭和50年男！　ダンス×アニソンイベント「エーバーサス」を東京にて不定期で主催中。

ISHII

DJイベント「声優レアグルーヴ」のオーガナイザー(犬重と共同)。同名コンピレーションCDシリーズの選曲・監修も務めている。大阪の声優ソングオンリーDJイベント「VOICE FESTIVAL」にもレジデントDJとして参加。2023年春より活動拠点を関西に移す。

spacetime

パイオニアLDCと折笠愛さんに青春を捧げ、音楽ゲームを経由したのちに「消費の記憶を追いかける」DJとして全国各所で活動中。会議室、ダーツバー、高架下、ラジオ会館の屋上、廃校などイレギュラーな場所でDJイベントを開催するのが好き。

SO-1殿下

2010年から秋葉原MOGRAで続く、懐古アニソンDJイベント「アニソンオールディーズ」の最古参メンバー。特撮と『トランスフォーマー』とガンプラと『女神転生』が日々の癒し。

TK-UC

90年代の大半をアニメ雑誌やラジオ番組へ投稿する日々を過ごした元ハガキ職人。現在はアニソン・ゲームミュージックなどを中心にDJとして都内を中心に活動中。

una

ダンスミュージックを中心に浅く偏食を続ける永遠のニワカ。「声優レアグルーヴ」ではおもにコンセプチュアル枠とアナログレコード枠を担当。

WAN

90年代初頭よりアニソンでプレイを続ける現役DJ。「東京ゲームショウ」を始め、SEGA・ATLUSなどの公式イベントへのDJ出演やMIX提供、80'sアニソン楽曲の解説寄稿など、現在も活動は多岐にわたる。

Wolfsschanze@K.P.D.

一般通過老害です。特に何もしていません。

90年代アニメ&声優ソングガイド

名曲しかない！　音楽史に残したいエバーグリーンな600曲

初版発行　2023年7月28日

監修　あらにゃん
編集　はるのおと
デザイン　森田一洋
制作　稲葉将樹（DU BOOKS）

発行者　広畑雅彦
発行元　DU BOOKS
発売元　株式会社ディスクユニオン
東京都千代田区九段南3-9-14
［編集］TEL.03.3511.9970　FAX.03.3511.9938
［営業］TEL.03.3511.2722　FAX.03.3511.9941
https://diskunion.net/dubooks/

印刷・製本　大日本印刷

カバー協力　NBCユニバーサル・エンターテイメントジャパン合同会社

ISBN978-4-86647-205-8
Printed in Japan

本書の感想をメールにてお聞かせください。
dubooks@diskunion.co.jp

オブスキュア・シティポップ・ディスクガイド

J-POP、ドラマサントラ、アニメ・声優…"CDでしか聴けない"
CITY POPの世界！

lightmellowbu 著

シティポップ・リヴァイヴァル〜ヴェイパーウェイヴ以降の視点をもとに、おもに90年代のCDから隠れ名盤を紹介。サブスクの上陸により、ディガーたちの自我が崩壊したテン年代末。街道沿いブックオフのCD棚から、累計10万時間以上を費やした労作。
「目の前にある充実した音楽世界。すばらしいお仕事だと思います！」（ライムスター宇多丸さん　TBSラジオ「アフター6ジャンクション」より）

本体2200円＋税　A5　272ページ（オールカラー）　好評2刷！

ニューエイジ・ミュージック・ディスクガイド

環境音楽、アンビエント、バレアリック、テン年代のアンダーグラウンド、ニューエイジ音楽のルーツまで、今聴きたい音盤600選

門脇綱生 監修

癒し（ヒーリング）系だけじゃない！　70年代のルーツから、2次元イメージ・アルバム、自主盤、俗流アンビエントまで。世界的なニューエイジ・リバイバルを読み解く決定版。
インタヴュー：細野晴臣×岡田拓郎、尾島由郎×Visible Cloaks、Chee Shimizu×Dubby
コラム：持田保（『INDUSTRIAL MUSIC』）、江村幸紀（EM Records）、ばるぼら、柴崎祐二、糸田屯、TOMC、動物豆知識bot。

本体2200円＋税　A5　224ページ（オールカラー）　好評3刷！

シティ・ソウル ディスクガイド 2

シティ・ポップと楽しむ ソウル、AOR & ブルー・アイド・ソウル

小渕晃 編著

まだまだあるぞ！　いま、聴くべきハイブリッドなソウル／ポップスの名楽曲。
現在進行形の洋楽ガイド本の決定版！　前作では掲載できなかった 70 年代〜90 年代のマニアックな秀作から、ゼロ年代以降のさらなる名曲、そして前作刊行後にリリースされた 2018 年以降の良曲までを集めました。
鳥山雄司、神保彰、和泉宏隆 =PYRAMID、佐藤竹善、KASHIF、Dorian、チェスター・ビーティーらのインタビューも掲載。

本体2000円＋税　A5　200ページ（オールカラー）

ラグジュアリー歌謡

(((80s)))パーラー気分で楽しむ邦楽音盤ガイド538

藤井陽一 監修

歌謡曲でありながら、J-POPでもない何か……
角川映画音楽特集〜おニャン子クラブほか、80年代洋楽インスパイア系アイドル歌謡を築いた山川恵津子×森達彦の職人対談に、あの乙女塾発トリオQlairのプロデューサー、篠崎恵子インタビューなどなど！
コンテンポラリーな洋楽感覚歌謡曲ディスクガイド!!

本体2200円＋税　A5　234ページ（はんぶんカラー）

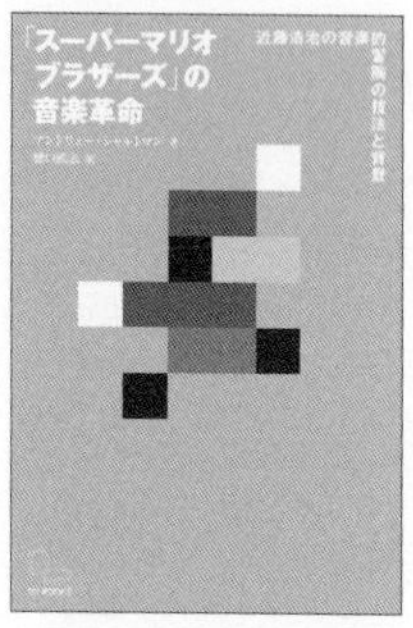

「スーパーマリオブラザーズ」の音楽革命

近藤浩治の音楽的冒険の技法と背景

アンドリュー・シャルトマン 著　樋口武志 訳　KenKen 解説

ゲーム音楽が芸術に昇華した瞬間――。
ジョン・レノン「イマジン」とともに、アメリカ議会図書館にゲーム音楽として初めて収蔵！「スーパーマリオ」の音楽に関する初の論考本。いまこそ知っておきたい、その音楽の秘密。クラシックなどの学術論文を書いてきた音楽研究家が、わかりやすく解説。ゲーム・サウンドトラックの歴史を変えた近藤浩治の作曲術とは？

本体2000円＋税　四六　192ページ

新蒸気波要点ガイド

ヴェイパーウェイヴ・アーカイブス2009-2019

佐藤秀彦 著　New Masterpiece 編集

近未来？　ノスタルジー？　インターネット発の謎多き音楽ジャンル「Vaporwave（ヴェイパーウェイヴ）」の誕生から現在までを紐解く、世界初にして唯一の“レコード屋では売っていない音楽”のディスクガイド。
総計300作品の年代別ディスクレビューのほか、アーティストやレーベルオーナーへのインタビュー、用語辞典、年表などを収録。

本体2500円＋税　A5　192ページ（オールカラー）　好評4刷！

フランス人の私が日本のアニメで育ったらこうなった。

エルザ・ブランツ 著　鵜野孝紀 コラム・解説

読売新聞（2020/1/27 付夕刊）に著者インタビューが掲載。Twitterでも話題！
日本に次いで、アニメ・マンガが大好きな国、第2位のフランス。そんなフランスの人たちは、いかにして“オタク”となっていったのか。音無響子に憧れ、空に筋斗雲を探し、キャッツアイを真似てトランプを飛ばしまくったフランス人マンガ家が描く、懐かしさ満点のコミックエッセイ。

本体1200円＋税　A5　128ページ

昭和のテレビ童謡クロニクル

『ひらけ！ポンキッキ』から『ピッカピカ音楽館』まで

小島豊美とアヴァンデザイン活字楽団 著

ビートルズも、テクノ歌謡も、ラップも、『ポンキッキ』で知った!!
日本最大460万枚ヒットとなった「およげ！たいやきくん」など、ヒット曲を量産した、音楽ディレクター小島豊美（演芸評論家・小島貞二氏の子息）がはじめて語る、500曲余の傑作曲が生まれた背景をまとめた永久保存版。佐瀬寿一、長谷川龍、ダディ竹千代ほか、インタビューも収録。番組にまつわる音楽データも満載。

本体2500円＋税　A5　400ページ